中华优秀传统文化『两创』视阈下《论语》新诠

周宝银　葛稳罡　著

南京大学出版社

图书在版编目(CIP)数据

中华优秀传统文化"两创"视阈下《论语》新诠 /
周宝银,葛稳罡著. — 南京：南京大学出版社,2024.
8. — ISBN 978 - 7 - 305 - 28200 - 3

Ⅰ. B222.25

中国国家版本馆 CIP 数据核字第 2024UL9807 号

出版发行　南京大学出版社
社　　址　南京市汉口路 22 号　　　　邮　编　210093
书　　名　**中华优秀传统文化"两创"视阈下《论语》新诠**
　　　　　ZHONGHUA YOUXIU CHUANTONG WENHUA "LIANGCHUANG" SHIYU XIA《LUNYU》XINQUAN
著　　者　周宝银　葛稳罡
责任编辑　余凯莉

照　　排　南京南琳图文制作有限公司
印　　刷　苏州市古得堡数码印刷有限公司
开　　本　718 mm×1000 mm　1/16　印张 14　字数 195 千
版　　次　2024 年 8 月第 1 版　　印　次　2024 年 8 月第 1 次印刷
ISBN 978 - 7 - 305 - 28200 - 3
定　　价　58.00 元

网　　址　http://www.njupco.com
官方微博　http://weibo.com/njupco
官方微信　njupress
销售热线　025 - 83594756

序 一

孔子"祖述尧舜,宪章文武"(《礼记·中庸》),"信而好古"(《论语·述而》),编订"六经",集古圣先贤之大成,将其前数千年文明做总结;孔子以"六经"教,阐先贤微言大义授之以生,开数千年文明于其后。中华文明的后世发展,深深烙上他的印记。柳诒徵先生说:"孔子者,中国文化之中心也。无孔子则无中国文化。自孔子以前数千年之文化,赖孔子而传;自孔子以后数千年之文化,赖孔子而开。即使自今以后,吾国国民同化于世界各国之新文化,然过去时代之与孔子之关系,要为历史上不可磨灭之事实。"①孔子授徒讲学之煌煌大言,经学生整理而成《论语》。因此,《论语》就成为理解孔子、探求中华优秀传统文化精髓的经典。自《论语》成书之后,解读《论语》、阐发其精义,就成为每个时代学人的自觉的行动;也正因如此,关于《论语》的解读和研究,就成为中国学术史的一种传统。

宝银博士长期以来深耕中华古典文明核心经典,特别致力于新时代传统文化"两创"背景下的《论语》诠解,时有所得,常有收获。特别是博士后工作期间,沉心静气,将多年的研究做了系统整理,博士后出站报告成稿后,已有十数万言。出站后,宝银博士继续深耕不辍,更得到研究基金支持,这使其研究更进一步。近期,其研究成果即将出版,作为合作导师,我甚感欣慰。在研究成果即将付梓之际,宝银博士嘱我写个序,我就将当时的讨论以及读了书稿以后的一些感悟罗列如下。

---

① 柳诒徵:《中国文化史》,北京:中国人民大学出版社,2011 年版,第 271 页。

在"两创"视野下诠解《论语》,这是一种新尝试,需要勇气;同时,诠解《论语》也不能信马由缰,而是需要把握一些大原则:第一,要认真选择《论语》的文本,这是做好诠解的基础;第二,要将文本话语回溯到孔子生活的时代去体会理解其真义,特别是要认真体会和理解孔子所言的"损益"之间的语义变迁;第三,要关注孔子同时代人在文辞使用上的意义,以作为理解《论语》的参照;第四,要注重《论语》文本间体现出的思想的一致性和整体性,不能仅仅汲汲于一语一词孤立的诠解;第五,关于"两创"视野,不能完全脱离文本去发挥其现代意义,而是要关注《论语》文本的真义如何体现出现代价值,如何用时代精神激活其生命力,以成为构建中华民族现代文明的滋养。

本书总计九章,按照"内圣""外王"的逻辑对《论语》与孔门进行再认识:基于对《论语》的新诠释而对孔子"内圣"进行再认识,通过对孔门"外王"之实践,重新认识孔门及其学术思想。

本书认为,《论语》的"学而"章是总绪,要求执政者学习、实践"内圣外王"之道,并且强调由"内圣"至"外王"的指向过程。此章的意义为:学习"道"(道德、政治)并在适宜的条件下实践它,不也快乐吗?有百姓从远处投奔我而来,不也快乐吗?远处的百姓不了解我,不来投奔我,我不生气,不也是君子吗?本书将其认定为阐释了孔子"内圣外王"之道的思想理念。

本书对"内圣"再讨论,分为三个层次。"未若贫而乐"章的"乐"作为礼乐之"乐",符合孔子真意。本书认为,此章本应作"未若贫而(好)乐",旧本脱"好"字。"未若贫而(好)乐"章之"乐"关系到对孔子的从政、教学乃至人生等"一贯之道"的理解。"寝不尸"章,是孔子从恢复"周道"角度对天下进行整体的、系统的、全局的思考,是要"一以贯之"地追求"天下有道"。可理解为:(孔子)即使睡前躺下了(也要心忧乱世,思考实现恢复周道秩序的路径),而不能像"尸"那样只是受人尊享,却"居其位而不闻其事"(做替代品,没有实质的社会贡献)。"就有道而正焉"章的"道"指周道，表达了孔子在行"道"过程中贯穿"正"的原则，冀以实现天下"有道"的尝试。大意为：君子，吃饭不要求饱足，居住不要求舒适，但是对于事情要谨慎分辨，说话谨慎（行事、说话要合道），这样就可以接近周道而纠正社会上不合道的行为，这是"道"的基本标准。

本书通过"外王"对孔门的再认识，也分为几个层次。首先是高超的教育方式——"能近取譬"。此章是在《公冶长》篇谈论仁德的基础之上，继续论述"临民之道"、"为仁"之法、"中庸之德"、"文质并重"及"薄施于民而能济众"等思想观念；孔子面对子贡"如有博施于民而能济众，何如？可谓仁乎"的问题，先释其疑，后示学仁之方。其次是"文质彬彬，然后君子"。此章涉及"质""文""野""史""君子"等儒学概念；孔子以"文""质"论君子，是教育弟子要内外兼修以"成人"，从而担当社会责任，其背后蕴藏着孔子及早期儒家维护"周道"的思维模式。再次是面对困境"吾道"不移。樊迟曾以"学稼""为圃"为隐喻，规劝孔子明于时势，放弃所求之"道"，不做无谓抗争，而孔子批评樊迟为"小人哉"，坚守其所求之道。

本书也就孔子对现实社会秩序的关切进行了论说。孔子对所求之"大道"不愿作丝毫改变，不愿放弃社会责任和历史使命，致力于追求社会秩序的安定太平。"因不失其亲"章，是有若阐述儒家伦理价值之言。"一以贯之"章的"一"，就是孔子行事的一贯"纲领"，"一"的宗旨是达到"正"，"一以贯之"即"以正贯之"。孔子在从政、教育、著述及精神追求上皆贯穿"正"的思想，"正"就是孔子之道的主轴。"一以贯之"既表达了孔子"正"的价值取向，又蕴含着孔子"天下有道"的至高追求。

宝银博士选取学术界有关《论语》诠解中争议较多及或有疑义或颇为生僻的章句，在重视逻辑学理分析、遵从客观现实、不囿于旧有版本或注疏的基础上，结合具体语境加以辩证分析，提出新解，甚至突破成说，进一步开拓了对"内圣""外王"的理解；同时，在新诠释基础上也更新了对孔门人物、孔门学术、孔门思想的认识。宝银博士在自己建构的理论框架及诠释体系中,用清晰的逻辑、透彻的说理解决了所提出的问题,这不但反映出宝银博士对《论语》的熟稔,也显示出宝银博士对传承中华优秀传统文化的执着和担当。

问题提得越新、提得越大,犯错误的风险也就越大。本书对《论语》的有关解释,会随着时间的流逝而成为《论语》研究的一个续篇。当然,宝银博士提出的通过《论语》新诠而对"内圣外王"之道展开进一步叙事,对孔门人物、孔门学术及孔门思想进行进一步探索,有待学术界进一步讨论;其研究《论语》的方法能否对新时代重新审视经典提供新路径,也需要在学术的延展中进一步验证。相信宝银博士也会在这个研究的基础上,进一步沿着自己拓展的学术方向,继续探讨,努力深究。

李兆祥

2023 年 8 月 9 日于曲园

序 二

　　作者选取传统文化典籍诠释方向已经很久了。我作为他的硕士生导师，当时是几分赞许，几分担忧。我知道这项工作对还原历史、传承文化非常重要，我也知道这工作艰辛枯燥，需要扎实的基本功。随着作者相关成果的不断出现，担忧慢慢变成了欣慰。借新书问世之际，说几点想法。

　　孔子说："温故而知新。"此说不仅是学习的重要方法，也揭示了人类认识活动的重要途径。人类经历过的故事是产生新知的重要基础，人类总结出的经验是引发新思想的重要源泉。

　　"如数家珍"是形容人们对所讲的事物十分熟悉。其实，"数家珍"本身并不是一件容易的事。中华优秀传统文化是祖先留给我们的宝库，她一脉相承，历史悠久；她又多源多流，传播广泛。时至今日，我们清点家珍，仍有许多疑点；我们认识家珍，还留下许多盲点。

　　文化经典既是历史客观存在的组成部分，又是反映社会的镜子。文化经典既是认识对象，又兼认识中介，这样的双重性质更突出了文化经典整理的特殊意义。无论从认识论、方法论，还是本体论的视角观察，还经典原有的样式、还经典本来的含义、还历史人物本来面目，从而还历史原来的真相，都是人类实践活动至关重要的任务，只有在确定真伪的基础上，才可能探寻原因，评判优劣，选择取舍。

　　本书采取"聚沙成塔"的方式参与了"温故知新"。

　　本书的第一个切入点是聚焦疑点，释疑解惑。作者选取了学术界若干有争论的、有疑问的热点，积极参与讨论，旁征博引，在坚实的史料基础上,提出自己颇有见地的新看法,为学界释疑,为自己解惑。例如对"内圣与外王""仁义与道德""君子与小人"等热门问题都进行了认真的思考,提出了新的思路,找出了新的证据,得出了新的观点,推动了学术讨论进一步深入。

本书的另一个切入点是搜寻盲点,拾遗补阙。作者选取学术界易忽视或者讨论不充分的冷点,敏锐地发现疏漏,慎重地考证,大胆地提出自己的认识,为典籍拾遗,为学术补阙。其中,对于"贫而乐"的解读,对于"寝不尸"的分析,对于"文质彬彬"的讨论,对于"学稼、为圃"的挖掘,都引发了学界的关注,让人们耳目一新。

其实,作者"聚沙成塔"已经很久,随着释疑解惑沙粒增加、拾遗补阙沙粒积累,历史真相之塔渐聚渐成。

孔夫子说"逝者如斯夫",不仅感叹人生,也在感悟历史,历史的确像一条奔腾不息的河流,连接着过往和现在。一方面,历史的内在联系,为"君子"提供资治通鉴,为"庶人"提供生活教材,为实践提供经验教训,为生活提供奇闻逸事,中华优秀传统文化从未中断的特质,使其与现实的联系更加紧密。儒家经典作为重要的文化符号,对现实的影响尤为深刻。另一方面,现实需求为治史提供新引力,现实的研究成果为治史提供了新资料,科学发展为治史提供了新工具。

既然历史与现实的联系客观存在,而且具有一定的必然性。那么,古为今用,便是应有之义,治史者不应消极排斥历史与现实的联系,而应积极顺应这种联系,选择正确的方向,拓展研究的深度和广度,主动地为社会服务,为百姓服务,实现儒学经典的"当下之用"。

中国在快速发展,同时又面临诸多艰难险阻。治史者一定要讲好历史故事,参与社会决策,参与社会教育,参与社会实践。中国正在走向世界,音量不断扩大,同时又遭遇重重障碍,迫切需要讲好中国故事,发出中国声音,让世界了解中国既有血性,又有"文质彬彬,然后君子"的"温良恭俭让"的特质。

本书还以牵线结网的方式尝试"古为今用"。

孔子"一以贯之"的"内圣外王"是经线。以"内圣"连接"未若贫而乐"的解析、"寝不尸"的考证、"就有道而正焉"的追求，突出孔子坚信"周道"的情操和坚韧不拔的品格。用"外王"串连"能近取譬"以求"文质彬彬"君子的教育，以及遇困境而我道不弃、"知其不可为而为之"的坚持，勾勒孔子颠沛流离、初心不改的人生。如此，一系列被"内圣外王"主线联系的点，成为建构整体孔子的要素，让念念不忘社会秩序的孔子更丰满地站在今人面前。

求新求用的需求是本书纬线。"求新"是本书的追求，贯穿始终。作者广泛地搜集了现今社会发现的新史料，积极借鉴史学、社会学、心理学的新成果，自觉地适应文化转化、文化利用的社会需求，冷静地提出一系列富有新意的见解，体现了该书的创新性。

"求用"是本书的另一个追求，蕴于字里行间。作者分析孔子思想，包含着提供切实历史借鉴的目标。宣扬儒家文化开放融摄的特质，包含着批判与继承；论证孔子"寝不尸"的执着，包含着加强责任感的愿望；讨论"文质彬彬"，包含着提升素质的理想，体现了该书的应用性。

"新"和"用"更好地把古与今结合起来，拉近了文化经典与人们的关系，提高了论述的品位。如此，经线、纬线编织起来的网络，将分散的疑点和盲点联络起来，酝酿着作者追求的整体语境，同时也增强了全书的逻辑性和系统性。

"道虽迩，不行不至；事虽小，不为不成"（《荀子·修身》），本书是艰难跋涉、积少成多的成果，折射出作者的坚韧与敏锐。望作者再接再厉，继续聚沙成塔，牵线结网，因为"在科学上没有平坦的大道，只有不畏劳苦沿着陡峭小路不断攀登的人，才有希望到达光辉的顶点"。

姜　新

2023 年 6 月 25 日于颐和园

目　录

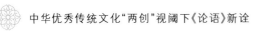

绪　论

一、选题的缘由与意义

　　晚清时期,中国面临"三千年未有之大变局",中华传统文化体系在遭遇冷落、挫折与复兴中重新建构,被动开启了近代化之路。当今中国仍面临百年未有之大变局,实现中华优秀传统文化的复兴显得十分迫切和重要。党的十八大以来,习近平总书记就弘扬中华优秀传统文化提出了"创造性转化、创新性发展"的"两创"方针。习近平总书记在纪念孔子诞辰 2565 周年国际学术研讨会上的讲话指出:"努力实现传统文化的创造性转化、创新性发展,使之与现实文化相融相通,共同服务以文化人的时代任务。"①在党的十九大报告中,习近平总书记强调要"推动中华优秀传统文化创造性转化、创新性发展"②。党的二十大报告再次申明让"中华优秀传统文化得到创造性转化、创新性发展"③。"两创"的提出,让中华优秀传统文化与现实的联系更加紧密。

　　中国历代知识分子都将学习经典、研治经学视为安身立命之本。

---

　　① 习近平:《在纪念孔子诞辰 2565 周年国际学术研讨会暨国际儒学联合会第五届会员大会开幕会上的讲话》,《人民日报》,2014 - 09 - 25(02)。

　　② 《中国共产党第十九次全国代表大会文件汇编》,北京:人民出版社,2017 年版,第 19 页。

　　③ 本书编写组:《党的二十大报告学习辅导百问》,北京:党建读物出版社,2022 年版,第 8 页。

他们小则以之修身、齐家,大则以之治国、平天下。历史上的大儒都以经学而显身,又因研习经学而对国家、社会有所贡献。《论语》是研究孔子及早期儒学最主要、最基本的资料,其所汇集的言语皆"正实而切事"(《孔子家语·后序》)。从东汉起,《论语》就被列入儒家经典,与"五经"及《孝经》并称"七经",经南宋朱熹集注后,与《大学》《中庸》《孟子》合为"四书",成为科举考试必读书目。由此,《论语》成为中国传统社会文人士子必读的经典。康有为言:"盖千年来,自学子束发诵读,至于天下推施奉行,皆以《论语》为孔教大宗正统,以代六经。"①千百年来,无数学者对《论语》进行注疏阐释,研究材料和论述篇章之累积,可谓汗牛充栋,研究成果丰硕。《论语》在中国历史上产生了重大影响,"《论语》学"资料一直处于群经之高位,各种注本粲然大观。

在"两创"视阈下,我们讨论《论语》及早期儒学,需立足"《论语》学"文献事实,准确认识《论语》的思想内容、思维方式与价值取向及早期儒学的时代价值和基本属性,科学把握《论语》诠释的路径,方可继往开来;激发《论语》及儒学生命力,赋予其时代性,让《论语》的文化价值观浸润民族的道德理念、行为方式,为人民群众提供精神指引。

(一)"孔子遗说"的整理与《论语》的编撰

孔子思想博大精深,他自述其成长经历了"十有五而志于学,三十而立,四十而不惑,五十而知天命,六十而耳顺,七十而从心所欲,不逾矩"(《论语·为政》)的发展历程。孔子不仅好学,还重视教育,"以诗、书、礼、乐教,弟子盖三千焉,身通六艺者七十有二人"(《史记·孔子世家》)。孔子长期从事教育,与弟子组成一个教与学的群体。在学习和社会交往过程中,弟子、门人有随时记录和整理孔子言语的习惯。因此,每位亲传弟子手中都会有"接闻于夫子之语"的记录。如面对孔子

---

① 康有为:《论语注》(序),北京:中华书局,1984年版,第2页。

"言忠信，行笃敬"的教诲，子张便"书诸绅"（《论语·卫灵公》）。朱熹解释说："绅，大带之垂者。书之，欲其不忘也。"①也就是说由于毫无准备，子张又担心忘记老师的话，临时起意写在自己的腰带上，以示不忘。这样的例子很多："子张既闻孔子斯言，遂退而记之"（《孔子家语·入官》）；"子夏蹶然而起，负墙而立"，对孔子的教诲"敢不志之"（《孔子家语·论礼》）；"冉有跪然免席，曰：'言则美矣！求未之闻'"，对孔子的教诲"退而记之"（《孔子家语·五刑》）；叔仲会和孔璇"执笔记事于夫子，二人迭侍左右"（《孔子家语·七十二弟子》）。可见，孔子弟子确有做笔记的习惯，而孔子自觉讲到非常重要处时，也会主动要求弟子记下来，如对"苛政猛于虎"，要子贡"识之"；对"公父文伯之母纺绩"，要"弟子志之"（《孔子家语·正论解》）。其时弟子"与夫子应答，及私相讲肄，言合于道，或书之于绅，或事之无厌"②。故在孔子之后，留下了很多的"孔子遗说"，它们多以"子曰""孔子云"等形式保存下来。钱穆指出："当时诸弟子于孔子之一言一动，无不谨书而备录之可知。"③正因为孔门弟子有记录和整理笔记的习惯，才形成了浩繁而复杂的"孔子遗说"。

　　孔子逝后，孔门弟子将老师葬于鲁城北泗水南岸。《史记·孔子世家》载："孔子葬鲁城北泗上，弟子皆服三年。三年心丧毕，相诀而去，则哭，各复尽哀；或复留。唯子赣庐于冢上，凡六年，然后去。"按丧父的礼仪，学生们为孔子守丧三年，然后才"相诀而去，则哭，各复尽哀；或复留"。子赣（即子贡）则"庐于冢上，凡六年，然后去"。可以想象，在孔子去世后，孔门失去了核心人物和领袖，失去了共同的精神寄托。弟子们出于对孔子的怀念与对孔门的依恋，怕孔门出现分化，必然要维系这个集体的存在。为追忆孔子，使孔子"循循然善诱人"之语时刻响在耳边，

①　朱熹：《论语集注》，北京：商务印书馆，2015 年版，第 242 页。
②　魏徵等：《隋书·经籍志》（第四册），北京：中华书局，1973 年版，第 939 页。
③　钱穆：《论语新解》，北京：生活·读书·新知三联书店，2002 年版，第 1 页。

学生们在为老师守丧的三年间,除按时举行祭祀孔子的仪式外,根据先前所记,将各自手中的"孔子言语"汇集在一起并进行编辑整理。《经典释文·叙录》曰:"夫子既终,微言已绝。恐离居已后,各生异见,而圣言永灭,故相与论撰,因辑时贤及古明王之语,合成一法,谓之《论语》。"①可以发现,孔门后学编撰《论语》有着明显的目的,即保存孔子遗言,以纪念孔子,并传之后世。

(二)《论语》的内在逻辑

《论语》"自《学而》至《尧曰》凡二十篇,首末相次无别科重。而以《学而》最先者,言降圣以下须学成,故《学记》云:'玉不琢不成器,人不学不知道。'是明人必须学乃成"②。《学而》篇"但以言学为主,兼言孝、悌、忠、信、仁、义、礼等修身为人、处世交友之道。篇名'学而'二字,本取首章'子曰'以下前二字,与他篇同。唯其首篇、首章以'学'字为始,当有用心。《礼记·学记》云:'君子如欲化民,其必由学乎!'看来全书以《学而》始,确是编辑者有意安排,体现以学为先及教人修身的思想。既是有意安排,说明有统一编辑宗旨"③。诚如上述所言,今本《论语》二十篇皆各有主旨,互存一定的关系,自为学修身至治国平天下,全书是一套完整的思想逻辑体系。首篇《学而》主旨言学,先学而后从政,学习主要就是为了从政,为了治民。陆德明认为:"先学而后从政,以《为政》次《学而》也。"④《为政》篇包含治理政事、教化、学习、修养、孝及君子之道方面的内容,故"礼乐次为政,亦非偶然",皇侃曰:"所以次前者,言政之所裁,裁于斯滥,故八佾次为政。"⑤《八佾》篇主要涉及孔子的礼

---

① 陆德明:《经典释文》,上海:上海古籍出版社,2013 年版,第 59 页。
② 皇侃撰、高尚榘校点:《论语义疏》,北京:中华书局,2013 年版,第 1 页。
③ 黄怀信:《论语汇校集释》(前言),上海:上海古籍出版社,2008 年版,第 15 页。
④ 陆德明:《经典释文》,上海:上海古籍出版社,2013 年版,第 1351 页。
⑤ 皇侃撰、高尚榘校点:《论语义疏》,北京:中华书局,2013 年版,第 47 页。

乐思想，"为政需有礼乐，为政者更需有仁德、有修养，故相次"。①《里仁》篇主要涉及道德修养问题，包括仁、义、礼、孝、言、行、事君及交友等。钱穆《论语新解》曰："礼必随时而变，仁则古今通道，故《论语》的编者以《里仁》次《八佾》之后。"②《公冶长》篇以评论人物为主，"之所以次前，盖以前篇泛论德，故继以具体人物，述其才德所在与欠缺，以为例证"③。《雍也》篇是接《公冶长》篇继续论述人物及中庸、恕、仁、人性，冉雍、颜回可为代表。《述而》篇因贤人君子而及圣人，以记述为主，也涉及孔子对古代文化的态度、教育思想及自我评价。《泰伯》篇涉及孔子对尧、舜、禹等古代圣人的评价，为君主立言，邢昺曰："以前篇论孔子之行，此篇首末载圣贤之德，故以为次也。"④《子罕》篇主要论学，包括学问的内容、求知的方法及学识的不同境界等，"为学者立言，故相次"⑤。《乡党》篇记载孔子的仪容、衣食住行，形容孔子是凡事讲礼仪的正直君子，皇侃曰："乡党者，明孔子教训在于乡党之时也。所以次前者，既朝廷感希，故退还应于乡党也。故乡党次于子罕也。"⑥《先进》篇主要论述弟子志向及孔子对学生的评论，反映出孔子因材施教的教育哲学。邢昺曰："前篇论夫子在乡党，圣人之行也。此篇论弟子贤人之行，圣贤相次，亦相宜也。"⑦《颜渊》篇涉及仁、君子、道德、制度、领导者德行及交友之道等。皇侃曰："所以次前者，进业之冠莫过颜渊，故颜渊

---

① 黄怀信：《论语新校释》（前言），西安：三秦出版社，2006 年版，第 17—18 页。
② 钱穆：《论语新解》，北京：生活·读书·新知三联书店，2002 年版，第 83 页。
③ 黄怀信：《论语新校释》，西安：三秦出版社，2006 年版，第 18 页。
④ 邢昺：《论语注疏》，阮元校刻《十三经注疏》，北京：中华书局，1980 年影印版，第 2486 页。
⑤ 黄怀信：《论语新校释》，西安：三秦出版社，2006 年版，第 20 页。
⑥ 皇侃撰、高尚榘校点：《论语义疏》，北京：中华书局，2013 年版，第 233 页。
⑦ 邢昺：《论语注疏》，阮元校刻《十三经注疏》，北京：中华书局，1980 年影印版，第 2498 页。

次先进也。"①《子路》篇涉及治国的政治主张、孔子的教育思想、个人的道德修养及品德完善,是学问的内在修养和外在应用。邢昺曰:"此篇论善人君子为邦教民、仁政孝弟、中行常德,皆治国修身之要,大意与前篇相类,且回也入室、由也升堂,故以为次也。"②《宪问》篇言修德修身与仕进为官之道。仕进为官是从政理民之终归与实践,故次于前篇。《卫灵公》篇以讨论道德修养为主,涉及仁、义、学习、教育,以及君子与小人言行的对比,此篇"次于前,盖以前数篇言为政理民及修德修身大法已毕,而复为箴言以戒之,故相次"③。《季氏》篇论述卿大夫越权干政,"诸侯失道,政在大夫,故《季氏》次之"④。《阳货》篇涉及卿大夫的家臣弄权乱政,"大夫失道,政在陪臣,故《阳货》次之"⑤。《微子》篇主要透露一些隐士、贤者的思想,也有描绘孔子寻求用世的经历,"陪臣柄政,贤人隐退,故《微子》次之"⑥。《子张》篇涉及君子之道,道德、交友、好学等,即"贤人虽隐,但儒家讲究薪火相传,仍讲学以延续文脉"。钱穆认为,"盖自孔子殁后,述遗教以诱后学,以及同门相切磋,以其能发明圣义"⑦,故《子张》次之。《尧曰》篇言国君而始尧,"由尧舜至孔子,皆一脉相承,故以《尧曰》终焉"⑧。皇侃曰:"《尧曰》者,古圣天子之言也,其言天下太平,禅让于舜之事也。所以次前者,事君之道,若宜去拂衣,宜留者致命,去留当理,事迹无亏,则太平可睹。"⑨邢昺的观点更为

———————————

① 皇侃撰、高尚榘校点:《论语义疏》,北京:中华书局,2013 年版,第 297 页。

② 邢昺:《论语注疏》,阮元校刻《十三经注疏》,北京:中华书局,1980 年影印版,第 2506 页。

③ 黄怀信:《论语新校释》,西安:三秦出版社,2006 年版,第 21—22 页。

④ 刘强:《论语新识》(《论语》次第),长沙:岳麓书社,2016 年版,第 8 页。

⑤ 刘强:《论语新识》(《论语》次第),长沙:岳麓书社,2016 年版,第 8 页。

⑥ 刘强:《论语新识》(《论语》次第),长沙:岳麓书社,2016 年版,第 8 页。

⑦ 钱穆:《论语新解》,北京,生活·读书·新知三联书店,2002 年版,第 481 页。

⑧ 刘强:《论语新识》(《论语》次第),长沙:岳麓书社,2016 年版,第 8 页。

⑨ 皇侃撰、高尚榘校点:《论语义疏》,北京:中华书局,2013 年版,第 514—515 页。

合理,他说:"此篇记二帝三王及孔子之语,明天命政化之美,皆是圣人之道,可以垂训将来,故殿诸篇,非所次也。"①《尧曰》总结全书,为国君立言,反映编者承孔子治国平天下的理念。从《学而》篇"学而时习之"开始,至末篇《尧曰》"尊五美""知天命"结束。首尾呼应的编排绝非无心插柳,而是符合逻辑思考的结果。即从"学"开始展现孔子学的具体内容及追求的最高目标,至末篇《尧曰》给出了终极答案。

(三)《论语》的诠释体系

"孔子遗言"经过孔门弟子的整理,后经再传弟子的编撰,最终形成了《论语》《孔子家语》《孝经》《礼记》等传世文献,其中《论语》尤为重要。然《论语》命运多舛,孔子以后,儒学在历史上曾受到很多挑战和质疑。《论语》的诠释萌始于孟子,其时"杨朱、墨翟之言盈天下。天下之言不归杨,则归墨"(《孟子·滕文公下》),此间儒学受到杨朱、墨翟之学的挑战而受绌。后遭受"秦火"浩劫,造成汉初《论语》虽在各地流传,却形成鲁《论》、齐《论》和古《论》等既相互联系又难以折中的几个版本。

为了满足汉代社会的政治需要,汉代学者张禹以鲁《论》为基础,整合齐《论》和古《论》,形成了传世本《论语》。汉代以后,大凡读书识字者皆知《论语》,稍有文化者皆接受《论语》教诲。也就是从汉代起,《论语》成为中国读书人的必读书,且读《论语》必兼读注疏。"中国古代《论语》诠释的演进跌宕起伏,走过了一个漫长而不断裂变发展的过程。"②

中国历代学者为《论语》文本作注、诠释及义理阐述,揭示蕴含其中的圣人之微言大义。其中最著名者有三书:"一、何晏《集解》,网罗汉儒旧义。又有皇侃《义疏》广辑自魏迄梁诸家。两书相配,可谓《论语》古

---

① 邢昺:《论语注疏》,阮元校刻《十三经注疏》,北京:中华书局,1980 年影印版,第 2535 页。

② 乔芳:《北宋〈论语〉诠释的演进路径与嬗变图景》,《河南大学学报》,2017 年 06 期。

注之渊薮。二、朱熹《集注》，宋儒理学家言，大体具是。三、刘宝楠《论语正义》，为清代考据家言一结集。"①清代朴学大兴，汉儒"《论语》学"注重考据训诂的传统得以延续，《论语》文本的考释达到空前规模。清末，随着西学的传入，中国人开始睁眼看世界，寻求救亡图存的方法，而《论语》成为学者们构建学术体系的重要支撑点。其中，以康有为的《论语注》为代表，康氏融摄旧学、援用西学注释《论语》，对之进行了富有时代气息的诠释和解读。

新中国成立以来，传统《论语》类文献的整理与研究工作逐渐展开，比如何晏的《论语集解》、皇侃的《论语义疏》、朱熹的《四书章句集注》和《朱子语类》、刘宝楠的《论语正义》、杨树达的《论语疏证》、程树德的《论语集释》、黄怀信的《论语汇校集释》、李启谦的《孔子资料汇编》和《孔子弟子资料汇编》、郭沂的《子曰全集》等文献的点校出版，无论是在文字校订上，还是在诠释视角的维度上，都成为当下学者再研究、再阐释《论语》的基础。可以说，两千年来，对"《论语》学"资料的整理、研究与出版，成绩斐然。琳琅满目的《论语》注疏本、阐释本，形成源远流长的中国《论语》诠释传统，构成完备的中国《论语》诠释体系。只有以此为基础，才能有的放失地进一步探究《论语》与早期儒学的关系。如果没有历代学者作合乎时代的注解与阐发，《论语》只能是毫无生气的故纸堆，不但无法发挥修齐治平的功能，甚至连自身的流传都是问题。尽管"《论语》学"在各时期的特点不同，但是无一例外都在试图解决各个时代的社会思想问题，都是在试图回应时代的关切，这成为研究孔子思想与时代关系的一个重要方向标。

（四）《论语》的当代价值

《论语》的智慧历久弥新，引出不少立身处世的深邃智慧，值得我们

---

① 钱穆：《论语新解》（序），北京：生活·读书·新知三联书店，2002 年版，第 1 页。

去品味。钱穆说:"今天的中国读书人,应负两大责任:一是自己读《论语》,一是劝人读《论语》。"①《论语》在传统典籍中的经典性谁都无法否定,它是中国人的"心魂"所在。党的十九大报告指出:"没有高度的文化自信,没有文化的繁荣兴盛,就没有中华民族伟大复兴。"②"深入挖掘中华优秀传统文化蕴含的思想观念、人文精神、道德规范,结合时代要求继承创新,让中华文化展现出永久魅力和时代风采。"③在新时代,有效汲取古代文明的营养,向世界发出传承和创新中华优秀传统文化的"中国声音"显得非常重要。厘清当代"《论语》学"的发展轨迹对中华优秀传统文化尤其是儒家文化的传承与发展,乃至文化多样性的建构具有极其重要的意义。

习近平总书记在国内外重要讲话中经常引用中华优秀传统文化典籍中的经典词句,以此阐释相关时代问题。2015 年,《习近平用典》由人民日报出版社出版,据其统计,习近平总书记的讲话中,引用次数最多的是源自儒学经典的名言名句。其中,引《论语》11 次,《礼记》6 次,《孟子》4 次,《荀子》3 次,《尚书》《二程集》等儒学经典著作也时常被引用。在这些典籍中,《论语》最受青睐,如:引用《论语·里仁》"见贤思齐焉,见不贤而内自省也"来表达要坚定内心修养的追求,处理好正恶、是非、好坏之间的关系;引用《论语·季氏》"不患寡而患不均,不患贫而患不安"来表达忧国忧民的责任担当;引用《论语·为政》"学而不思则罔,思而不学则殆""学而不厌,诲人不倦"论述注重"学习"和"思考"之间的关系,就能找到处理和解决问题的方法及措施;引用《论语·雍也》"知之者不如好之者,好之者不如乐之者"来阐述学习的最高境界是把学习

---

　　① 钱穆:《孔子与论语》,北京:九州出版社,2011 年版,第 44 页。
　　②《中国共产党第十九次全国代表大会文件汇编》,北京:人民出版社,2017 年版,第 33 页。
　　③《中国共产党第十九次全国代表大会文件汇编》,北京:人民出版社,2017 年版,第 34 页。

当作生活的乐趣;引用《论语·泰伯》"士不可以不弘毅,任重而道远"来表达国家和民族的前途命运与青年一代息息相关,当代青年应该担当起时代大任;引用《论语·季氏》"见善如不及,见不善如探汤"、《论语·学而》"吾日三省吾身:为人谋而不忠乎? 与朋友交而不信乎? 传不习乎?"来提倡修身养德,加强党性等。

《论语》的核心价值对当代国家治理的借鉴作用是显然的。当下,"共产党人读书作文,更会把目光投向干事创业、治国理政的大境界"①。习近平总书记用典,其背后更多的是"治世",把古人治理智慧运用于现代化的实践。面对儒学复兴的历史浪潮,如何以当代的语言和观念对《论语》进行创新性阐释和创造性转化,这是当代《论语》研究者对中华优秀传统文化的弘扬和发展,也是坚持向习近平总书记看齐的践行。

二、选题的研究价值

任何一个有希望的民族都不会无视自己的文化传统,《论语》作为儒学的元典,直接展现出早期儒学的景象,保存了大量珍贵的史料,是历代儒家学者为学修身治世之道,更是解释社会秩序、人伦、政治、道德规范甚至日常生活等准则的来源。正如章学诚所言,包括《论语》在内的"六经""皆先王之政典也"②。可见《论语》本来就是中国古代政治文化的载体,所以也被称为"中世纪中国列朝的统治学说"③。历代学者通过对经书的再阐释,逐步完成其思想意识的重建。由于《论语》本身具有"正实而切事"的特点,再加上其为群弟子所记夫子之"善言",自然

---

① 人民日报评论部:《习近平用典》(序言),北京:人民日报出版社,2015年版,第3页。

② 章学诚:《文史通义》(卷一),上海:上海书店,1988年版,第1页。

③ 朱维铮:《壶里春秋》,上海:上海文艺出版社,2002年版,第104页。

受到历代学者的高度关注,从而使其由"子"入"传",由"传"入"经",甚至其地位在传统社会后期还有超越"六经"的倾向。近年来,中华优秀传统文化面临发展新时期,孔子和《论语》的价值再次彰显,传统文化的现代价值也需被重估与再定位。《论语》研究在学术界逐步走向繁荣,相关研究成果不仅数量繁多,而且是多角度、多层次、全方位探究了儒学及"《论语》学",这对学术界后续相关研究极具借鉴价值和指导意义。

(一) 孔子与"儒"学

儒学是中国传统文化的重要组成部分,对中国社会影响至深,是其他任何学派都不能比拟的。《万国公报文选》中一篇文章就儒学对中国社会的影响评述说:"中国二千数百年以来,上自朝廷之政治法律,下至民间之风俗伦理,凡是非善恶、赏罚褒贬,记于历史,定乎宪典,发为评议者,无一不出于儒。"①"儒"字从"人",是一种人,《说文解字》释"儒"曰:"柔也,术士之称。"徐仲舒释甲骨文中一像"以水冲洗淋浴濡身"之形的字为"需",认为是"儒"之本字,其本义为"濡"。其以沐浴之人为"儒",是因为他认为古代的"儒"为人相礼、祭祖事神、办丧事,都必须经常斋戒,而儒家在当时也重视斋戒,是专门替殷商奴隶主贵族祭祖事神、办理丧事、充当司仪的职业者。故孔子以前已有"儒"的存在,是指"以教书相礼为职业的一种人"。《汉书·艺文志》言:"儒家者流,盖出于司徒之官,助人君顺阴阳明教化者也。"②孔子有感周室衰微、大道不行、国乱不止的社会现状,批判继承了三代以来的思想成果。

孔子教授生徒,整理旧典,创立学说,儒家遂作为"先秦诸子中之一派"。故有"后来在儒之中,有不止于以教书相礼为事,而且欲以昔日之

①　范祎:《论儒教与基督教之分》,钱锺书主编《万国公报文选》,北京:生活·读书·新知三联书店,1998年版,第167页。
②　班固撰、颜师古注:《汉书》,北京:中华书局,1962年版,第1728页。

礼乐制度平治天下,又有予昔之礼乐制度以理论的根据者,此等人即后来之儒家。孔子不是儒之创始者,但乃是儒家之创立者"①的说法。后世,儒家对于儒学的起源有一套自己的说法。《论语·尧曰》称:"尧曰:'咨!尔舜!天之历数在尔躬,允执其中。四海困穷,天禄永终。'舜亦以命禹。"以下还载有汤、周王的誓辞和祷辞以及孔子的论说。《论语》此章将尧舜禹汤、文武周孔一脉相承地连接起来,形成儒家的"道统"。《孟子》尾篇末章也是以"见而知之""闻而知之"来揭橥儒家的"道统"。《中庸》归纳孔子是"祖述尧舜""宪章文武",以孔子承续尧、舜、禹、汤、文、武、周公之道。杨时说:"《论语》之书,皆圣人微言,而其徒守之,以明斯道者也。故于终篇,具载尧舜咨命之言,汤武誓师之意,与夫施诸政事者,以明圣学之所传者,一于是而已,所以著明二十篇之大旨也。《孟子》于终篇,亦历叙尧、舜、汤、文、孔子相承之次,皆此意也。"②

儒学在近代有所式微,多遭厄运,孔子接连遭到攻击与批判,诸如太平天国的"排孔"、五四时期"打倒孔家店"、"文化大革命"时期的"批孔"等。如此一来,儒学的文化地位遭到动摇。然而,随着近代社会的转型,面对百年儒学式微,学术界立足中国社会也进行了一定的反思。自"一战"之后,中国学界就开始对五四时期的"打倒孔家店""不读中国书"等行为产生了困惑,辜鸿铭言:"今中国锐意图新,事事效法西人,不求其所以然,而但行其所当然,与此西人所剪之成衣又何以异与,噫!"③进而要求重拾中国文化教育传统。1935 年 1 月,10 位教授发表《中国本位的文化建设宣言》,强调要加强"中国本位的文化建设",须立足于"中国此时此地的需要"。钱穆提出:"今日中国国家教育之唯一出路,端在转移此种模仿教育之积习。若使中等学校之青年,于晨光曦

① 冯友兰:《中国哲学史》,上海:华东师范大学出版社,2000 年版,第 363 页。
② 朱熹:《论语集注》,北京:商务印书馆,2015 年版,第 285 页。
③ 辜鸿铭:《辜鸿铭讲论语》,北京:北京理工大学出版社,2013 年版,第 2 页。

微,晚灯煜烨之下,手一卷而高声朗诵者非莎士比亚与雪莱,而为《论语》、《庄子》、《史记》、陶渊明,则具体而微矣。"①张伯苓办教育也经历了从"洋化"到"土货化"的转变过程。1928 年,他提出南开日后要培养"知中国、服务中国"②的人才。庄泽宣和舒新城都参与到"新教育中国化"的运动中,用中国传统教育的特色去补充新式教育。③

20 世纪 50 年代末,牟宗三、徐复观等联名发表《为中国文化敬告世界人士宣言》,呼吁中外人士正视中国文化。十八大后,习近平总书记多次强调中华优秀传统文化"是我们在世界文化激荡中站稳脚跟的根基",只有"从延续民族文化血脉中开拓前进,我们才能做好今天的事业"④。"2014 年 9 月,习近平总书记在纪念孔子诞辰 2565 周年国际学术研讨会上的讲话,向世界发出了传承和创新中华优秀传统文化的'中国声音'。"⑤可以说,儒学要继续保持旺盛的生命力,须立足国家和社会发展需要。"《论语》学"及孔子作为儒学的重要标识,也不可避免地要进行"现代性"的转化。需注意的是,在充分肯定儒学价值和孔子地位的同时,我们不能过分或者不适当地拔高儒学,加诸其难以承担的社会重任,而是要以清醒的态度给儒学以合理地位,让它充实、丰富、完善当代社会文明。

(二)"《论语》学"与儒家精神

《论语》作为孔子言行的重要载体,随着孔子和儒学地位在古代社会的提高,其在政治、教育、法律等领域中也发挥了重要的作用。古代

---

① 钱穆:《文化与教育》,桂林:广西师范大学出版社,2004 年版,第 61 页。
② 李玉胜:《张伯苓与南开大学的"土货化"》,《现代教育科学》,2014 年 03 期。
③ 程红艳:《百年现代化进程中"教育中国化"的曲折探索》,《深圳社会科学》,2023 年 01 期。
④ 人民日报评论部:《习近平用典》(序言),北京:人民日报出版社,2015 年版,第 1 页。
⑤ 人民日报评论部:《习近平用典》(序言),北京:人民日报出版社,2015 年版,第 1 页。

的皇帝诏书、臣下奏议、法律条文屡屡征引《论语》,它所体现出来的某些儒家思想被当作政治和法律的基本原则。从汉代至隋唐,《论语》的相关著作有明显的标识,应是以"注"为主,以"疏"为辅。"注"主要是注音、注义,兼及《论语》篇章的义理;"疏"是对"注"的疏解。这些"注""疏"的背后,反映的是每个时代的特殊需求。两汉时期以"注"为主,西汉时期以疏通文义为主,东汉时期以名物训诂为主。魏晋南北朝时期主要以"疏"为主,为应对来自佛学、玄学等其他学说的挑战,这些著作基本会通玄佛、出入儒佛,成为关注社会问题的应时之作。

其实,通过《论语》类文献,我们推考孔子整体思想体系,不难发现,孔子的整个人生都在实践"内圣外王"之道,并且强调由"内圣"至"外王"的指向过程。故而,"《论语》学"成为自汉代以来重要的官方学术,成为中国古代文化学术的主体和正统。每当社会危难之际,有识之士都从《论语》中寻求智慧,对《论语》进行新诠,为解决现实困厄提供理论支撑,最为典型的就是康有为的《论语注》。曹润清评价说:"康有为身处晚清政局动荡的大背景下,目睹国破、种灭、教亡的严峻危机,在经世济民的使命感召下,他重新审视儒家经典,融摄旧学、援用西学注释《论语》,对之进行富有时代气息的诠释和解读,赋予传统儒学思想以近代性格,折射出康有为从传统文化资源中寻求救治时弊之方的努力。"① 用梁启超的话说,当时的儒学就是"欲破壁以自拔于此黑暗,不得不先对于旧政治而试奋斗,于是以其极幼稚之'西学'知识,与清初启蒙期所谓'经世之学'相结合,别树一派,于正统派公然举叛旗矣"②。李泽厚反对将儒学完全脱节于大众生活和现实社会,认为这将大失儒学本义。③ 他说:"真正值得探讨的是今天和未来知识分子的社会功能和命

---

① 曹润清:《康有为〈论语注〉思想研究》(封底),北京:商务印书馆出版社,2019年版。
② 梁启超:《清代学术概论》,上海:上海古籍出版社,2005年版,第60页。
③ 李泽厚:《论语今读》,北京:生活·读书·新知三联书店,2004年版,第4页。

运问题,是老扮演'天下兴亡,匹夫有责'的启蒙者和'先知'或社会批判家的角色呢,还是作为市场经济的科技或科层附庸?"①所以说,经学的内容,除了校订经典的词句,研究既有的经学研究成果之外,我们还要抽绎古今众说而区其源流脉络,拂去历史尘埃,创造性地阐发经典的义理,更好地实现《论语》的当下之用。正如颜炳罡在《论语探研·序》中说:"《论语》是无限敞开的意义系统,一代之治,必有一代之学,一代之学必成一代之用。处于伟大民族复兴历程中的一代中国学人,对《论语》应做出合乎这个时代要求的理解,以成就《论语》的当代之用。"②

(三)《论语》的"两创"踪迹

《诗经·大雅·文王》曰:"周虽旧邦,其命维新。"意思为"周虽旧邦国,而命则新,则其命时矣"③。《礼记·大学》曰:"汤之盘铭曰:'苟日新,日日新,又日新。'《康诰》曰:'作新民。'《诗》曰:'周虽旧邦,其命维新。'是故君子无所不用其极。"黄怀信解"作新民"为"言革新当竭力而为"④。对于《论语》研究者而言,首先要对《论语》在传统文化中的价值与地位有正确的认识,才有可能得出科学的研究结论,研究才有价值。习近平总书记指出:"要认真汲取中华优秀传统文化的思想精华和道德精髓,大力弘扬以爱国主义为核心的民族精神和以改革创新为核心的时代精神……要处理好继承和创造性发展的关系,重点做好创造性转化和创新性发展。"⑤"两创"不是无源之水、无本之木,而是有着深刻的历史渊源。"两创"的早期"雏形"见于《论语》,是孔子利用古代文献教育弟子。《论语·述而》载孔子曰:"述而不作,信而好古,窃比于我老

---

① 李泽厚:《论语今读》,北京:生活·读书·新知三联书店,2004年版,第46页。
② 唐明贵、刘伟:《论语探研》,北京:中国社会科学出版社,2014年版,第1页。
③ 朱熹集传:《诗经》,上海:上海古籍出版社,2013年版,第334页。
④ 黄怀信:《大学中庸讲义》,北京:清华大学出版社,2013年版,第16页。
⑤ 习近平:《习近平谈治国理政》(第一卷),北京:外文出版社,2018年版,第164页。

彭。""述,传旧而已,作,则创始也。"①孔子通过整理古代的文献资料,他"删《诗》《书》,定《礼》《乐》,赞《易》,作《春秋》",对典籍进行创造性转化、创新性发展,本质上就是为更好地教育弟子学习圣贤之道,着眼于解决时代课题。

在"述而不作"的原则下,孔子"删《诗》《书》,定《礼》《乐》,赞《易》,作《春秋》",通过"先之以《诗》《书》,而道之以孝悌,说之以仁义,观之以礼乐,然后成之以文德"(《孔子家语·弟子行》)的施教方式,造就孔门"弟子弥众,至自远方,莫不受业焉"(《史记·孔子世家》)的蔚然大观,形成"门徒三千,达者七十"②的兴旺局面。在对弟子进行"成人"教育的同时,孔子将自己的政治见解寄托在典籍中,期望在后世能够实现。

孔子极为重视《诗》的教化作用,认为"温柔敦厚,诗教也"(《礼记·经解》)。《论语》中,孔子多处论《诗》,如《论语·为政》篇载孔子曰:"《诗》三百,一言以蔽之,曰:'思无邪。'"《论语·泰伯》篇载孔子曰:"兴于《诗》,立于礼,成于乐。"《论语·子路》载孔子曰:"诵《诗》三百,授之以政,不达;使于四方,不能专对;虽多,亦奚以为?"《论语·阳货》篇载孔子曰:"小子何莫学夫《诗》?《诗》,可以兴,可以观,可以群,可以怨。迩之事父,远之事君,多识于鸟兽草木之名。"孔子还要求自己的儿子孔鲤学诗,认为"不学《诗》,无以言"(《论语·季氏》),表达了他对《诗》教化作用的重视。《史记·孔子世家》曰:"古者《诗》三千余篇,及至孔子,去其重,取可施于礼义,上采契、后稷,中述殷、周之盛,至幽、厉之缺,始于衽席,故曰'关雎之乱以为风始,鹿鸣为小雅始,文王为大雅始,清庙为颂始'。三百五篇孔子皆弦歌之,以求合《韶》《武》《雅》《颂》之音。礼乐自此可得而述,以备王道,成六艺。"《汉书·叙传下》曰:"虞夏商周,

① 朱熹:《论语集注》,北京:商务印书馆,2015年版,第145页。
② 魏徵等:《隋书·经籍志》(第四册),北京:中华书局,1973年版,第939页。

孔纂其业,纂《书》删《诗》,缀《礼》正《乐》。"①孔子删《诗》,"去其重",其目的是"缀《礼》正《乐》"。

《论语·宪问》载孔子曰:"文之以礼乐,亦可以为成人矣。"《说苑·辨物》载孔子曰:"仁义礼乐,成人之行也。"礼、乐是孔子"成人"教育的两翼。孔子认为只有礼乐教育,使其知仁,才是"成人"教育的精髓。故孔子将"郑卫之声"作为雅乐的对立面提出来,将其定性为"淫",加以抵制,提出"放郑声,远佞人"(《论语·卫灵公》)的主张。孔子还躬身实践"正乐",要求"乐则《韶》《舞》"(《论语·卫灵公》)。所以,孔子"自卫返鲁,然后乐正,《雅》《颂》各得其所"(《论语·子罕》)。孔子反对违背"周礼"。当季氏"八佾舞于庭",孔子发出了"是可忍也,孰不可忍"(《论语·八佾》)的愤慨;对"三家者以《雍》彻"及"季氏旅于泰山"之类的僭礼违制行为深深叹息;对子贡欲去告朔之饩羊,孔子曰"赐也! 尔爱其羊,我爱其礼"(《论语·八佾》)予以坚决反对;面对管仲"有三归,官事不摄""邦君树塞门,管氏亦树塞门。邦君为两君之好,有反坫,管氏亦有反坫"的违礼行为,孔子批评其不知礼,认为"管仲之器小哉"(《论语·八佾》)!

孔子对传统文化的创新和传承,最为显著的表现是《春秋》笔法。《春秋》本是史书,孔子编撰《春秋》是为避免王道不张,宗旨是"垂世立教"。《孟子·滕文公下》曰:"世道衰微,邪说暴行有作,臣弑君者有之,子弑其父者有之。孔子惧,作《春秋》。《春秋》,天子之事也;是故孔子曰:'知我者其惟《春秋》乎! 罪我者其惟《春秋》乎!'"在修订《春秋》时,孔子通过"春秋笔法"来褒贬是非,寄寓"微言大义",凡涉及不合"周道"的史实,大多采用曲笔的手法。孔子作《春秋》,"约其文辞而指博。故吴楚之君自称王,而《春秋》贬之曰'子';践土之会实召周天子,而《春秋》讳之曰'天王狩于河阳':推此类以绳当世……《春秋》之义行,则天

---

① 班固撰、颜师古注:《汉书》,杭州:浙江古籍出版社,2000 年版,第 1269 页。

下乱臣贼子惧"(《史记·孔子世家》)。故而,《春秋》是有着强烈的"为政治而作史"与"为伦理教化而修史"的写作倾向的。曹顺庆说:"《春秋》'微言大义'几乎足以将'史学'变为'经学',将史实的记载阐发为强烈的政治伦理意蕴。"①

孟子称孔子为"圣之时者",具体表现就是"可以速而速,可以久而久,可以处而处,可以仕而仕"(《孟子·万章下》)。孔子至圣,一言蔽之曰"时"。在接受教育的过程中,弟子对孔子的思想经常会表现出不解与迷茫。即便是孔子最欣赏的颜渊也有"既竭吾才,如有所立卓尔。虽欲从之。末由也矣"(《论语·子罕》)的感慨,故《论语》经常会出现"能近取譬"式的交流,以事或物为喻来表达思想。《说文解字》曰:"譬,谕也。"即打比方,用比喻使对方明白。"能近取譬"是孔子根据时势,注重传统文献资料"时"与"权"的运用,对文献资料进行创造性解读的体现,是因材施教的重要形式。这已经成为孔子实践"天下有道"的一种途径与思维方式,他通过委婉含蓄的方式将价值教育与传播任务渗透到儒家思想体系之中。所以说,孔子对文献的"述而不作",是最早将夏、商、周以来的中华传统文化进行创造性转化与创新性发展的实践,形成了以经世致用为主导的强调人格进取精神又勇于担当的儒家学派。

三、国内外关于该课题的研究现状及趋势

《论语》从汉代起被列入儒家经典之列,到南宋成为"四书"的一员,再到康有为的融入西学进行注释,"《论语》学"的思想内容、记叙方式、文学思维、语言特色与价值取向时刻影响着我们,并打上了"致日用而不知"的烙印。随着学术界对《论语》和孔子思想的再度重视,

---

① 曹顺庆:《"〈春秋〉笔法"与"微言大义"——儒家经典的解读模式及话语言说方式》,《北京大学学报(哲学社会科学版)》,1997 年 02 期。

《论语》诠释及其研究也随之渐趋活跃,相关的研究成果异彩纷呈,相当丰硕。

（一） 孔子其人、其思想研究方兴未艾

《论语》《孔子家语》《礼记》《史记》《韩诗外传》等文献塑造出了孔子生动饱满的人物形象,或是至圣先师、万世师表,抑或遭人唾弃的"丧家狗",知古通今的"大学者",明知不可为而为之的"执着者",孔子的形象鲜活地存现于研究者的心中。学术界关于孔子的研究专著和论文可谓汗牛充栋,数不胜数,"孔子"研究的热点已然形成。相关研究多认为《论语》塑造了一位具有圣人、贤人、君子、智者、仁者、志士、学者、师者等多重身份的孔子形象。在诸多孔子形象中,关于"圣人形象""君子形象""教育家""文学家""哲学家""史学家"等角色的研究热度居高不下。在众多研究成果中,我们可以发现孔子思想的两个维度:一是时代赋予孔子及《论语》自身的思想世界;二是历代儒者熔铸于《论语》中的思想世界。两者共同铸造了孔子及《论语》深邃蕴藉的世界。解释和挖掘孔子的思想是历代《论语》诠释者的学术追求,更是信仰,这为《论语》文本注入了生生不息的源头活水。相关研究还衍射出"忠、恕、仁、义、礼、智、信"等道德信条及哲学、文学、历史学等层面的思考,可谓仁者见仁,智者见智。此外,孔子在《论语》中对学与知、仁与礼、学与思、教与习、博与精、言与行等的论述也颇受学术界重视。

对孔子及《论语》的阐释还存有广阔空间,一是因为孔子并没有对仁、义、礼、智、信、中庸等思想范畴作明确定义;二是"由于经典产生的历史语境的缺失和不可复制性以及诠释的个性化特征,客观上经典的原义无法完全复归"①。这也导致了古今诠释者新见迭出,却难以折

---

① 乔芳:《经典诠释的悖论管窥——以〈论语〉诠释为例》,《西北大学学报(哲学社会科学版)》,2014 年 05 期。

中。也正因如此,历代研究者皆能作出反映时代潮流的《论语》诠解,使儒家思想不断被创新与传承。现有研究文献虽已在多个层面对《论语》作出阐释,但与"两创"的结合稍显不足,故《论语》诠释及早期儒学再认识仍有较大的空间,可持续研探。

(二)《论语》注本面广量大

孔子去世之后,孔门弟子及其后学就开始对"孔子遗说"进行整理和阐释。对《论语》的诠释大体经历了先秦、汉唐、宋明、清代、民国以及现当代,在历代儒者"《论语》学"研究的基础上,形成了数量众多的《论语》经典注本,如《论语集解》《论语义疏》《论语集注》《论语正义》等,为今人研究《论语》及早期儒学提供了大量翔实可靠的资料。20 世纪以来,随着《论语》在中华优秀传统文化中的地位更加突出,学术界再次出现对《论语》诠释、阐发义理的研究高潮,力图挖掘其思想内涵以成就当下之用。当前,就目力所及,《论语》注本仍存在有数量缺质量、有"高原"缺"高峰"的现象。

汉武帝实行了"废黜百家,独尊儒术"的政策,《论语》注本也在此时期出现,当时的注解多以疏通文义为主。东汉重视古文经学,更重视名物训诂。魏晋南北朝时期,政治混乱、社会动荡,儒家思想遭到当时士人们的质疑。在解读儒家思想时往往援佛入儒,援道入儒。此时,《论语》注本也取得了新的发展。"《论语》注释专著数量大增,据《三国志》《晋书》《南齐书》《梁书》《陈书》《魏书》《北齐书》《北周书》《隋书》《南史》《北史》和朱彝尊《经义考》计有 84 部,比形成时期的 18 部,在数量上多4 倍多。"①其中,何晏《论语集解》和皇侃《论语义疏》,在《论语》注本发展史上有重要的影响。隋唐时期,《论语》注本较之以往大幅度减少,仅有韩愈、李翱《论语笔解》和陆德明《论语音义》值得一提。两宋时期的

---

① 唐明贵:《论语学史》,北京:中国社会科学出版社,2009 年版,第 168 页。

周敦颐、王安石、朱熹、邢昺等都有《论语》注本问世。此时期《论语》以阐释义理为主要目的,借训诂来通义理,以《论语》阐释为媒介来建构新儒学。其中,朱熹《论语集注》、邢昺《论语义疏》是代表作。元明二朝,《论语》注本以宗朱学为主,多数时候是继承前人的学术成果,鲜有创新。清朝前、中期,《论语》出现重视考据的特点,且兼收汉宋注本,有强烈的经世致用的色彩。此时期主要特点是注本较多,名家辈出,学者根据时代需要对《论语》文本进行重新认识和解读。晚清时期,很多学者关注社会现实,更加强调经世致用,开始尝试以西学的视角诠释《论语》。由此《论语》注本在保持了强大的生命力的同时,也促进了儒学的近代转型,开启了"《论语》学"研究的新方向。其中,"康有为的《论语注》还呈现出其融合了西方近代思想的学术视域。康有为广泛吸取近代西方的自然科学知识、社会人文知识,将其融合在自己的思想体系之中,使其思想显示出鲜明的近代特色。《论语注》可以看作近代学人藉传统注经手段会通中西学术的重要尝试之一,它也同时标志了对于《论语》文本的注释从古代转向近代的历史性转折"[①]。民国以降,《论语》注本对清朝"《论语》学"有明显的继承,兼具时代发展。最为典型的是《论语》白话注本的出现,是《论语》诠释平民化的趋势,李泽厚《论语今读》、杨伯峻《论语译注》、南怀瑾《论语别裁》等较为典型。总之,《论语》的历代注本基本上能契合时代发展之需,致力于文字训诂或义理阐发,展现出鲜明的时代学术风尚。所以说,要使《论语》"活"在当下,需要结合新时代发展作出创造性的阐发,才能呈现当代《论语》研究的创新性风貌。

[①] 曹润清:《康有为〈论语注〉思想研究》,北京:商务印书馆出版社,2019 年版,第20—21 页。

(三)《论语》相关章句诠释,新说不辍

对于《论语》字词、章句的理解,直接关系到对孔子及早期儒学思想的认识,是《论语》相关研究的前提与基础。汉代治经,注重章句训诂之学。章句学在对经典文本的整体理解与把握上卓有成效,对正确理解经典文本有着不可或缺的作用,因而,学术界也给予了高度的重视。如李泽厚认为《论语》的"处事格言""却有关乎人作为本体存在的价值体认"①。《论语》中的一些章句其意难解,当联系前后章节阅读,就会发现这些冷僻难解章句在整部《论语》中具有独特的政治哲学意蕴,起着深化全书主旨的作用,是《论语》研究有待深入的新领域。目前,学术界对《论语》章句疏证、新解、释读的成果丰硕。学界最为关注的《论语》章句便是首章"学而",对其进行解读的文章有:陈晨捷《"学而时习之"发微》(《孔子研究》2020 年 06 期),刘家齐《"学而时习之"章新解》(《齐鲁学刊》1986 年 06 期),李启谦《关于"学而时习之"章的解释及其所反映的孔子精神》(《孔子研究》1996 年 04 期),程二行、杜建锋《"学而"章义探微——兼论孔门为学与交友之关系》(《淮阴师范学院学报(哲学社会科学版)》2005 年 03 期)等。学术界对《论语·乡党》的"色斯举矣"章的关注也颇多,如:陆岩军《〈论语〉"色斯举矣"章新解》(《孔子研究》2014 年 02 期)、杨朝明《〈论语·乡党〉末章的意蕴》(《燕山大学学报(哲学社会科学版)》2014 年 01 期)、廖名春《〈论语·乡党〉篇"色斯举矣"新证——兼释帛书〈五行〉篇的"色然"》(《四川大学学报(哲学社会科学版)》2014 年 05 期)、常彦《〈论语〉"色斯举"章辨正》(《唐山师范学院学报》2014 年 01 期)、徐前师《〈论语〉"色斯举矣"新解》(《语言研究》2006 年 04 期)等。其他章句疏证如李宁《〈论语〉"君子不器"涵义探讨》(《学海》2015 年 05 期),梁涛《"父为子隐,子为父隐"是父子互相纠

---

① 李泽厚:《论语今读》,北京:生活·读书·新知三联书店,2004 年版,第 8 页。

正错误吗？——〈论语〉"父子互隐"章"新证"之检讨》（《湖南大学学报（社会科学版）》2013 年 04 期），郭瑾《〈论语〉"不愤不启"章诠释辨析》（《地域文化研究》2021 年 05 期），杨逢彬、陈建栋《〈论语〉"不患寡而患不均"解》（《武汉大学学报（人文科学版）》2013 年 03 期），廖名春《〈论语〉"父子互隐"章新证》（《湖南大学学报（社会科学版）》2013 年 02 期），管正平《〈论语·公冶长第五〉新论》（《河南师范大学学报（哲学社会科学版）》2012 年 05 期），廖名春《〈论语〉"君子有三畏"章新释》（《孔子研究》2011 年 06 期），李永《〈论语〉"君子欲讷于言而敏于行"新诂》（《孔子研究》2008 年 05 期），俞志慧《〈论语·里仁〉"君子怀德"章考辨》（《中华文史论丛》2006 年 03 期），刘洪波、刘凡《〈论语·里仁〉："君子喻于义，小人喻于利"新解》（《古籍整理研究学刊》2004 年 04 期），黄怀信《"蘧伯玉使人于孔子"再解》（《中国社会科学报》2019 年 7 月 22 日），常彦《〈论语〉"公冶长""雍也"篇疑义章句解读》（《华南理工大学学报（社会科学版）》2014 年 05 期），陈少明《君子与政治——对〈论语·述而〉"夫子为卫君"章的解读》（《中山大学学报（社会科学版）》2005 年 04 期），等等。此外，黄怀信的《论语新校释》《论语汇校集释》《〈论语〉与孔子之道再认识》，以及杨朝明的《论语诠解》《孔子家语通解》对本研究也颇有启发。

诚然，学界在《论语》注疏、文字校对、章句考辨、义理阐发等领域取得了巨大成就。然而通过学术史考察，祛除遮蔽，回归原典，很多新创异说缺乏历史考证，不乏浮面之说。《论语》中一些冷僻难解的章句至今没有得到足够的关注，一些章句因不知所云而常为人所忽视，一些古老器物难知其详而在传统注释中一带而过。在《论语》注疏、阐释、考辨等领域取得巨大成就的同时，我们也要清醒地认识到：不少章句存在误解、不确之处，历史上很多有争议的地方，迄今未能统一；版本文字之间的脱衍谬误，也不在少数。黄怀信认为："《学而》篇十六章中，至少十一章尚存在问题,比例不可谓不大。"①其他篇章,自不必说。诚然,不能正确理解《论语》,我们看到的孔子终将不是真孔子,儒学也不是真儒学。挖掘这些章句在整个《论语》中的准确意蕴,契合当下主流价值观,赋予其新的时代意蕴,对于加深理解《论语》和早期儒学是极有意义的。所以,《论语》需要被重新校释研究,在此基础上再谈创新与发展,学术成果无疑会更加扎实、更为科学。

当下,习近平总书记在多种场合的"用典",大量引用《论语》原句,这已然对中华优秀传统文化诸方面产生了深刻的影响,这些影响反过来又促进了《论语》研究的创新和发展。因此有必要准确理解《论语》章句的原意,真正发挥其在社会诸领域中的作用。可惜,历代集解注疏及后期研究者虽对《论语》章句多有阐发,却也存在不少固有的缺陷,有些重点章句仍未能突破原有畛域,以致长期以来难有正确解释,如《学而》篇的首章、"就有道而正"章、"因不失其亲"章、"未若贫而乐"章,再如《里仁》篇的"吾道一以贯之"章、《雍也》篇的"能近取譬"章、《乡党》篇的"寝不尸"章、《子路》篇的"樊迟请学稼"章等,都是如此。历史上,很多名家对一些《论语》章句在理解上也存在困惑,如刘宝楠说:"'一贯'之义,自汉以来不得其解。"②朱熹曰:"(逝者如斯夫)自汉以来,儒者皆不识此义。"③程树德言:"迟问稼圃,夫子即以上好礼等词为教,何其针锋之不相对,所答非所问。自古注以来,均不得其解。"④如此等等,不一而足。如若将这些章句放入早期儒学及孔子整个思想体系中考察,结合时代特征,其内涵及意义都有重估的空间和价值。对待中华优秀传统文化,李学勤倡导"走出疑古时代"。为此,我们对典籍的理解必须超

---

① 黄怀信:《〈论语〉校释举例》,黄怀信、李景明《儒家文献研究》,济南:齐鲁书社,2004年版,第188页。

② 刘宝楠:《论语正义》,北京:中华书局,1990年版,第152页。

③ 朱熹:《论语集注》,北京:商务印书馆,2015年版,第173页。

④ 程树德:《论语集释》,北京:中华书局,2013年版,第1033页。

越章句训诂,重视逻辑学理分析,遵从客观,正本清源,不能囿于经典旧有版本或注疏。当下,社会进入新时代,一切都在讲求科学,学术研究也不能例外,在中华优秀传统文化"两创"视阈下对《论语》的重点章句进行再诠释,坚持潜心问道和关注社会相统一的原则,基于《论语》又不止于《论语》,其重要性自不待言。

第一章　孔子"内圣外王"之道
——《论语》首章发微

　　"学而"章来自孔子与执政者的对话,孔子曾经多次会见执政者并讲授其执政方略,其中,"道"是孔子讲授内容中的重要范畴。孔子的"道",从狭义层面可以概述为"内圣外王",并且强调由"内圣"至"外王"的指向过程。"内圣"之道旨在个人修养,"外王"之道旨在政治实践。在春秋以至战国时期,邻国百姓的归附是衡量一个国家政治实践之成效的重要标准。梁启超谓:"儒家哲学范围广博,概括说起来,其用功所在,可以《论语》'修己安人'一语括之;其学问最高目的,可以《庄子》'内圣外王'一语括之。……儒家千言万语,各种法门,都不外归结到这一点。"①"'内圣外王之道'一语,包举中国学术之全部。"②熊十力以"内圣外王"概括孔子之学,他说:"昔吾夫子之学,内圣外王。"③六经内圣外王之学是孔子晚年定论。④ 故"内圣外王"被喻为"儒家的精神实质"。"学而时习之"实质上就是要求执政者"学"、"习"、实践"内圣外王"之道,旨在使邻国百姓归附,达到"有朋自远方来"的目的。

　　作为《论语》全书首章,"学而"章具有重要的思想地位。刘宝楠曰:

---

　　① 梁启超:《儒家哲学》,上海:上海人民出版社,2009 年版,第 34—35 页。

　　② 梁启超:《清代学术概论》,北京:东方出版社,1996 年版,第 108 页。

　　③ 熊十力:《复性书院开讲示诸生》,《十力语要》,北京:中华书局,1996 年版,第 186 页。

　　④ 熊十力:《原儒》,上海:上海书店出版社,2009 年版,第 106 页。

"夫子一生进德修业之大,咸括于此章。"①刘宗周也说:"孔子一生精神,开万古门庭,阃奥实尽于此。"②然而,目前关于"学而"章的研究,众说纷纭,难有公论。李骅说:"即使在今天,人们也从各个角度去诠释此章。从内容上有'境界'说,有'学说'说,有'私学纲领'说等;从方法上有'释古疑古'法,有'现象学直观'法等,不一而足。一方面彰显了此章的重要性,但另一方面也往往使人不知所从。"③

　　产生这种现象的缘由主要来自两个方面。其一,对"学而"章中"学"的内容的定位和理解,决定了"学而"章整体意义疏解与诠释的方向。例如,将"学"赋予现代意义上的"学习"意义,导致"学而"章整体的诠释方向趋于学习、交友和个人修养的意义层面。其二,"学而"章产生的语言环境,我们今天不得而知,而这对于"学而"章的研究至关重要。同一句话在不同的语言环境中往往具有不同的含义。"在不同的语言交际活动中,同样的语言单项从现象上所反映出的语义差异和同样语义在表述中的语用差异,都是由语境差别决定的。"④由于"学"的内容的模糊界定,以及语境的缺失和限制,"学而"章长久以来只能被加以泛化的释读,陈陈相因。有鉴于此,本章以文献材料为基础,采用文字训诂的方法探讨"学而"章的意义与意旨,通过同时期文本互见的办法推演"学而"章产生的语言环境,并就相关问题深入探讨,求教于方家。

---

　　①　刘宝楠:《论语正义》,北京:中华书局,1990 年版,第 5 页。

　　②　刘宗周:《论语学案》,《文渊阁四库全书》(第 207 册),上海:上海古籍出版社,1987 年影印版,第 506 页。

　　③　李骅:《〈论语〉"学而时之"章释义》,《南京林业大学学报(人文社会科学版)》,2005 年 03 期。

　　④　韩彩英:《语境的制约功能及其表现形式》,《语言文字应用》,2000 年 04 期。

第一节 "学而时习之"疏证

　　"学""习"是孔子重要的思想概念。释学山："'学习'是孔子重要的人生体验，'学习之道'是孔子用实践凝结的智慧，是具备了文字、思考、体验和实践的人生道德，是包含思想与行为的人生境界。"①但是，在我国古代，"学"与"习"并不是一回事。"学"，甲骨文作"𡥈"（✗表示算筹，∩表述房屋），表示练算习字的房屋。金文"学"作"𗧼"，在"∩"（房屋）下面加"𡥃"（子），表示教育的对象。篆文"𗧼"承续金文字形，并产生异体字"𤥨"。《说文解字》："'𤥨'，觉悟也。从教，从冖。冖，尚矇也，臼声。学，篆文𤥨省。"《广雅》："学，效也。""学，教也。"《玉篇》："学，受教也。"所以，"学"有"效"的意义。《尚书大传》："学，效也。近而愈明者学也。"《礼记·中庸》："好学近乎知。"《礼记·学记》："念终始典于学。"《后汉书·张衡传》："远寻师学。""学"有"教"的意义，《礼记·文王世子》："凡学，世子及学士，必时。""叔仲皮学子柳。"《国语·晋语九》："顺德以学子，择言以教子，择师保以相子。""学"有"觉"的意义，《尚书·说命下》："学于古训，乃有获。"《白虎通·辟雍》："学之为言，觉也，以觉悟所未知也。""习"，甲骨文作"𦐇"（"𦐇"表示翅膀，"⊙"表示鸟窝），表示在鸟窝里振翅。《说文解字》："习，数飞也。从羽从白。凡习之属皆从习。"《六书故·动物》："习，鸟肄飞也。引之，凡数数扇阖者，皆谓之习。"所以，"习"的本义为"鸟不断振翅练习飞翔"。《礼记·月令》："鹰乃学习。"《咏史》："习习笼中鸟，举翮触四隅。"后来，引申出"练习""实践"的含义。《吕氏春秋·听言》："蠡门始习于甘绳。"《论语·阳货》："性相近也，习相远也！"《史记·孔子世家》："孔子去曹适宋，与弟子习

---

　　① 释学山：《浅谈孔子的"学习之道"》，《南方论刊》，2013 年 02 期。

礼大树下。"因此,我国古代的"学""习"与今天的"学习"是不同的概念。今天的"学习"主要指专业知识或专业技巧方面的学习。而孔子及其弟子言论中的"学"似乎具有更宽泛的范畴。如《论语·学而》:"贤贤易色,事父母能竭其力,事君能致其身,与朋友交言而有信。虽曰未学,吾必谓之学矣。"《论语·雍也》:"有颜回者好学,不迁怒,不贰过。不幸短命死矣! 今也则亡,未闻好学者也。"

近年来,一些关于"学而"章研究的文章相继对"学"的内容进行了探讨。王瑞来《〈论语〉开篇发覆》认为:"《论语》中的'学'字,大多是指为了干政'复礼'而进行的学习,并非是指对一般文化知识学习的泛泛而论。"①林元彪《〈论语〉孔子"学"之内涵》认为:"孔子'学'的本质是'为己之学',主体是以'周学'为代表的'古学',目的是修习君子。"②卢梦雨《〈论语·学而〉篇首章新释》认为:"'学而时习之'的意思也就很明白了,即'学到了本领,而又有机会去使用'之意。"③刘伟《〈学而〉篇意蕴探微》指出:"(《学而》篇)从个体、家族和社会不同层面,告诉初学者'学什么'以及'怎么学'。只有学会'为人''修己',掌握基本的学习方法,才能真正做到'学之为己',从而为践行'修齐治平'的入世理念打好基础。"④王瑞来认为《论语》中的"学"主要指干政"复礼"。林元彪认为"学"的本质是"为己之学",目的是修习君子。卢梦雨将"学"的内容概括为"本领"。刘伟综合王、林两位学者的看法,认为"学"由"学之为己"至"修齐治平"。

钩沉《论语》文本,关于"学"的内容,《论语》本身就多次论及。《论语·子张》载子夏说:"百工居肆以成其事,君子学以致其道。"《论语·阳货》:"君子学道则爱人,小人学道则易使也。"《论语·泰伯》:"笃信好

---

① 王瑞来:《〈论语〉开篇发覆》,《现代哲学》,2008 年 05 期。
② 林元彪:《〈论语〉孔子"学"之内涵》,《孔子研究》,2015 年 03 期。
③ 卢梦雨:《〈论语·学而〉篇首章新释》,《河南社会科学》,2015 年 12 期。
④ 刘伟:《〈学而〉篇意蕴探微》,《孔子研究》,2017 年 06 期。

学,守死善道。"《论语·学而》:"君子食无求饱,居无求安,敏于事而慎于言,就有道而正焉,可谓好学也已。"因此,《论语》中"学"的主要内容为"道"。《礼记·学记》也称:"人不学,不知道。"孔子一生学习、追求的目标也是"道"。《礼记·表记》:"(孔子)乡道而行,中道而废,忘身之老也。"《史记·孔子世家》:"其为人也,学道不倦,诲人不厌,发愤忘食,乐以忘忧,不知老之将至云尔。"甚至可以"朝闻道,夕死可矣"(《论语·里仁》)。"道"既是孔子"学"的内容范畴,也是其追求的理想和目标。孔子的"道",从狭义层面可以概述为"内圣外王"之道。"内圣"涵括"格物""致知""诚意""正心""修身"等个人修养的范畴,如:"君子道者三,我无能焉:仁者不忧,知者不惑,勇者不惧"(《论语·宪问》);"礼之用,和为贵。先王之道斯为美"(《论语·学而》)。"外王"涵括"治国""平天下"等政治实践的范畴,如:"道千乘之国,敬事而信,节用而爱人,使民以时"(《论语·学而》);"齐一变,至于鲁,鲁一变,至于道"(《论语·雍也》)。

按照《论语》的写作风格和语法结构,"学而时习之"中"之"字同时充当"学"和"习"的宾语。"学"的内容是"内圣外王"之道,"习"的内容也是"内圣外王"之道。《论语·子路》:"诵《诗》三百,授之以政,不达;使于四方,不能专对;虽多,亦奚以为?"学习但不能实践、应用于政治活动中,学了再多又如何呢。《礼记》也称:"好学近乎知,力行近乎仁,知耻近乎勇。知此三者,则知所以治人;知所以治人,则知所以治天下国家矣。"①学习、实践,能够接近美好的品德,知道这些品德就能治理民众,知道治理的办法,就能治理好国家。所以,学习良好的品德并不是目的,孔子旨在治理国家的过程中实践、应用所学的内容。孔子积极入仕,"三日无君,则皇皇如也,出疆必载质"(《孟子·滕文公下》),并鼓励、举荐弟子从政:"由也,千乘之国,可使治其赋也","求也,千室之邑,

---

① 朱熹:《四书章句集注》,北京:中华书局,1983年版,第29页。

百乘之家,可使为之宰也"(《论语·公冶长》)。据陈桂生统计,孔子设学同弟子从政的关系至为密切。《论语》透露出的两者的关系见表1-1①:

表1-1 孔子与弟子从政关系之统计

1. 有弟子"学干禄"	子张学干禄(《为政》)
2. 若干弟子有从政之志、从政之能	子路、冉由、公西华志在从政(《先进》) 冉由、子路有"政事"之长(《先进》)
3. 弟子问政	主动问政者有:子贡(《颜渊》)、子张(《颜渊》)、子路(《子路》)、仲弓(《子路》)以及子夏(《子路》)
4. 夫子频频议政	屡见
5. 孔子向执政者者荐才	《公冶长·子路仁乎章》《雍也·仲由可使从政也与章》《先进·仲由、冉求可谓大臣与章》
6. 动员弟子出仕	《公冶长·子使漆雕开仕章》
7. 弟子从政	子路、冉由为季氏家臣(《季氏》《八佾》《先进》)、仲弓为季氏宰(《子路》)、子游为武城宰(《雍也》)、公西华使于齐(《雍也》)
8. 执政者问政	屡见

不过,也还有另一类事实在,即孔子并不赞成弟子从政(表1-2):

表1-2 孔子不赞成弟子从政之统计

赞学而优"不仕"	季氏使闵子骞为费宰。闵子骞照乃师评价"夫人不言,言必有中"(《先进》)。不失为从政之材,而闵子骞则请来人"善为我辞焉",甚至表示"如有复我者,则吾必在汶上矣"(《雍也》),堪称绝意仕途,证明非为"出仕"而学。 孔子有意举荐漆雕开出仕,漆雕开自认"吾斯之未能信",不相信自己是为官的料;"子说",孔子见到学而优不仕反而高兴。(《公冶长》)
赞学"不至于谷"	子曰:"三年学,不至于谷,不易得也。"(《泰伯》)

---

① 陈桂生:《"学而优则仕"辨析》,《河北师范大学学报(教育科学版)》,2008年09期。

（续表）

赞"隐者"	曾皙述志时提到"暮春者，春服既成，冠者五六人，童子六七人，浴乎沂风乎舞雩，沐而归"，当个孩子王过优游生活，潇洒之至。孔子深表同感："吾与点也。"（《先进》） 对于指责孔子"四体不勤，五谷不分"的荷蓧丈人，子路指其"不仕无义"，"欲洁其身而乱大伦"，而孔子倒尊其为"隐者"。（《微子》）

根据陈桂生统计的孔子设学同弟子从政的关系的信息，我们可以发现：孔子曾经多次教授弟子以政治思想；弟子频频问政，并有从政之志；孔子本人及孔门弟子中有多人从政；孔子间或不支持弟子从政。孔子教授弟子以政治思想，鼓励弟子从政，是为了"外王"之道的政治追求。但是，间或存在的孔子不支持弟子从政的现象，颇受争议。陈桂生在《"学而优则仕"辨析》一文中将原因归结为"政见不合"："子路、冉有后来作为季氏家臣，虽能干，又见成效，惟对季氏非礼之举，或附益，或抵制不利，实与孔子政见相左。遂引起孔子不满。"[①]但是，政见不合在后，孔子设学在前。孔子不支持弟子从政的现象，并非源于孔子与弟子政见不合，而源于"内圣外王"之道的要求。这一点，可以从"学而"章"学而时习之"一句找到答案和依据。

"时"，金文写作"𣊟"（"𡴃"表示行进，"⊙"表示太阳），本义为"太阳的运行"。《说文解字》："时，四时也。"《释名》："四时，四方各一时。时，时期也。""时"由本义"太阳的运行"引申出"四时"的含义，并进一步引申出"适宜"的含义。《庄子·逍遥游》曰："时雨降矣。"《孟子·梁惠王上》曰："斧斤以时入山林。"《论语》中"时"作"适宜"的意义非常普遍："夫子时然后言，人不厌其言"（《论语·宪问》），"山梁雌雉，时哉时哉""不时，不食"（《论语·乡党》）。所以，"学而时习之，不亦说乎"中，"时"可以训释为"适宜"，意义为："学习'道'并在适宜的时候去实践它，不是

---

① 陈桂生：《"学而优则仕"辨析》，《河北师范大学学报（教育科学版）》，2008 年 09 期。

很快乐吗?"这里,孔子所说的适宜主要包含两个方面。其一,指主观条件适宜,即个人的学识、修养达到"内圣"的要求。《论语·公冶长》载:"子使漆雕开仕。对曰:'吾斯之未能信。'子说。"孔子让漆雕开去做官,漆雕开缺乏自信,认为自己在修身立德方面还没有做好。孔子对此非常高兴。相反,"子路使子羔为费宰",孔子称其:"贼夫人之子。"(《论语·先进》)因为子羔学业不精,自身的修养没有达到要求,所以孔子不支持这样的弟子从政。其二,指客观条件适宜,即具备政治实践的社会环境。《史记·孔子世家》记载,孔子困于陈、蔡之间时,曾感叹"吾道非邪? 吾何为于此"? 颜渊回答:"夫道之不修也,是吾丑也。夫道既已大修而不用,是有国者之丑也。"夫子的主观条件已经具备了,但是缺乏适宜的客观条件。于是,孔子不支持弟子从政,而主张归隐:"以道事君,不可则止","道不行,乘桴浮于海"(《论语·先进》);"邦有道,则仕;邦无道,则可卷而怀之"(《论语·卫灵公》);"天下有道则见,无道则隐"(《论语·泰伯》)。

"学而时习之"中,"学""习"的宾语为"道"。"道"作为意识存在的范畴,不能通过"效"达到"道",只能通过"觉"感知"道","学"应当取"觉"的意义。孔子主张通过"觉"修成"内圣",并在适宜的客观条件下实现"外王"之道。《论语·子路》:"叶公问政,子曰:'近者说,远者来。'"叶公向孔子请教治政的办法,孔子告诉他:"近者说,远者来。"对此,罗安宪指出:"在春秋以至战国时代,士人是有着相对独立性的,他们可以自由地迁徙。由此士人于本国政治可以保持一定的独立性。孔子可以周游列国宣传自己的政治学说;荀子为赵国人,游学于齐而三为稷下学宫祭酒;李斯为楚国人,而位居秦国丞相。在当时,当政者对士人亦尊敬有加。他国士人之投靠、来居,甚至成为衡量本国政治良好与否的标准。"①因此,在春秋战国时期,邻国民众的归附是政治清明的表现。

---

① 罗安宪:《"学而优则仕"辨》,《中国哲学史》,2005 年 03 期。

孔子"近者说，远者来"是一种政治策略，旨在使邻国百姓归附。《孔丛子·记义》："卫出公使人问孔子曰：'寡人之任臣，无大小，一一自言问观察之，犹复失人。何故？'"卫出公曾经派人向孔子请教士人、百姓流失的原因。《孟子·梁惠王上》也称，梁惠王自以为于国家社稷"尽心焉而矣"，而"邻国之民不加少，寡人之民不加多"，言辞之中流露出遗憾与无奈。所以，孔子"近者说，远者来"的治政策略旨在吸引邻国仕人与百姓来投靠、定居。"学而"章"有朋自远方来"中的"朋"很有可能就是"近者说，远者来"中的"远者"。

第二节 "有朋自远方来"疏证

"朋"，甲骨文作"拜"，像两串"丰"（贝币）系在"一"（绳子）上。金文承续甲骨文字形，写作"拜"。篆文以同音的象形字"多"（鹏）代替"拜"（朋），以"羽"（并列的羽毛）表示并列含义。《说文解字》："朋，古文凤。象形。凤飞群鸟从以万数，故以为朋党字。"因此，"朋"具有"货币"（本义）的意义。《淮南子》："大贝百朋。"《诗·小雅·菁菁者莪》："既见君子，锡我百朋。"其后，"朋"作"并列的羽毛"，引申为"众人"的意义，如《尚书》："朋淫于王家"（《传》：朋，众也）；"朋"还引申为"同类""朋党"的意义，如《诗经》："每有良朋。"《楚辞》："世并举而好朋兮。"另外，古代"远方"与今天"远方"的概念也有很大的差异。在我国古代，"远""方"分别指代不同的概念。"远"，甲骨文作"遠"（"衣"表示衣物，"止"表示抓持，"彳"表示行进），表示带上衣物、行囊长途出行。《说文解字》："远，辽也。"《尔雅》："远，遐也。"因此，"远"的本义作动词，表示"带上衣物、行囊长途出行"。《诗经·小雅·伐木》："笾豆有践，兄弟无远。"《诗经·王风·葛藟》："终远兄弟，谓他人父。"《孟子·梁惠王上》："君子远庖厨。"后来，"远"引申出"遐远"的意义，表示空间上的距离，如《礼记·乐记》:"穷高极远。"《左传·僖公三十二年》:"劳师以袭远,非所闻也。"所以,"远"字可以独立表示空间上的距离,不必和"方"字连用。"方",甲骨文作"方",表示两条并列的船。《说文解字》称:"方,併船也。象两舟省,总头形。"因此,"方"的本义表示"併船",后来引申出"并列""并行"的含义。《庄子·山木》:"方舟而济于河。"《国语·齐语》:"方舟设泭。"《汉书·叙传下》:"文武方作,是庸四克。"

因此,"有朋自远方来"可以简单训释为:"有众人从远处一起来。"但是,"众人"具体指什么人呢?《论语正义》中包咸注曰:"同门曰朋。"宋翔凤认为:"朋即指弟子。"[①]为探究这一命题,本书借助《论语》中的两组文献,试图勾勒、推演"有朋自远方来"一句产生的语言环境(表1-3)。

表 1-3 语境推演示意表

第一组	《子路》:"叶公问政,子曰:'近者说,远者来。'"
	《学而》:"有朋自远方来,不亦乐乎?"
第二组	《为政》:"为政以德,譬如北辰,居其所而众星共之。"
	《子路》:"上好礼,则民莫敢不敬;上好义,则民莫敢不服;上好信,则民莫敢不用情。夫如是,则四方之民襁负其子而至矣,焉用稼?"

根据《论语》记载,叶公曾经向孔子请教过治政方法。孔子的回答是:"近者说,远者来。"从文本内容上看,孔子似乎答非所问,讲的也不是治政方法。但是,若将《为政》篇与《子路》篇联系在一起进行析读,便恍然有感。"为政以德,譬如北辰,居其所而众星共之。"(《论语·为政》)"上好礼,则民莫敢不敬;上好义,则民莫敢不服;上好信,则民莫敢不用情。夫如是,则四方之民襁负其子而至矣,焉用稼?"(《论语·子路》)这两句意为:"用高尚的道德理政,就像北极星一样,居于其中,就会呈现众星拱月之势。""统治者讲究礼节,百姓不敢不敬重;统治者行

① 刘宝楠:《论语正义》,北京:中华书局,1990年版,第3页。

为正当,百姓不敢不服从;统治者诚恳守信,百姓不敢不认真对待。如果能做到这些,四方的人都会聚拢而来,又何必执政者亲自种庄稼呢。"

"有朋自远方来"一句产生的语言环境很有可能为孔子与执政者对话的环境,所以说,"学而"章很有可能是孔子与执政者对话的语录。但是,孔子不如意的政治实践经常被其光辉的教学风采所遮蔽,使人把关注焦点放在了孔子教育思想的层面,而忽视了其在不如意的政治活动中进行政治教育的事实。

依据传世文献的记述,许多执政者主动向孔子询问政事。例如,哀公曾经向孔子请教治理民众的办法:"哀公问曰:'何为则民服?'"(《论语·为政》)定公曾经向孔子请教过处理君臣关系的办法:"定公问:'君使臣,臣事君,如之何?'"(《论语·八佾》)鲁国执政者季康子曾经多次向孔子询问政事:"季康子问政于孔子曰:'如杀无道,以就有道,何如?'"(《论语·颜渊》)"季康子问:'使民敬、忠以劝,如之何?'"(《论语·为政》)

另外,孔子也会主动会见执政者。《孔丛子·嘉言》载:"陈惠公大城,因起凌阳之台,未终而坐法死者数十人,又执三监吏,将杀之。夫子适陈,闻之,见陈侯,与具登台而观焉。夫子曰:'美哉!斯台,自古圣王之为城台,未有不戮一人而能致功若此者也。'陈侯默而退。"这说明在孔子的个人经历中,曾经多次会见执政者并阐释、讲授为政之道。孔子具备与执政者对话的条件,所以他也鼓励弟子从政,孔门弟子中有许多人从政。"仲弓为季氏宰,问政。子曰:'先有司,赦小过,举贤才。'"(《论语·子路》)"子夏为莒父宰,问政。子曰:'无欲速,无见小利,欲速则不达,见小利则大事不成。'"(《论语·子路》)所以,"学而"章也很有可能是孔子给予执政弟子的指导。另外,"学而时习之"中"学"的内容为"道"。而"近者悦服,远者来附"正是学"道"的一个重要层面。《礼记·学记》:"近者说服,而远者怀之,此大学之道也。"叶公问政时,孔子就对他说"近者说,远者来"(《论语·子路》)。

其他诸子中也有类似提法。《文子》:"使近者悦,远者来。"《荀子·大略》:"行为可见所以说近也。近者说则亲,远者说则附。亲近而附远,孝子之道也。而近者亲也,为之在心。"①意为:"见到善的行为,就会使亲近的人喜悦,亲近的人喜悦,远处的人就会来归附。"因此,"近者说,远者来"似乎是当时一种通行的治政手段。"有朋自远方来"一句很有可能与"叶公问政"有着相同的产生背景,即出于政治实践的需要。《孔子家语·王言解》:"上下相亲如此,故令则从,施则行,民怀其德,近者悦服,远者来附,政之致也。"政治实践的最高水平就是"近者悦服,远者来附",这其至成了检视政治业绩的重要方式。因为只有贤明的君主才能使"远者"来。《管子·版法解》:"凡众者,爱之则亲,利之则至,是故明君设利以致之,明爱以亲之。"《管子·形势解》:"明主之使远者来而近者亲也,为之在心。"《孔丛子·对魏王》:"今天下悠悠,士无定处,有德则往,无德则去。欲规霸王之业。与众大国为难。而行酷刑以惧远近。国内之民将叛。四方之士不至。此乃亡国之道。"简而言之,士人无德则去,有德则往,德是士人选择的标准。如果一个地方长时间没有人来,就濒临亡国了。因此,"有朋自远方来",孔子当然"不亦乐乎"。

第三节　文意再解释

"学而"章"人不知而不愠"中的"人"代指"有朋自远方来"中的"朋"。《论语·季氏》:"丘也闻有国有家者,不患寡而患不均,不患贫而患不安。盖均无贫,和无寡,安无倾。夫如是,故远人不服,则修文德以来之。既来之,则安之。"无论是诸侯还是大夫,不担心财富不多,只怕财富不均;不担心人民少,只怕境内不安。如果财富平均,便无所谓贫

---

① 王先谦:《荀子集解》,北京:中华书局,1988 年版,第 507 页。

穷;境内和平团结,便不会觉得人少;境内平安,便不会倾危。做到这样,远方的人还不归服,便再修仁义礼乐的政教来招致他们。"修文德以来之",即"学而"章"学而时习之"中通过学习、实践个人修养和政治理念,使远处的人归附,达到"有朋自远方来"的目的。"人不知而不愠,不亦君子乎"表述的是政治实践的态度,意为:"邻国的百姓不知道我,不来投奔我,我不生气,不也是君子吗?"

"君子"是孔子着力推行的思想观念并随着孔子的教育实践,逐渐深入孔门弟子意识样式的范畴。《论语》中没有直接对君子的概念进行界定或定义,而是对君子的性质、特征等进行描述。《论语·为政》:"君子不器。"依据目前主流的观点,译为:"君子不像器皿一般(只有一定的用途)。"①"器"作"器皿"的说法肇端于《论语正义》引《说文》注:"器,皿也。"包曰:"器者,各周其用。至于君子,无所不施。"②孔晁注:"周用之为器,言器能周人之用也。"③随后,郑玄注《礼记》"大道不器"一句时也称:"谓圣人之道,不如器施于一物。"④孔颖达疏云:"大道不器者,大道亦谓之圣人之道也,器谓物堪其用者。夫器各施其用,而圣人之道宏大,勿所不施,故云不器。不器谓诸器之本也。"⑤由此陈陈相因,形称了"器"作"器皿"的观念。然而,依据《易传·系辞上》:"形而上者谓之道,形而下者谓之器。""器"应当指代与"道"对立的范畴,是形而下的"道"。"君子不器"的含义正是反映了君子对形而上的"道"的追求。《论语·学而》:"君子务本,本立而道生。"《论语·卫灵公》:"君子谋道不谋食……君子忧道不忧贫。"《孟子·离娄下》也载:"君子深造之以道。"另外,《论语·公冶长》:"有君子之道四焉:其行己也恭,其事上也

① 杨伯峻:《论语译注》,北京:中华书局,1982 年版,第 17 页。
② 刘宝楠:《论语正义》,北京:中华书局,1990 年版,第 56 页。
③ 刘宝楠:《论语正义》,北京:中华书局,1990 年版,第 56 页。
④ 孙希旦:《礼记集解》,北京:中华书局,1989 年版,第 972 页。
⑤ 孙希旦:《礼记集解》,北京:中华书局,1989 年版,第 972 页。

敬,其养民也惠,其使民也义。"君子"四道"中"其行己也恭""其事上也敬"两条要求行为恭敬,敬重上级,涉及个人修养的范畴;"其养民也惠""其使民也义"两条要求对百姓施加恩惠,对人民有义,阐释的是政治策略。因此,通过《论语》对"君子"概念的描述性阐释,得知《论语》中的"君子"思想主要体现在两个方面。其一,指个人修养层面,如:"君子喻于义""君子坦荡荡""君子泰而不骄""君子威而不猛""君子周而不比""君子贞而不谅""君子义以为质""君子敬而不失""君子矜而不争""君子与人为善""君子成人之美"。其二,指政治实践层面,如:"君子不以言举人""君子信而后劳其民"。这反映了"君子"思想不仅是孔门弟子个人修养的内在要求,还是孔子及其弟子政治实践的显著特征。孔子强调个人修养和治政实践的双重提升,并以之作为对君子的要求。而这两点对君子的要求,与"内圣外王"之道的思想理念也不谋而合。

　　"内圣外王"之道兼及个人修养和政治实践两个层面,并且强调"内圣"至"外王"的指向过程。子张问孔子:"何如,斯可以从政矣?"子曰:"尊五美,屏四恶,斯可以从政矣。"子张又问:"何谓五美?"子曰:"君子惠而不费,劳而不怨,欲而不贪,泰而不骄,威而不猛。"(《论语·尧曰》)君子提升个人修养,而后便可以从政了。《论语·为政》:"或谓孔子曰:'子奚不为政?'子曰:'《书》云:孝乎惟孝,友于兄弟,施于有政。'是亦为政,奚其为为政?"施政应当从孝敬父母、团结兄弟开始,由此而扩展到天下万民。这个过程也反映了由"内圣"发展为"外王"的过程。《论语·宪问》:"子路问君子。子曰:'修己以敬。'曰:'如斯而已乎?'曰:'修己以安人。'曰:'如斯而已乎?'曰:'修己以安百姓。修己以安百姓,尧舜其犹病诸?'"因此,与《论语》"君子"思想相关联的具有政治特色且与之交互的思想意识范畴,是建立在孔子政治实践基础上的政治教育的思想观念。孔子及其弟子积极践行"内圣外王"之道的范式,体现了政治本体意义上的"君子"义涵,表达了政治实践的理性诉求,并促进"内圣外王"之道由经典理念嬗变为儒家治国安邦的方略。

总之,"学而"章的产生背景是孔子与执政者的对话。"学而"章阐释了孔子"内圣外王"之道的思想理念。"学而时习之"阐释了政治实践的方式,"有朋自远方来"阐释了政治实践的目的,"人不知而不愠"阐释了政治实践的态度。"学而"章的意义为:"学习'道'(道德、政治)并在适宜的条件下实践它,不也快乐吗? 有百姓从远处投奔我而来,不也快乐吗? 远处的百姓不知道我,不来投奔我,我不生气,不也是君子吗?"

第四节 "内圣外王"之道再认识

《说文解字》曰:"聖,通也。从耳,呈声。"段玉裁注曰:"圣从耳者,谓其耳顺。"徐中舒指出:"强调耳之功用;从口者,口有言咏,耳得感知者为声;以耳知声则为听;耳具敏锐之听闻之功效是为圣。"[1]其实,"圣"早期就是巫觋阶层通过通天、通神功能的发挥,造就了一种古老的宗教式的人类生活秩序。[2] 在商周时期,最高统治者称为"王",《说文解字》释"王"为"天下所归往也。董仲舒曰:'古之造文者,三画而连其中,谓之王;三者,天、地、人也,而参通之者王也。'孔子曰:'一贯三为王。'凡王之属皆从王"[3]。徐中舒指出,甲骨文中"王"的字形是"象刃部下向之斧形,以主刑杀之斧钺象征王者之权威"[4]。因此,"王"的字形及其初义均与军事权力相关联,是对拥有军事权力者的称呼。

《尚书》《诗经》《周易》等文献资料便已萌发了"内圣外王"思想,如《尚书·尧典》:"克明俊德,以亲九族。九族既睦,平章百姓,百姓昭明,

---

① 徐中舒主编:《甲骨文字典》(卷12),成都:四川辞书出版社,1989年版,第1287页。
② 白立超:《先秦"内圣外王"政治思想的渊源与形成——以〈尚书〉为核心的考察》,《政治思想史》,2016年01期。
③ 许慎:《说文解字》(附检字),北京:中华书局,1963年版,第9页。
④ 徐中舒主编:《甲骨文字典》(卷12),成都:四川辞书出版社,1989年版,第32页。

协和万邦。"再如《尚书·康诰》:"人有小罪,非眚,乃惟终,自作不典,式尔,有厥罪小,乃不可不杀。乃有大罪,非终,乃惟眚灾,适尔,既道极厥辜,时乃不可杀。"

"内圣外王"一词最早出现于《庄子·天下》,其文曰:"圣有所生,王有所成,皆原于一。……是故内圣外王之道,暗而不明,郁而不发,天下之人各为其所欲焉以自为方。"但最早践行"内圣外王"的是孔子,他以周代礼乐为基础,效法尧、舜、禹、汤、文、武、周公等古代圣王,成为"内圣外王"政治哲学系统理论化的奠基者。虽然此时的儒家并未明确提出"内圣外王"之说,但其学说思想早已蕴含"内圣外王"的精髓。

孔子由"仁人""君子"道德践履的"内圣"开出了安邦治国的"外王"路线。如:"为政以德,譬如北辰,居其所而众星共之"(《论语·为政》);"政者,正也。子帅以正,孰敢不正"(《论语·子路》);"其身正,不令而行;其身不正,虽令不从"(《论语·子路》);"天下有道则见,无道则隐"(《论语·泰伯》);"学而优则仕"(《论语·子张》);"天之历数在尔躬,允执其中。四海困穷,天禄永终""予小子履,敢用玄牡,敢昭告于皇皇后帝:有罪不敢赦,帝臣不蔽,简在帝心。朕躬有罪,无以万方;万方有罪,罪在朕躬""虽有周亲,不如仁人。百姓有过,在予一人""谨权量,审法度,修废官,四方之政行焉。兴灭国,继绝世,举逸民,天下之民归心焉""所重:民、食、丧、祭。宽则得众,信则民任焉,敏则有功,公则说"(《论语·尧曰》)等。

孟子在孔子的基础上由"不忍人之心"推至"不忍人之政",进一步强化了由"内圣"而"外王"的思想路线。在孟子这里,"内圣外王"之说在理论上得到了非常充分的表达与系统的论述。"君子之仕君也,务引其君以当道,志于仁而已。"(《孟子·告子下》)"穷则独善其身,达则兼善天下。"(《孟子·尽心上》)"生于其心,害于其政,发于其政,害于其事。""以不忍人之心,行不忍人之政,治天下可运之掌上。"(《孟子·公孙丑上》)"何必曰利,亦有仁义而矣。"(《孟子·梁惠王上》)"民事不可缓也。"(《孟子·滕文公上》)罗根泽说:"孟子之学,修身治国经世致用之学也,非空谈心性之学也;其论心性体相,为修齐治平之资助焉尔。"①

此外,在《诗经》《周易》《大学》《中庸》等儒家文献中,都表现出对"内圣外王"的高度认同与虔诚信仰。但这也并不是说"内圣外王"为儒家独有,揽阅中国古代哲学史,从孔子到王夫之,不论是儒家还是其他学派都闪烁着"内圣外王"思想的光辉。陈鼓应说:"'内圣外王'一词,首见于《庄子·天下》篇,后人常误以为这只是儒家主张,事实上诸子百家都有其'内圣外王'之道,只不过由于各自的思想体系有别,从而表现出不同的'内圣外王'理想。"②冯友兰更明确指出:"在中国哲学中,无论哪一家,哪一派,都自以为是讲'内圣外王'之道。"③但儒学因关注现实世界,关注"人间秩序",重在"知人""安民",其"内圣外王"说成为后世知识分子的人生理想追求。"内圣"对应人格理想,指"修身""养性"等境界提升,也即孔子的"成人"教育;"外王"对应政治理想,指的是"治国""平天下"等经世之道,也即承担社会责任,实现"天下有道"。"内圣外王"即《论语·宪问》所谓"修己以敬""修己以安人""修己以安百姓"之说,也是《孟子·离娄上》"天下之本在国,国之本在家,家之本在身"及《孟子·尽心上》"穷则独善其身,达则兼济天下"之说。《大学》的"止于至善""格物致知""明明德""修齐治平"等更能体现儒家"内圣外王"之道。《中庸》的"诚""明""中""和"及"为政之道""圣王之为"等都与"内圣外王"相关。故张东荪认为应该用"'内圣外王'来概括《论语》《大

① 罗根泽:《孟子评传》,北京:商务印书馆,1932 年版,第 86—87 页。
② 陈鼓应:《庄子的悲剧意识和自由精神》,《老庄新论》,上海:上海古籍出版社,1992 年版,第 227 页。
③ 冯友兰:《新原道》(绪论),《三松堂全集》(第 5 册),郑州:河南人民出版社,1986 年版,第 133 页。

学》《中庸》与《孟子》这四种儒家经典所表现的思想"①。总之,在儒家思想中,"内圣"是前提和基础,"外王"是"内圣"的自然延伸。只有在"内圣"的基础之上,才能实现"外王"的功业。

"内圣外王"思想形成后,便成为知识分子之人格理想与人生价值追求,并贯穿着整个中国哲学史。先秦至近代很多学者都从不同角度对"内圣外王"进行探索。至宋代,二程、邵雍等已开始明确讨论"内圣外王"之学,如"尧夫,内圣外王之学也"(《宋史·邵雍传》)、"内圣外王之道也"(《河南程氏文集·传闻续记》)。晚清曾国藩、梁启超等人对"内圣外王"又进行了学理解读。近代新儒家反思儒家学说的思想本质时,"熊十力、冯友兰才强调了'内圣外王',台湾新儒家又大肆鼓吹内圣外王,这是与前儒不同的"②。近代新儒家一度视"内圣外王"为接续传统与现代的纽带,其旨趣与核心就是要以"老内圣开出新外王",开出现代科学民主等尝试。儒乃"人需之学",儒学的创新性主要是作为社会生活中"活的存在"。回归儒家本真,以儒家的真精神回应社会问题,实现儒学传统与当代生活的关联,这是新时代儒学要坚持的方向和原则。李承贵认为:"儒学现代化,本质上是要求儒学在现代社会生活中有所表演,要'在场'。换言之,如果我们能让儒学对生活表达意见,能让儒学营养生活,能让儒学参与生活的建构,那么,儒学就不存在'现代化的烦恼'了。"③

当下传统文化仍处于全面复兴阶段,如何在中华优秀传统文化"两创"背景下诠释儒家思想,成了学术界关心的热门话题。为让儒学走向现实,实现社会之用,有学者提出新的儒学主张,以再建儒学的理论体系。如较著名的有张立文"和合学"、蒋庆"政治儒学"、牟钟鉴"新仁

---

① 张东荪:《思想与社会》,沈阳:辽宁教育出版社,1998 年版,第 119 页。
② 程潮:《儒家内圣外道通论》,长沙:湖南人民出版社,2005 年版,第 422 页。
③ 李承贵:《儒学当代开展的三个向度》,《光明日报》,2005 - 7 - 12(08)。

学"、干春松"制度儒学"、黄玉顺"生活儒学",还有美国"夏威夷儒学"
"波士顿儒学"等。牟钟鉴则希望"儒家人物遍布各领域各行业,如儒家
式政治家、思想家、企业家、科学家、教育家、外交家、文艺家、法学家、军
事家,以及儒官、儒工、儒农、儒医、儒师、儒警等等,使儒家的仁和之道
在百业千职中发挥积极作用"①。所以说,"当代儒学必须真正面对已
经大大改变了的社会历史环境,面对当下生活中诸种矛盾和问题,在与
种种现代思潮的相互影响、相互作用中,积极谋求自我调整、转化和充
实,并进而寻求切入实际生活的现实途径"②。也就是说,在今天新的
历史条件下,儒学现代化的发展方向就是将儒学与中国现代化事业相
融合,使儒家"内圣之学"找到其形而下之器,呈现当代的儒学精神,充
分践行"阐旧邦以辅新命"的哲学追求和人文关怀精神。具体而言,就
是"一方面追寻孔子、儒学本身的生命智慧,另一方面又思考如何将这
种生命智慧具体落实、开显于当代。概言之……追问儒之为儒的原创
生命智慧;又要充分回应当代社会问题,考虑如何将儒学传统的原创生
命智慧表现、落实于当代生活世界"③。这完全可能且非常必要。

————————

① 牟钟鉴:《新仁学构想——爱的追寻》,北京:人民出版社,2013 年版,第 89 页。
② 郑家栋:《断裂中的传统》,北京:中国社会科学出版社,2001 年版,第 625 页。
③ 郑治文:《生活儒学——"后新儒学"时代儒学重建的路径抉择》,曲阜师范大
学,2016 年,第 31 页。

第二章 "内圣外王"之津要：好礼好乐
——《论语》"未若贫而乐"章辨析

　　《论语》"未若贫而乐"之"乐"下是否有"道"字,历来注家对此持论不同,此章句成为《论语》注解中歧义较多的章句之一。若将"未若贫而乐"章放在儒学的整体语境中,联系社会背景,孔子的政治抱负、教育特征及子贡的个性进行综合考察,或可突破"贫而乐道"旧有成说,发现"未若贫而乐"之"乐"应读为礼乐之"乐",前脱"好"字,即为"未若贫而好乐",与"富而好礼"对文。此章"紧承上章,谈君子修德,当摆落贫富悬殊之羁绊,一任精神境界之提升"①。孔子极其重视《诗》教,而诗、礼、乐三位一体,相互关联,都是孔子教育的关注重点。子贡引《诗》"如切如磋,如琢如磨",子夏引《诗》"巧笑倩兮,美目盼兮,素以为绚兮",正是孔子的《诗》教,即是让弟子"诗言志"的生动案例。礼乐是孔子思想的重要部分,孔子借此进一步教育弟子,从文献中悟道,举一反三,学以致道。孔子的思想是由"内圣"向"外王"的指向过程,礼乐可以说是实现"内圣"的关键元素,是实现"外王"的必备要素。因而,挖掘孔子礼乐思想内涵,是准确理解儒家礼乐文化的津梁,对传承儒学精神具有重要意义。

---

① 刘强:《论语新识》,长沙:岳麓书社,2016年版,第28页。

第一节　学术回顾

《论语·学而》云:"子贡曰:'贫而无谄,富而无骄。何如?'子曰:'可也,未若贫而乐,富而好礼者也。'子贡曰:'《诗》云:"如切如磋,如琢如磨。"其斯之谓与?'子曰:'赐也,始可与言《诗》已矣,告诸往而知来者。'"①此章"未若贫而乐"一句,版本存异。综合而论,主要可分为两类:一类是邢疏本、元刻《集解》本、朱熹《论语集注》本、刘氏本及河北定州汉墓竹简本无"道"字,作"贫而乐";另一类是古本、足利本、正平本、津藩本、高丽本、皇侃《论语义疏》本及唐石经有"道"字,作"贫而乐道"。受此影响,《昭明文选》幽愤诗"乐道闲居"注引《论语》"贫而乐道"②。

虽有版本异同,但历代学者注解此章多坚持"贫而乐道"或训"乐"为"乐道"。《史记·仲尼弟子列传》曰:"不如贫而乐道。"程树德认为:"司马迁从孔安国问古文尚书,史记所载语亦是古论。仲尼弟子传引论语曰'不如贫而乐道',正与孔合。"③郑玄解释此章曰:"乐,谓志于道,不以贫贱为忧苦。"④刘宝楠《论语正义》虽作"贫而乐",但刘氏赞同训"乐"为"乐道"。他说:"郑以'乐'即'乐道'与古论同。"⑤皇侃《论语义疏》云:"'未若贫而乐道'者,孔子更说贫行有胜于无谄者也。"⑥班固《汉书·王莽传》云:"清静乐道,温良下士,惠于故旧,笃与师友。孔子曰'未若贫而乐,富而好礼',公之谓矣。"⑦在班固看来,"贫而乐"之

① 杨伯峻:《论语译注》,北京:中华书局,2009年版,第10页。
② 程树德:《论语集释》,北京:中华书局,1998年版,第63页。
③ 程树德:《论语集释》,北京:中华书局,1998年版,第63页。
④ 程树德:《论语集释》,北京:中华书局,1998年版,第64页。
⑤ 刘宝楠:《论语正义》,北京:中华书局,1990年版,第33页。
⑥ 皇侃撰、高尚榘校点:《论语义疏》,北京:中华书局,2013年版,第20页。
⑦ 班固撰、颜师古注:《汉书》,杭州:浙江古籍出版社,2000年版,第1216页。

"乐"就是"乐道"之意①,与郑本同。康有为站在今文经的立场,基于各种版本、各家疏注,把"贫而乐"看成刘歆作伪,是古文经。他说:"集解本作'贫而乐',无'道'字,惟皇本、高丽本、日本足利本、史记弟子列传、孔安国注,皆作'贫而乐道'。唐石经亦有'道'字,但旁注汉书王莽传与郑注引无'道'字,盖古文也。刘氏宝楠不知汉书为刘歆伪撰,以为今文之误也,今不从。"②程树德根据孔注,认为"乐"后有"道"字。③ 杨伯峻依据皇侃《义疏》、郑玄《注》,在此章译文增"于道"④。钱穆认为:"乐道则忘其贫矣。"⑤赞成"乐"下有"道"字。李泽厚依据"古本",认为:"'乐'后有'道'字,意更明确。"⑥高尚榘认为:"'乐'后应有'道'字,'乐道'与'好礼'对应。"⑦

以上学者或有所据,却亦忽视了孔子之"道"及儒家"内圣外王"的内涵、当时语境及子贡在孔门的地位,因而,"贫而乐道"或训"乐"为"乐道"的说法值得商榷。本章从孔子"一贯之道"的内涵、教育思想体系的内在逻辑及当时语境考察,此章"贫而乐"并非"贫而乐道",而是应作"贫而好乐",与下文的"富而好礼"对文,以下作具体辨析论述。

第二节　旧解质疑

"道"是孔子思想体系中比较抽象、比较宽泛的概念。《论语·里仁》载孔子曰:"吾道一以贯之。"由此,有了历代学者苦苦求索的孔子

---

① 单承彬:《"贫而乐,富而好礼"校正》,《孔子研究》,2001 年 03 期。
② 康有为:《论语注》,北京:中华书局,1984 年版,第 14 页。
③ 程树德:《论语集释》,北京:中华书局,1998 年版,第 63 页。
④ 杨伯峻:《论语译注》,北京:中华书局,2009 年版,第 10 页。
⑤ 钱穆:《论语新解》,北京:生活·读书·新知三联书店,2002 年版,第 20 页。
⑥ 李泽厚:《论语今读》,北京:生活·读书·新知三联书店,2004 年版,第 45 页。
⑦ 高尚榘:《论语歧解辑录》,北京:中华书局,2011 年版,第 33 页。

"一贯之道"之说。清儒刘宝楠说:"'一贯'之义,自汉以来不得其解。"①随着孔子研究的逐渐深入,学者们越来越感到孔子"一贯之道"的具体所指,与礼乐之间存在的内在联系,关系着对于其整个学说思想体系的理解和认识。因礼乐在国家治理中发挥着极为重要的作用,可视为孔子之道的一个内容。② 所以,"一以贯之"包括孔子在生活、教学中正礼、正乐,以实现"天下有道"的至高追求③。有学者进一步指出,孔子把礼乐之道抽象出来,使蕴含于礼乐之中的社会生活、人际关系和人生的普遍原则昭明于世,因而,礼乐之道或礼乐精神即为孔子的仁学④,而"吾道一以贯之"就是以"仁"贯之⑤。"道"的主要内容就是"礼乐"等思想。历代注释亦多主此说。《论语·阳货》曰:"子之武城,闻弦歌之声。夫子莞尔而笑,曰:'割鸡焉用牛刀?'子游对曰:'昔者偃也闻诸夫子曰:君子学道则爱人,小人学道则易使也。'"子游以"弦歌"欢迎孔子,又引孔子之言,反映出子游所闻的孔子之"道",是指"礼乐"。何晏引孔安国曰:"道,谓礼乐也。"⑥邢昺《论语注疏》曰:"此章论治民之道也。……意欲以礼乐化道于民,故弦歌。"⑦朱熹《论语集注》也以为:"子游为武城宰,以礼乐为教。"⑧杨朝明认为此章的"道"是"存在于礼乐制度、文化中的先王之道"⑨。黄怀信以此"道"指礼乐或"礼乐制度"⑩。可见,此章"一以贯之"之"道"确指"礼乐"。王滋源先生认为孔

① 刘宝楠:《论语正义》,北京:中华书局,1990 年版,第 152 页。

② 王滋源:《何谓孔子之道》,《齐鲁学刊》,1986 年 04 期。

③ 周宝银、黄怀信:《从"一以贯之"到"天下有道"》,《甘肃社会科学》,2016 年 06 期。

④ 马振铎:《礼乐文化和孔子的仁学》,载《孔子研究》1991 年第 1 期。

⑤ 郭祥贵、杨和为:《〈论语〉"吾道一以贯之"解》,《史志刊》,2013 年 05 期。

⑥ 李学勤主编:《十三经流疏·论语注疏》,北京:北京大学出版社,1999 年版,第 233 页。

⑦ 黄怀信:《论语汇校集释》,上海:上海古籍出版社,2008 年版,第 1524 页。

⑧ 黄怀信:《论语汇校集释》,上海:上海古籍出版社,2008 年版,第 1524 页。

⑨ 杨朝明:《论语诠解》,济南:友谊出版社,2013 年版,第 307 页。

⑩ 黄怀信:《论语新校释》,西安:三秦出版社,2006 年版,第 425 页。

子的道主要包括两大部分：一是以仁为核心的伦理道德修养，二是以周礼为基础的政治典章制度。① 因周公使礼乐成为社会典章制度与行为规范，所以，孔子所赞同的典章制度主要是周代的礼乐规范。在《论语·八佾》篇中，孔子曰："周监于二代，郁郁乎文哉！吾从周。"所以，当"鲁自大夫以下皆僭离正道"之时，孔子便"退而修《诗》《书》《礼》《乐》"，以纪帝王之道，目的是让"礼崩乐坏"的社会能"就有道而正焉"，从而恢复周初的礼乐社会。

"礼崩乐坏"的历史事实，让孔子始终不离正"礼乐"，进而设置了一套理想治世方案。鲁国是周公礼乐文化保存得最好的诸侯国，曾令吴公子季札发出"叹为观止"的感慨，韩宣子也发出"周礼尽在鲁矣"（《左传·昭公二年》）的赞叹。孔子童年就受到鲁国浓郁礼乐文化的熏陶，"常陈俎豆设礼容"（《史记·孔子世家》），经历"已而去鲁，斥乎齐，逐乎宋、卫，困于陈、蔡之间，于是反鲁"，"然鲁终不能用孔子，孔子亦不求仕"（《史记·孔子世家》），"无所遇""道难行"的政治现实让孔子转向教学，本着"述而不作，信而好古"的学术精神，孔子"祖述尧舜，宪章文武"，"礼""乐""诗"成为他教学的主要内容，取得"弟子三千，贤人七十二"的巨大成就，所追求的"礼乐之道"也"弥尊矣"。孔子教学并非造就"多学而识"（《论语·卫灵公》）的知识传承者，而是希图培育能拯救乱世、重新树立以礼乐为核心价值体系的栋梁之材。如当"季氏富于周公，而求也为之聚敛而附益之"时，孔子要求弟子"鸣鼓而攻之"（《论语·先进》）；当"宰予昼寝"，孔子斥之，"朽木不可雕也，粪土之墙不可杇也；于予与何诛"（《论语·公冶长》）；当樊迟请学稼，孔子即批评其为"小人哉"（《论语·子路》）。孔子"吾从周"（《论语·八佾》）的抉择背后，更是隐藏着他对西周礼乐文明的坚定追求。由此可见，孔子的"道"包含"礼""乐"内容。"乐道"，已蕴含"好礼""好乐""好诗"之意。

---

① 王滋源：《何谓孔子之道》，《齐鲁学刊》，1986 年 04 期。

《论语·学而》篇主要讲"学""习"问题,孔子希望弟子成为"君子儒"①,而"儒"之本义,就是以"仁""义""忠""信""孝""悌"等思想教人,讲究礼乐,崇尚礼仪②。朱熹在理解此章时说:"学者虽不可安于小成,而不求造道之极致;亦不可骛于虚远,而不察切己之实病也。"③朱熹强调为学的目的是"修己""求道",故"未若贫而乐"章讲的是孔子对子贡的教育问题,"如切如磋,如琢如磨"形容刻苦学习,以自新也。"'如切如磋'者,道学也。'如琢如磨'者,自修也。"(《礼记·大学》)"道"指言、说,"学"谓讲习讨论之事。④ 显而易见,在孔子那里,"道""学"有着具体的内容,即通过刻苦学习礼乐,不断提升自我。清儒李光地解释此章云:无谄无骄,在"行"上作工夫;乐(道)好礼,在"学"上作工夫。⑤ "无骄"与"好礼",正是这种"行—学"的递进关系。而"无谄"指"行","乐道"也指"行","无谄"与"乐道",就没有了这层递进关系,而属于并列关系。"乐道"已含有"好乐""好礼"之意,与"好礼"难以并列。同样,"乐道"说的是教学目标"道",如若对应教育内容的"礼",则混淆了孔子学术思想中的层次性,违背了并列的逻辑关系。乐、礼、《诗》同属孔子的教学科目,但道之含义则更广,与礼、诗显然不是同类。在这里,"贫而乐道"说既无法符合语境中的递进关系,也无法满足语境中的前后联系。

此外,纵观《论语》《礼记》《史记》等文献,可知孔子对"乐"造诣深厚。孔子"与人歌而善,必使反之,而后和之"(《论语·述而》),《诗》"三

① 《论语·雍也》载:"子谓子夏曰:'女为君子儒,无为小人儒。'"黄怀信认为,"贵族学道义有用,平民学道义无用"。参见黄怀信:《论语新校译》,西安:三秦出版社,2006 年版,第 132 页。

② 黄怀信:《"儒"本义及儒学特质》,张秋升、王洪军主编《中国儒学史研究》,济南:齐鲁书社,2004 年版,第 20 页。

③ 朱熹:《论语集注》,北京:商务印书馆,2015 年版,第 89 页。

④ 黄怀信:《大学中庸讲义》,北京:清华大学出版社,2013 年版,第 12 页。

⑤ 纪昀、陆锡熊、孙士毅等主编:《四库全书》(210 册),北京:商务印书馆,2013 年版,第 46 页。

百五篇,孔子皆弦歌之"(《史记·孔子世家》)。即便面对"绝粮,从者病,莫能兴"的困境,孔子依然"慷慨讲诵,弦歌不衰",并且告子贡"予一以贯之"(《论语·卫灵公》)。子贡认为老师是个博学强记的人,孔子却强调自己有一个"一以贯之"的思想主旨:道①。而孔子"一以贯之"的"道",就是先王之道。②《礼记·乐记》提出:"先王之道,礼乐可谓盛矣。"孔子在教学中培养"志于道"与"弘道"的君子,要求弟子尊礼正乐,首先并言"礼乐",其次言《诗》,礼、乐、《诗》三者彼此关系密切,共同形成孔子教育之根本。《礼记·坊记》载孔子曰:"贫而好乐,富而好礼,众而以宁者,天下其几矣。"这可与《论语·学而》"未若贫而乐,富而好礼者也"章中孔子用礼乐来教育子贡相互发明。

至此,问题已经明朗,据单承彬考证:"无论《古论》《鲁论》,均没有作'贫而乐道'者。'道'字之衍,在唐代晚期才逐渐固定下来,并保存在流传于朝鲜、日本的《论语》传本中。"③所以,《论语》此章版本不应作"贫而乐道","乐"释为"乐道",与文意也不契合。

第三节 "未若贫而乐"另解

怎样解释"未若贫而乐"章才更合理呢?本书认为"乐"不是动词,应是名词,指的是孔子教学内容之一的"乐","乐"前应有"好"字,整体来讲是"未若贫而(好)乐,富而好礼"。

---

① 杨朝明:《论语诠解》,济南:山东友谊出版社,2013 年版,第 61 页。
② 黄俊杰:《德川时代日本儒者对孔子"吾道一以贯之"的诠释——东亚比较思想史的视野》,《文史哲》,2003 年 01 期。
③ 单承彬:《"贫而乐,富而好礼"校正》,载《孔子研究》,2001 年 03 期。黄怀信先生认为,唐石经初刻脱"道"字,后亦旁增。参见黄怀信:《论语汇校集解》,上海:上海古籍出版社,2008 年版,第 86 页。

此章实际上是孔子师徒关于"行—学"的谈话。子贡向孔子说自己"无谄""无骄"的"行",孔子认为不够,进一步要求子贡多学"礼乐",子贡意会,引《诗》中的"如切如磋,如琢如磨"等形容修学的辞句,得到孔子的嘉许。所以此章大意为,子贡说:"'我贫穷时不去巴结奉承,富有时不傲慢自大,做得怎么样呢?'(子贡自以为自己不论贫富都做得很好,希望得到孔子认可)孔子说:'还行,但是还不如贫穷时好学乐,富有时好崇尚礼。'(孔子不甚满意,认为子贡应该重视学习礼乐)子贡说:'学习就像《诗》说的那样:加工骨器,切了还要磋,琢了还得磨,是这样刻苦学习吧?'(子贡立刻意识到孔子深意,引《诗》言己志,要刻苦学习)孔子说:'赐啊,现在可以与你谈《诗》了,因为你在学习上做到举一反三了。'(孔子很满意,表示子贡可以进行《诗》的学习)"

　　此章中的"乐"作礼乐之"乐"的依据主要如下:

　　一是礼乐并称为政双翼。西周时期,礼乐共存,表现为一种国家政治制度,即礼乐制度。它发挥着宗法等级文化效应,主导着社会文化走向。《周礼·大司乐》有"以乐德教国子""以乐语教国子"之说。《左传·僖公二十七年》云:"礼乐,德之则也。""致礼乐之道,举而错之天下,无难矣。"(《礼记·乐记》)在当时这已成为社会共识。因而,守礼乐成为贵族应尽的道德义务,也成为衡量道德教化成果的标准。到春秋时期,社会动荡不安,各诸侯国当政者争霸图存,战乱频仍,以致"周室既微而礼乐不正"[①],周公的礼乐制度遭到严重的破坏,整个社会礼崩乐坏,出现诸如"晋平公淫,六卿擅权,东伐诸侯;楚灵王兵强,陵轹中国""(卫)灵公与夫人同车……招摇市过之""赵鞅伐朝歌。楚围蔡,蔡迁于吴"(《史记·孔子世家》)等乱礼现象。传统的"古乐"更是受到"郑卫之声"的直接冲击,上层贵族社会所重视的"正音",逐渐向世俗化的"新声"转变。

---

　　① 班固撰、颜师古注:《汉书》,北京:中华书局,1962年版,第1968页。

孔子耳闻目睹"礼崩乐坏"的政治局面后,坚守"生民之道,乐为大焉"(《礼记·乐记》)的原则,以"天下有道,则礼乐征伐自天子出;天下无道,则礼乐征伐自诸侯出"(《论语·季氏》)为标准,抱持自己的学说思想仕鲁,适齐,赴楚,居卫,以至周游列国,希望纠正天下不合礼、不合乐的现象,最终实现"天下有道"的理想。为了实现自己的理想,孔子采取多种方式投身政治实践,在遇到礼乐不"正"之事时,孔子则坚决予以抵制。

首先,复乐求正。孔子抵制"淫"乐,维护"正音",明确反对"郑卫之声",将其作为雅乐的对立面提出来,定性为"淫",并且明确指出自己"恶紫之夺朱也,恶郑声之乱雅乐也"(《论语·阳货》)。孔子要求从各个方面对"乐"进行约束,使之符合周礼制度。对于"复乐求正",孔子不仅仅停留在口头理论层面,而且身体力行地开展了一系列工作。如在定公十年春,齐鲁君主夹谷相会,孔子斥齐"四方之乐"为"夷狄之乐",诛"优倡侏儒"(《史记·孔子世家》)。当颜渊问为邦时,孔子就要求"乐则《韶》《舞》",提出"放郑声",认为"郑声淫"(《论语·卫灵公》)。所以,孔子"自卫反鲁,然后乐正,《雅》《颂》各得其所"(《论语·子罕》)。孔子对"乐"的要求标准是"尽善尽美",实际上是对"乐坏"情况下的人格教育。

在孔子看来,"郑卫之乐"是对感官耳目之欲的满足,是对人性放任不约束的迎合,这对于为政为邦的作用是非常消极的。所以,孔子主要是从政治教化的角度去讲"乐"。孔子周游列国时,所到之处也都要适时演习礼仪,弦歌讲诵。《论语》中多处表现了孔子的乐教思想。如子路问"成人",孔子的答复是:"文之以礼乐,亦可以成人矣。"(《论语·宪问》)子贡也认为孔子之道是"见其礼而知其政,闻其乐而知其德"(《孟子·公孙丑上》)。修海林中肯地指出,先秦儒家已"将'乐'的情感置于礼乐教化的实施过程之中"①。

----

① 修海林:《古乐的沉浮:中国古代音乐文化的历史考察》,济南:山东文艺出版社,1989 年版,第 145 页。

其次,复礼求正。孔子反对违制,维护"周礼"。当季氏"八佾舞于庭",孔子就发出了"是可忍也,孰不可忍也"(《论语·八佾》)的愤慨。对"三家者以《雍》彻"及"季氏旅于泰山"之类的僭礼违制行为,也是深深叹息。对自己弟子的不合礼言行,孔子也是直言不讳地进行批评教育。如子贡欲去告朔之饩羊,孔子坚决反对道:"赐也!尔爱其羊,我爱其礼。"(《论语·八佾》)"告朔之饩羊"是指"每月初杀只活羊告祭祖庙的仪式"。孔子认为,礼是万不可违背的,更是不可废弃的。《论语·八佾》篇记载管仲"有三归,官事不摄""邦君树塞门,管氏亦树塞门。邦君为两君之好,有反坫,管氏亦有反坫"的违礼行为,孔子批评其不知礼,认为:"管仲之器小哉!"由于孔子高度重视礼,晏婴便以"盛容饰,繁登降之礼,趋详之节,累世不能殚其学,当年不能究其礼"(《史记·孔子世家》)为借口来排斥孔子,迫使孔子离境,齐景公最终以"弗能用"对待孔子。

　　在鲁国的从政经历,也证实了孔子礼乐治国的卓越效果。《史记·孔子世家》载:"孔子为中都宰,一年,四方皆则之。"后来,由中都宰升为司空,又由司空为大司寇。"孔子年五十六,由大司寇行摄相事……与闻国政三月,粥羔豚者弗饰贾;男女行者别于涂,涂不拾遗;四方之客至乎邑者,不求有司,皆予之以归。"孔子的政治才能,受到各诸侯国敬重。齐景公"欲以尼谿之田封孔子",卫灵公给孔子"致粟六万",楚昭王曾欲"以书社地七百里封孔子"(《史记·孔子世家》)。

　　《礼记·乐记》指出:"治世之音安以乐,其政和;乱世之音怨以怒,其政乖;亡国之音哀以思,其民困。声音之道,与政通矣。"孔子向往先王美政,积极参与政治,对乐具有相当的热情、极高的造诣。孔子本人就有"使人歌,善,则使复之,然后和之"的习惯。他"学鼓琴师襄子"(《史记·孔子世家》),"得其数""得其志""得其为人",显然在琴艺的基础上,孔子侧重乐曲内涵与形象者①。《论语·述而》言:"子于是日哭,则不歌。"由此可知孔子在"是日哭"以外,都会习乐。"子在齐,闻《韶》,三月不知肉味"(《论语·述而》),谓《韶》"尽美矣,又尽善也";批评《武》"尽美矣,未尽善也"(《论语·八佾》);认为"师挚之始、《关雎》之乱,洋洋乎盈耳哉"(《论语·泰伯》)。《论语·八佾》记孔子曰:"乐其可知也:始作,翕如也;从之,纯如也,皦如也,绎如也,以成。"孔子所言,是其研究音乐而得出的结论,可见其音乐造诣之深。②

二是诗礼乐相通,互为表里。孔子的乐教与《诗》教是相通的,因为乐与诗、礼相配为用。据说,古代留传下来的《诗》原有三千多篇,孔子选取了可以用来配合礼乐教化的部分,就是我们今天所见的《诗经》。孔子所取的《诗》,最早是追述殷始祖契、周始祖后稷的部分,其次是歌颂殷、周两代盛世的诗,再次是讽刺周幽王、厉王政治缺失的诗。三百零五首诗,均可入乐歌唱,孔子力求合乎古代《韶乐》《武乐》以及朝廷雅乐、庙堂颂乐的声情精神。经孔子删选后,《诗经》中的作品基本上都是乐歌,它们是可以用乐器伴奏演唱的,诗完全依附乐而存在,所体现的也是乐的功能。③ 故《论语·泰伯》曰:"兴于诗,立于礼,成于乐。"《论语·季氏》曰:"不学《诗》,无以言。"《论语·为政》曰:"一言以蔽之,曰:思无邪。"孔子论诗,看似与为政无关,实则"诗教"关于"德治",又与"礼乐"相连,乃为政治国之重要内容。④ 所以,诗乐一体,诗乐相通,先王礼乐教化的遗规,稍复旧观而可称述。子夏继承孔子的诗乐思想,指出:"弦歌诗颂,此之谓德音,德音之谓乐。"(《礼记·乐记》)这样,就通过"德音"将诗乐联系起来。

---

① 项阳:《周公制礼作乐与礼乐、俗乐类分》,《中国音乐学》,2013 年 01 期。

② 黄怀信:《论语新校释》,西安:三秦出版社,2006 年版,第 67 页。

③ 王秀臣:《从"诗乐"到"乐诗":礼与诗、乐关系的角色演变》,《江西师范大学学报(哲学社会科学版)》,2006 年 01 期。

④ 刘强:《论语新识》,长沙:岳麓书社,2016 年版,第 34 页。

《诗》主要是以乐章的形式频繁地出现于各种典礼。演奏之时,乐舞伴奏,配之以诗,在特定的场合举行并表现为一定的仪式①,即"诗之所至,礼亦至焉。礼之所至,乐亦至焉"(《礼记·孔子闲居》)。所以,诗、礼、乐贯通。有学者认为:"所谓诗,本就是要作为歌用的乐章,所以必须用乐伴奏。"②所以,诗与乐又不可分。《论语·泰伯》篇记孔子曰:"兴于诗,立于礼,成于乐。"说明诗、礼、乐三者关系极为密切。从某种意义上说,"乐"其实就是诗乐③,诗与乐互为表里,不分主次。所以,《诗》在孔子那里的作用不仅是"诗教",应该亦包括"乐教""礼教"在内。如果没有乐的熏陶,则可能"人化物也者",以致"极口腹耳目之欲",于是"有悖逆诈伪之心,有淫佚作乱之事"(《礼记·乐记》)。所以说,乐教是在接受了理性教育之后在更高的层次上重新回到情感的品质上去,从而达到情感与理性的和谐统一,塑造一个理性的情感本体。情感与理性的和谐统一标志着一个人的人格最终完善,所以说"成于乐"④。

孔子在培养弟子理想人格的方法上,"以《诗》《书》礼乐教"(《史记·孔子世家》),提倡礼乐并举,以期达到"礼乐不可以斯须去身"(《礼记·祭义》)的教育效果。孔子思考礼乐,真正把遵循礼乐作为人生追求,贯彻其言行之始终。在《论语》中有很多礼乐并列的描述,如《论语·八佾》篇记孔子曰:"人而不仁,如礼何? 人而不仁,如乐何?"《论语·先进》篇记孔子曰:"先进于礼乐,野人也;后进于礼乐,君子也。""如其礼乐,以俟君子。"《论语·子路》篇记孔子曰:"礼乐不兴,则刑罚不中。"《论语·宪问》篇记孔子曰:"文之礼乐,亦可以成人矣。"《论语·

① 王秀臣:《从"诗乐"到"乐诗":礼与诗、乐关系的角色演变》,《江西师范大学学报(哲学社会科学版)》,2006 年 01 期。

② 何定生:《从诗经本身看乐歌关系》,林庆彰编著《诗经研究论集》,台北:学生书局,1983 年版,第 1 页。

③ 余群、陶水平:《先秦诗乐之"成"释义——兼论孔子"成于乐"的文化蕴含和创新意义》,《学术交流》,2014 年 07 期。

④ 姜国钧:《孔子的大学之道》,《大学教育科学》,2013 年 03 期。

季氏》篇记孔子曰:"天下有道,则礼乐征伐自天子出。天下无道,则礼乐征伐自诸侯出。""乐节礼乐,乐道人之善,乐多贤友,益矣。"《论语·阳货》篇记孔子曰:"礼云礼云,玉帛云乎哉?乐云乐云,钟鼓云乎哉?""君子三年不为礼,礼必坏;三年不为乐,乐必崩。"此外,《孔子家语·颜回》载孔子言:"加之以仁义礼乐,成人之行也。"《史记·孔子世家》载:"以求合韶武雅颂之音。礼乐自此可得而述,以备王道,成六艺。"《周礼·春观·大宗伯》载:"以礼乐和天地之化、百物之产,以事鬼神,以谐万民,以致百物。"《礼记·乐记》载:"先王之制礼乐也,人为之节。""乐统同,礼辨异。礼乐之说,管乎人情矣!"《礼记·仲尼燕居》载:"古之君子,不必亲相与言也,以礼乐相示而已。"《礼记·礼器》载:"观其礼乐,而治乱可知也。"《孝经·三才》载:"导之以礼乐,而民和睦。"可见,在孔子思想中,礼乐脉络贯通。唐君毅指出:"礼乐并行,能表达情意、修养志气,成人内外之德。"①徐复观指出:孔子教育"礼乐并重,并把乐放在礼的上位,认定乐才是一个人格完成的境界,这是孔子立教的宗旨"②。孙隆基在《中国文化的深层结构》中指出:"礼与乐就像天地与阴阳一般,是互相补充的……礼与乐同具教化的功能,其目的是使人人和合同一。"③

三是师徒的特殊关系。子贡是孔子的重要弟子,《论语》中与子贡相关的材料有 35 章。据《论衡·讲瑞》记载:"子贡事孔子一年,自谓过孔子;二年,自谓与孔子同;三年,自知不及孔子,当一年二年之时,未知孔子圣也,三年之后,然乃知之。"④子贡未如颜回好学,初入孔门,对孔子并不十分敬佩,经常被孔子批评。孔子曾以"瑚琏之器"来比喻子贡,

---

① 李西建:《长安学术》(第 3 辑),北京:商务印书馆,2012 年版,第 202 页。

② 徐复观:《中国艺术精神》,沈阳:春风文艺出版社,1987 年版,第 4 页。

③ 孙隆基:《中国文化的深层结构》,桂林:广西师范大学出版社,2004 年版,第 425 页。

④ 王充:《论衡》,上海:上海古籍出版社,1990 年版,第 162 页。

又有"君子不器"之言,表明子贡在某些方面还没有达到孔子的期望。①子贡的个性很强,又有超强的经商能力,累积家资千金。《论语·先进》载:"赐不受命,而货殖焉,亿则屡中。"致富后的子贡性格骄奢,喜好评论是非,即"子贡方人",为此孔子提出了"赐也贤乎哉?夫我则不暇"(《论语·宪问》)的批评。《史记·仲尼弟子列传》记载:"孔子卒,原宪遂亡在草泽中。子贡相卫,结驷连骑,排藜藿入穷阎,过谢原宪。"更显子贡张扬的性格。

在经商成功后,子贡常相鲁卫,且"喜扬人之美,不能匿人之过"(《史记·仲尼弟子列传》),向孔子炫耀自己在经商前后的"贫而无谄,富而无骄"的做法,希望得到肯定。但是,孔子的理想是希望先王礼乐制度实现于天下,希望弟子能成为"士",而"士"则更应该重视学习先王礼乐。在周代,《诗》《书》《礼》《乐》本来就是社会教化的工具,"礼也者,理也。乐也者,节也。君子无理不动,无节不作"(《礼记·仲尼燕居》)。在孔子看来,子贡"贫而无谄,富而无骄"的自述属于"《乐》之失,奢"(《孔子家语·问玉》),由于缺乏"乐"的基础,"不能乐,于礼素"(《礼记·仲尼燕居》),子贡行为偏失,而子贡自己也曾有"赐闻声歌,各有所宜也。如赐者,宜何歌也"(《礼记·乐记》)的困惑。《孝经·广要道》载孔子曰:"移风易俗,非乐莫善。"《礼记·经解》言:"广博易良,乐教也。"《礼记·乐记》也言:"乐也者,圣人之所乐也,而可以善民心,其感人深,其移风易俗。"孔子强调"乐"的特殊教育功能,对子贡开展乐教,符合孔子因材施教的教学原则。所以,孔子进一步教育子贡学习要礼乐并重,是合乎情理的。

孔子对子贡的谆谆教诲,也使子贡愈加敬重孔子,处处维护孔子,与孔子建立了特殊的感情。孔子对子贡也是信赖有加,就连"仲尼之畜

---

① 钱宁重编:《新论语》,北京:生活·读书·新知三联书店,2012年版,第130—131页。

狗死,使子贡埋之"(《礼记·檀弓下》),并且说:"自吾得赐也,远方之士日至。"(《孔丛子·论书》)以至在生命最后时刻,孔子也不忘子贡:"方负杖逍遥于门,曰:'赐,汝来何其晚也?'"(《史记·孔子世家》)面对"子贡贤于仲尼"的赞誉时,子贡以"赐之墙也及肩,窥见室家之好;夫子之墙数仞,不得其门而入,不见宗庙之美,百官之富"相回答,认为"仲尼,日月也,无得而逾焉"(《论语·子张》)。《韩诗外传·卷八》载:"臣终身戴天,不知天之高也。终身践地,不知地之厚也。若臣(子贡)之事仲尼,譬犹渴操壶杓,就江海而饮之,腹满而去,又安知江海之深乎?……臣誉仲尼,譬犹两手捧土而附泰山,其无益亦明矣。"子贡仰慕孔子的学问,对孔子的评价达到了无以复加的地步,对于孔子的遭遇格外愤慨和难过,对鲁哀公祭奠孔子的诔文斥为:"生不能用,死而诔之,非礼也。称'余一人',非名也。"(《史记·孔子世家》)孔子葬鲁城北泗上,弟子皆服孝三年,唯子贡庐于冢上,凡六年,然后去。可见,孔子教学对子贡的影响,使子贡深刻了解、掌握了孔子的学问,成为孔门中仅次于颜回的重要弟子。

总之,"未若贫而(好)乐"章位于《论语·学而》篇中,出现"好礼""诗云""言诗"等修学语句,礼、诗必有对应的"乐",以构成孔子教学内容的连续性和逻辑的完整性。"未若贫而乐"的"乐"作为礼乐之"乐",这样的理解是恰当的,并且符合孔子真意。所以,此章本应作"未若贫而(好)乐",旧本脱"好"字。对"未若贫而(好)乐"之"乐"的正确理解,也关系到对孔子的从政、教学,乃至人生等"一贯之道"的理解。可惜,历代《论语》对此章的集解注疏诸多围绕"乐"后有无"道"字之争,囿于经典旧有版本或注疏,而未能破此畛域,所以长期以来对此章难有正确解释。

第四节　礼乐之道的现代诠释

礼乐文化意蕴精深,思想丰富博大,长期滋润着中华民族的精神家园,传承着中华民族的根脉。陈来说:"中国早期的上古文化,经历了巫觋文化、祭祀文化,最后发展为礼乐文化,从原始宗教到自然宗教,发展为周代的礼乐,以礼乐为主的伦理宗教,这些是孔子和早期儒家思想文化产生的深厚根基。"①中华民族数千年稳定的民族思维范式以及家国同构的社会结构,正是建立在礼乐文化贯通的基础之上的。②《说文解字》曰:"礼,履也。所以事神致福也。""乐,五声八音总名。"礼乐本为一体而互不可分,是孔子思想的两个重要方面。

春秋时期,周室衰微,失去控制诸侯的能力,王室天下共主的原有秩序发生了巨大变动,整个天下因此动乱不堪。面对这样的局面,孔子希望恢复周初的礼乐制度,使社会重新恢复和谐有序。在孔子之时,礼乐在社会交往中的地位极为重要,"古之君子,不必亲相与言也,以礼乐相示而已"(《礼记·仲尼燕居》)。"礼,所以修外也"(《礼记·乐记》),是"因人之情而为之节文"(《礼记·坊记》)。礼作为人的外部规范,用来节制人的言行,从而使社会有序和谐。劳思光认为,"孔子之学,由'礼'观念开始","'礼'观念为孔子学说之始点"。③ 他还说:"孔子之政治思想,以建秩序、定权分为基本观念;而重德性教化,反对使用强力,反对经济掠夺,反对残暴统治,则是其具体主张。凡此种种,皆可视为

---

① 陈来:《周文化与儒家思想的根源》,《现代哲学》,2019 年 03 期。

② 刘海燕、朱霖:《文化认同:中华礼仪传统的分析视角》,《中华文化论坛》,2009 年 02 期。

③ 劳思光:《新编中国哲学史》,北京:生活·读书·新知三联书店,2015 年版,第 84 页。

孔子之'礼'观念之引申。"①"乐,所以修内也""通伦理者也"(《礼记·乐记》),乐从内部对人的性情施以影响与感化,"'乐'则是人世间也就是所谓'主体间性'的关系情感,那是真正友谊情感的快乐"②,本质则是以仁、义为快乐,而这种快乐无法抑制,因此人便会手舞足蹈。故孔子曰:"礼也者,理也;乐也者,节也。君子无理不动,无节不作。"(《礼记·仲尼燕居》)孔子曾到洛邑观周礼,广泛参观了东周的宗庙、明堂等国家重要政治设施。在洛邑,孔子"问礼于老聃,访乐于苌弘,历郊社之所,考明堂之则,察庙朝之度"(《孔子家语·观周》),切身感受到周初礼乐文化的魅力,感悟到"周之所以盛"的治世道理。由此,孔子愈加重视礼乐,在弟子问政时,他回答:"君子明于礼乐,举而错之而已。"(《礼记·仲尼燕居》)孔子教育弟子举礼乐之道施之于政事。进而,孔子"自周反鲁,道弥尊矣。远方弟子之进,盖三千焉"(《孔子家语·观周》)。洛邑一行,孔子的学问与教学事业都得到了长足的进展。

先秦儒家的礼乐教化思想在中国历史演变中发挥了重要效用,是儒家先贤遗留给后人的珍贵文化遗产。儒家讲求经世致用,孔子"退而修诗书礼乐"的缘由即出于"鲁自大夫以下,皆僭离于正道"(《史记·孔子世家》),中国传统礼乐文化转型已是当下面临的重要问题。欧阳修曾言:"儒者之于礼乐,不徒诵其文,必能通其用;不独学于古,必可施于今。"③儒学本就有"权""时"性,强调知进退之时,善于应时之变。《礼记·礼器》载:"礼,时为大。"《孟子·离娄下》曰:"大人者,言不必信,行不必果,惟义所在。"《孟子·离娄上》曰:"男女授受不亲,礼也;嫂溺,援之以手,权也。"更加突出了"时""权"的主体特征,因时而变的实用思维

---

① 劳思光:《新编中国哲学史》,北京:生活·读书·新知三联书店,2015年版,第96页。

② 李泽厚:《论语今读》,北京:生活·读书·新知三联书店,2004年版,第25页。

③ 成玮:《"道"之二分与"文"之二分:欧阳修"文道关系"思想新论》,胡晓明《中国文论的思想与智慧》,上海:华东师范大学出版社,2015年版,第236页。

是礼乐文化的思维特质,"礼"在历史发展过程中也经历了因"时""权"而调整,不断结合实际情况适应社会形势的变化。当下,中国社会正处于现代化转型的重要时期,儒家的礼乐文化在寻求关注社会现实,塑造国人新的精神世界,增强民族凝聚力和认同感等方面的重要性自不必费言。

今天,我们讲古代礼乐文化,颇感"其祥不可得闻也"(《孟子·万章下》),礼乐丧失"显学"地位而呈现碎片化,几乎成为"冷门绝学",由此产生了一系列社会不和谐问题。要解决问题,传统的礼乐思想或可借鉴,《孝经·三才》载孔子曰:"导之以礼乐,而民和睦。"《论语·泰伯》载孔子曰:"兴于《诗》,立于礼,成于乐。"朱熹注曰:"《诗》本性情,有邪有正,其为言既易知,而吟咏之间,抑扬反复,其感人又易入。故学者之初,所以兴起其好善恶恶之心,而不能自已者,必于此而得之。礼以恭敬辞逊为本,而有节文度数之详,可以固人肌肤之会、筋骸之束。故学者之中,所以能卓然自立,而不为事物之所摇夺者,必于此而得之。乐有五声十二律,更唱迭和,以为歌舞八音之节,可以养人之性情,而荡涤其邪秽,消融其查滓。故学者之终,所以至于义精仁熟,而自和顺于道德者,必于此而得之,是学之成也。"①朱熹明确提出礼乐可以"养人之性情""荡涤其邪秽"等,是"成人"不可或缺的教育。在《论语·宪问》"子路问成人"章,朱熹注曰:"节之以礼,和之以乐,使德成于内,而文见乎外。则材全德备,浑然不见一善成名之迹;中正和乐,粹然无复偏倚驳杂之蔽,而其为人也亦成矣。"②再次说明,礼乐是修身成人的标准。

礼乐文化历经了数千年历史涤荡,已然对中国德教产生重要影响。儒家教育礼乐并重,礼乐与仁的结合是人格完成的重要方式。习近平总书记曾强调:"儒家思想和中国历史上存在的其他学说都坚持经世致

---

① 朱熹:《论语集注》,北京:商务印书馆,2015 年版,第 161 页。
② 朱熹:《论语集注》,北京:商务印书馆,2015 年版,第 227 页。

用原则,注重发挥文以化人的教化功能,把对个人、社会的教化同对国家的治理结合起来,达到相辅相成、相互促进的目的。"①《说苑·辨物》载孔子曰:"行躬以仁义,饬身以礼乐。夫仁义礼乐,成人之行也。"儒家"成人"教育是以礼乐为基础的,礼乐成为儒家立德树人的一个要素。面对新时代社会发展遇到的新情况、新问题,我们需要大胆探索,在原有的理论上不断突破创新。研究、弘扬先秦儒家礼乐思想所包含的音乐艺术的仁德之质、外美内善,以及中正、平和等思想内涵与要义,对新时期教育具有极强的理论价值,对应对道德滑坡、拜金主义、信仰缺失等精神危机更具资鉴意义。我们要用深邃的历史眼光,主动强化问题意识、时代意识,从而在道德规范、人格培养、社会理念等方面构建起一整套与现代社会相适应的礼乐文化。我们不仅需要具有"仁"德的君子,更要注重培养"礼""乐"全面修养的"成人"。这对延续中华民族的历史文脉与民族根基,推动中国文化在真正意义上奠定文化强国的基础具有重要意义。

---

① 习近平:《在纪念孔子诞辰 2565 周年国际学术研讨会暨国际儒学联合会第五届会员大会开幕会上的讲话》,《人民日报》,2014 - 09 - 25(02)。

第三章　朝乾夕惕执守周道
——《论语》"寝不尸"章诠释

　　对《论语》"寝不尸"章的诠释,学术界同样颇有争议。此章表面是讲孔子对日常生活常识的理解,若从"尸"字本义探寻,将"寝不尸"放入孔子整个思想体系,则会发现"寝不尸"句另有深意,它反映了孔子对"周道"的执着追求。"寝不尸"章位于《乡党》篇,该篇讲的是孔子在乡党日常生活中容色言动、衣食住行均符合礼仪。透过《乡党》篇主旨也可表明"寝不尸"是孔子追求"周道"的日常行为缩影与对"周道"崇高精神的具体践行。孔子一生朝乾夕惕,为的就是让"文武之道未坠于地"(《论语·子张》),执守周道,坚定追求传统儒家文化的核心要义。《左传·宣公十二年》有言:"民生在勤,勤则不匮。"习近平总书记在"五一"国际劳动节引用这八字箴言,用以说明:"在这个只要努力人人都能梦想成真的时代,唯有争分夺秒去把握、朝乾夕惕去奋斗、埋头苦干去成就,才能不负时代的丰厚馈赠。"①

---

　　① 人民日报评论部:《习近平用典》(第二辑),北京:人民日报出版社,2018 年版,第 101 页。

第一节　学术回顾

关于《论语·乡党》"寝不尸"的理解,学术界历来颇有争议。翻阅相关注疏,主要有三种观点。一是将"尸"作为死尸之"尸","寝不尸"作"睡觉如死人姿势"解。如《论语注疏》曰:"尸,死人也。言人偃卧四体,布展手足,似死人。"①朱熹《论语集注》曰:"尸,谓偃卧似死人也。"②皇侃《论语义疏》云:"尸,谓死尸也。眠当小敧,不得直脚申布,似于死人者也。"③刘强《论语新识》曰:"尸,谓偃卧似死人也。'寝不尸'指孔子睡眠时不像死尸一样直挺挺地仰卧。"④徐志刚《论语通译》注:"尸,死尸。这里指像死尸一样展开手足仰卧。"⑤杨伯峻《论语译注》曰:"睡觉不像死尸一样直躺着。"⑥《〈论语〉批注》曰:"睡觉不像死尸一样挺着。"⑦李泽厚《论语今读》曰:"睡觉,侧卧,不挺尸。"⑧孙善钦《论语本解》曰:"睡觉时不直挺挺的像个死尸。"⑨周克庸认为,"寝不尸"的"尸"字,"应训为'曲胫'"⑩。干祖望言:《论语》'寝不尸'指睡觉姿势,孔子

---

①　邢昺:《论语注疏》,阮元校刻《十三经注疏》,北京:中华书局,1980 年影印版,第 2497 页。

②　朱熹:《论语集注》,北京:商务印书馆,2015 年版,第 186 页。

③　皇侃撰、高尚榘校点:《论语义疏》,北京:中华书局,2013 年版,第 257 页。

④　刘强:《论语新识》,长沙:岳麓书社,2016 年版,第 278 页。

⑤　徐志刚:《论语通译》,北京:人民文学出版社,1997 年版,第 126 页。

⑥　杨伯峻:《论语译注》,北京:中华书局,2006 年版,第 122 页。

⑦　北京大学哲学系 1970 级工农兵学员:《〈论语〉批注》,北京:中华书局,1974 年版,第 121 页。

⑧　李泽厚:《论语今读》,北京:生活·读书·新知三联书店,2004 年版,第 287 页。

⑨　孙钦善:《论语本解》,北京:生活·读书·新知三联书店,2009 年版,第 128 页。

⑩　周克庸:《修身进德中的自我磨砺——〈论语·乡党〉"寝不尸"训解》,《学术界》,2005 年 06 期。

反对仰面朝天,伸肢展腿像僵尸一样。必须侧卧,微微环跷。'寝不尸'正是医家所赞赏的睡姿。"①二是供祭祀之"尸"。如王闿运《论语训》曰:"尸,祭尸也,尸必宿斋居内寝,故在寝不为斋敬容。"②《戴氏注论语小疏》云:"尸,神象也。内寝不如尸。"③程树德《论语集释》曰:"尸当为'坐如尸'之尸,非死尸也。"④李炳南《论语讲要》曰:"古时祭祀,以孙辈穿祖先之衣,端坐如神,代表先祖受祭,是名为尸。寝不尸,是说在寝室行动可以随意,不必端坐如是尸。"⑤三是精神状态。程树德《论语集释》引范氏曰:"寝不尸,非恶其类于死也,惰慢之气不设于身体,虽舒布其四体,而亦未尝肆耳。"⑥刘宝楠《论语正义》载"书钞礼仪部七"引郑玄注曰:"恶其死也。"⑦康有为《论语注》曰:"闲居申申,天天无事修饰,但惰慢之气不设于身体耳。"⑧钱穆《论语新解》曰:"此非恶其类死者,乃恶夫惰慢之气之肆而不知戒。"⑨揽阅各种解释,终觉"寝不尸"意义未明,未能达夫子及《论语》编者本义。本书认为"寝不尸"涉及孔子及早期儒学的精神面貌与价值追求。抽绎古今众说而区其源流脉络,透过《论语》"寝不尸"向前一步,拂去历史尘埃,以推考孔子整体思想体系,就可以看到孔子与早期儒学的另一番场景。

① 干祖望:《孔子与医学》,《孔子研究》,1986 年 04 期。

② 程树德:《论语集释》,北京:中华书局,2013 年版,第 836 页。

③ 戴望:《戴氏注论语小疏》,上海,上海古籍出版社,2014 年版,第 153 页。

④ 程树德:《论语集释》,北京:中华书局,2013 年版,第 835 页。

⑤ 李炳南:《论语讲要》,武汉:长江文艺出版社,2011 年版,第 177 页。

⑥ 程树德:《论语集释》,北京:中华书局,2013 年版,第 835 页。

⑦ 刘宝楠:《论语正义》,北京:中华书局,1990 年版,第 430 页。

⑧ 康有为:《论语注》,姜义华、张荣华编校《康有为全集》(第 6 集),北京:中国人民大学出版社,2007 年版,第 461 页。

⑨ 钱穆:《论语新解》,北京:生活·读书·新知三联书店,2002 年版,第 267 页。

第二节　"尸"之本意探寻

"尸"字早在甲骨文中就已出现,写作"𡰪",形象似人蹲踞之形。后来"尸"成为"夷"字的古文,卜辞中"夷",即作"尸"。容庚《金文编》指出:"尸……像屈膝之形,意东方之人其状如此,后假夷为尸。"①徐中舒《甲骨文字典》言:"夷人多为蹲居,与中原之跪坐启处不同,故称之为尸人。"②《说文解字》云:"尸,陈也,像卧之形。"高亨《文字形义学概论》认为"尸"字形"从人而曲其胫"③。康殷《文字源流浅说》亦称"尸"为"像弯腿的人形",是殷周统治者用于称呼周边的异族,如"尸方""淮尸""徐尸"之谓。④ 由此,"尸"字最初描绘的是古代东方人生活起居时的姿势。任桂园指出:"商即起源于东夷,本为东方之人,相传其远祖契乃帝喾之后裔,契母简狄吞燕卵而生契,尧、舜时期做司徒,掌教化百姓,契部落居于商丘(今河南商丘市南,临近山东之地)。既然象'屈膝蹲踞'之人形的'尸'字最先由东方之人造出,那么,以'尸'字来称谓祭祀祖先神灵时所择定的代受祭享的活人,自当成为殷商王朝祭祀先灵制度中的习惯用语。"⑤确如其言,殷周"祭必有尸"(《礼记·曾子问》)成为传统并被延续,"尸"也在各种祭礼中,扮演着必不可缺的重要角色。

由上可知,尸祭传统至迟起于殷商。周承商制,周时尸祭已成为周礼的重要组成部分,祭祀者希望通过祭"尸",求得先祖佑护,增加福禄。

---

① 容庚:《金文编》,北京:中华书局,1985 年版,第 602 页。

② 徐中舒主编:《甲骨文字典》,成都:四川辞书出版社,1998 年,第 676 页。

③ 高亨:《文字形义学概论》(释例),济南:山东人民出版社,1963 年,第 175 页。

④ 康殷:《文字源流浅说》,北京:荣宝斋,1979 年版,第 134 页。

⑤ 任桂园:《说尸——兼论"夏耕之尸"与"鳖灵之尸"》,《三峡学刊》,1996 年 04 期。

《尚书大传》载："维十有三祀,帝乃称王,而入唐郊,犹以丹朱为尸。"①
《诗经·大雅·既醉》载："令终有俶,公尸嘉告。"孔颖达疏引《石渠论》
曰:"周公祭天,用太公为尸。"②林羲光《诗经通解》曰:"此诗为工祝奉
尸命以致嘏于主人之辞。"③周时,还设置了一些与尸祭相关的官职,如
"守祧""冢人""大司乐""士师""节服氏""大祝""小祝"等。④"尸"在
《礼记》中作为"受祭者"解的记载很多,诸如:"天子祭天地、社稷、山川,
四方百物,及七祀之属,皆有尸也。""坐如尸,立如齐。""祭祀不为尸。"
"孙可以为王父尸,子不可以为父尸。""为君尸者,大夫、士见之则下之,
君知所以为尸者则自下之。""尸必式,乘必以几。"(《礼记·曲礼上》)
"齐衰之祭也,尸入,三饭。""卿大夫将为尸于公,受宿矣。""祭成丧必有
尸,尸必以孙。"(《礼记·曾子问》)"当其为尸则弗臣。"(《礼记·学记》)
"孝子临尸而不怍。"(《礼记·祭义》)"君迎牲而不迎尸,别嫌也。""夫祭
之道,孙为王父尸。"(《礼记·祭统》)"既封,主人赠,而祝宿虞尸。"(《礼
记·檀弓下》)"宗祝辨乎宗庙之礼,故后尸。"(《礼记·乐记》)"祭祀之
有尸也,宗庙之有主也,示民有事也。"(《礼记·坊记》)

不唯如此,在同时期其他文献中,"尸"作为"祭祀之尸",扮演被祭
祀者角色的解释也普遍存在。如"主人再拜,尸答拜"(《仪礼·特牲馈
食礼》);"祝迎尸""尸执以命祝"(《仪礼·士虞礼》);"尸出入则令奏《肆
夏》"(《周礼·春官·大司乐》);"'神具醉止',皇尸载起,鼓钟送尸,神
保聿归"(《诗经·小雅·楚茨》);"畀我尸宾,寿考万年"(《诗经·小
雅·信南山》);"公尸燕饮,福禄来下"(《诗经·大雅·凫鹥》);"谁其尸

---

① 陈寿祺辑校:《尚书大传》,北京:中华书局,1985 年版,第 22 页。

② 毛亨撰、孔颖达疏:《毛诗正义》,阮元校刻《十三经注疏》,北京:中华书局,1980
年影印版,第 536 页。

③ 林羲光:《诗经通解》,上海:中西书局,2012 年,第 338 页。

④ 刘振华:《〈仪礼〉所载"尸祭"仪式的戏剧性考论》,《古籍整理研究学刊》,2017
年 05 期。

之,有齐季女"(《诗经·召南·采蘋》);"长子帅师,弟子舆尸"(《周易·师卦》);"祭必有尸者,节神也""天子以卿为尸,诸侯以大夫为尸,卿大夫以下以孙为尸"(《公羊传·宣公八年》);"麻婴为尸,庆圭为上献"(《左传·襄公二十八年》);"庖人虽不治庖,尸祝不越樽俎而代之矣"(《庄子·逍遥游》);"子胡不相与尸而祝之"(《庄子·桑庚楚》)等。《孟子·告子上》载:"弟为尸,则谁敬?"杨伯峻解释:"用男女儿童为受祭代理人,便叫之为尸。尸,主也。"①《尔雅·释诂》曰:"尸、职,主也。"《尔雅》释"尸"为"古代祭祀时代表死者受祭的活人,引申为神主"②。在早期文献中,"尸""尸位"具有神主的性质,活人占着祖先或神灵的位置,受人祭祀、尊崇,又不用劳神费力,坐享其成。

秦汉之际,尸祭习俗的延续在典籍中依然有深刻痕迹。"尸"作"受祭者"解的文献也频频出现。诸如"处尊位者如尸,守官者如祝宰"(《淮南子·诠言》),"尸祝斋戒,以沉诸河"(《淮南子·说山训》),"武王继之,载尸以行,破商擒纣,遂成王业"(《盐铁论·复古》)等。唐代李华《卜论》指出:"夫祭有尸,自虞、夏、商、周不变。"宋代苏轼《东坡志林》亦曰:"祭必有尸,无尸曰奠。"在很长时间内,尸祭仍遵循传统。祭祀时,用活人为尸,代替祖先或神灵接受祭祀,表达恭敬和接受赐福。诚如《通典》云:"自周以前,天地、宗庙、社稷,一切祭享,凡皆立尸。"③"祭祀之所以有尸者,鬼神无形,因尸以醉饱,孝子之心也。"④

实际上,夏商周三代以来,尸祭传统延绵不断。在祭祀神灵或先人时,古人总是有替代死者受祭之"尸","尸"或立或坐,姿势不一。具体来说,"夏立尸,殷坐尸"(《公羊传·宣公八年》),周礼"因殷也",也是"坐尸"。在孔子及其以后很长一段时间内,祭祀用"尸"作"表现亡亲形

---

① 杨伯峻:《孟子译注》,北京:中华书局,2008 年版,第 200 页。
② 管锡华译注:《尔雅》,北京:中华书局,2014 年版,第 41 页。
③ 杜佑:《通典》,长沙:岳麓书社,1995 年版,第 704 页。
④ 杜佑:《通典》,长沙:岳麓书社,1995 年版,第 703 页。

象的神主"①求得庇护,是常用的礼仪现象。"尸"成为祭祀天地、社稷,祭奠先祖的亡灵等祭祀活动中必不可少的角色。"尸"字含义由"屈膝蹲踞"(屈着两膝,膝盖着地,而足跟承着臀部,即"尸"的姿态)的人体形象,逐步演变为"古代祭祀时,代表死者受祭的人"。即"尸"字原乃曲胫而"坐",代表(死者)受祭者的坐姿,后为宗庙祭礼时以死去的祖先为神而用活人为替身接受祭礼,用来表达子孙对祖先的恭敬及宴享。由此可知,"尸"作"代受祭者"解,本意指祭祀礼仪中的活人代替祖先接受祭祀。《论语·为政》载孔子曰:"殷因于夏礼,所损益,可知也;周因于殷礼,所损益,可知也。"《礼记·曾子问》载孔子曰:"祭成丧者,必有尸。尸必以孙。孙幼,则使人抱之。无孙,则取于同姓可也。"孔子"述而不作,信而好古"(《论语·述而》)的学术态度也可证实,孔子对"尸"的理解必然不背古义。所以,对"尸"义的正确理解有助于对《论语》"寝不尸"内涵的准确把握,对于深入理解孔子精神内涵或体悟其精神境界具有非常重要的意义。

第三节 "尸"义与"周道"追求

孔子上承"三代明王之政"(《礼记·哀公问》),尊崇禹、汤、文、武、成王、周公等"三代之英"(《孔子家语·礼运》)之道,特别是文武之道为孔子特别推崇。为恢复文武之道,孔子一生"就有道而正"(《论语·学而》),"就有道而正"的"道"当指孔子所向往的"文武之道",即"周道"。"就有道而正"也成为孔子食、居、行、言的自我矫正、自我提升。孔子"复礼""从周"的背后,本质上是一种积极践行"周道"的精神,其终极所求是实现"天下有道"的理想,即以"周道"来治理乱世,实现社会和谐。

---

① 沈文倬:《宗周礼乐文明考论》,杭州:杭州大学出版社,1999年版,第81页。

有学者把孔子对"道"的坚持提升到了更高境界,认为《论语·学而》开篇第一章"学而时习之",讲的就是孔子对道的坚持。[①] 为实践"周道",孔子"诲人不厌,发愤忘食,乐以忘忧,不知老之将至"(《史记·孔子世家》),有"苟有用我者,期月而已可也,三年有成"(《论语·子路》)的期望,坚信"周道"可行。

　　积极求道,反对"尸位"。孔子少年立志,十五岁就开始"志于学",明确了志向,即对"周道"孜孜追求。综观孔子人生经历,我们可以发现,孔子基本上是围绕"周道",谋求再现文武之治局面。面对"原壤夷俟",孔子斥之曰:"'幼而不孙弟,长而无述焉,老而不死,是为贼。'以杖叩其胫。"(《论语·宪问》)黄怀信认为:"夷,尸也,陈也。状其箕踞如偃尸也。"[②]弟子有"居其位而不谋事"者,孔子明确反对。当子贡想去掉"告朔之饩羊"的仪式时,孔子批评曰:"赐也!尔爱其羊,我爱其礼。"(《论语·八佾》)孔子评价其为"瑚琏"(《论语·公冶长》)之器。宰予有"三年之丧,期已久矣"之感,孔子认为"予之不仁也"。(《论语·阳货》)宰予昼寝,孔子批评曰:"朽木不可雕也,粪土之墙不可杇也。"(《论语·公冶长》)子路有"学岂益也哉"之惑时,孔子指出:"受学就问,孰不顺哉?毁仁恶士,必近于刑。君子不可不学。"(《孔子家语·子路初见》)冉求对孔子之道有"力不足也"之感,孔子指出:"中途而废,今汝画。"(《论语·雍也》)樊迟请"学稼""请学为圃",孔子以"吾不如老农""吾不如老圃"应对,又批评其为"小人哉"。(《论语·子路》)当"季氏富于周公,而求也为之聚敛而附益之"时,孔子以"非吾徒也"的态度对待之,要其他弟子"鸣鼓而攻之可也"。(《论语·先进》)对"饱食终日,无所用心"的弟子,孔子评价为"难矣哉"。(《论语·阳货》)在教育弟子时,孔

---

　　① 李启谦:《关于"学而时习之"章的解释及其所反映的孔子精神》,《孔子研究》,1996 年 04 期。

　　② 黄怀信:《论语汇校集释》,上海:上海古籍出版社,2008 年版,第 1348 页。

子把维护"周道"与治国联系起来,要求弟子着眼于"天下"的大格局思考问题,勉励弟子尽心求道。更深意蕴是孔子自己以身作则,以自己的言行教育弟子居其位,就要谋其道,心怀天下,用"周道"改变乱世,终身追求明道、善道。

希图参政,实践"王道"。孔子关心天下,心系苍生,希望诸侯、大夫的行为符合"周道"。面对"天下无道久矣""斗筲之人"当政的局面,孔子不甘"周道"日坠,用"周道"游说诸侯,对僭越周礼、违背"周道"的现象予以痛斥。在"择其善者而从之"(《论语·述而》)的信念下,孔子一生坚持不懈,带领弟子周游列国,积极宣传圣王之治。但是天下无道已久,孔子"已而去鲁,斥乎齐,逐乎宋、卫,困于陈、蔡之间,于是反鲁"(《史记·孔子世家》)。孔子以"周道"治世的主张未能得到认可与赏识,结局是"夫子之道至大"而"天下莫能容夫子","干七十余君"(《汉书·儒林传》)而无所遇,孔子最终难以施展政治抱负。即使如此,孔子也不改变自己"一以贯之"的道。孔子教导弟子,主要是为了培养为政之君子。后如子路、冉有、仲弓、子游之属,皆曾为政。《论语·微子》记孔子曰:"不仕无义。"他认为,不出来做官是不道义的。所以,为政是孔子追寻"周道"的外在展开。

坚守秩序,维护"名""实"相副。"名""实"观是孔子伦理思想的重要内容。在孔子看来,人们在社会上生活,都有自己的特定名分,不能僭越,否则就会天下大乱。针对"礼乐征伐自诸侯出""自大夫出""陪臣执国命"(《论语·季氏》)这一礼崩乐坏、名实不副的政治现实,孔子曰:"不在其位,不谋其政。"(《论语·宪问》)这是规劝为政者安于己位,遵守"周道",如若僭越"周礼"而行其政,最终只能是"名不正,则言不顺;言不顺,则事不成"(《论语·子路》),他强调要在各自的岗位上履行职责。曾子的"君子思不出其位"(《论语·宪问》)、"君子素其位而行,不愿乎其外"(《礼记·中庸》)等思想就是孔子"名""实"观的继承与发扬。孔子提出"君君、臣臣、父父、子子"(《论语·颜渊》)的伦理秩序,要求

"为人君,止于仁;为人臣,止于敬;为人子,止于孝;为人父,止于慈"(《礼记·大学》)。对于僭礼越位的行为,孔子予以批评抵制。当季氏有"八佾舞于庭"的违礼行为,孔子发出了"是可忍也,孰不可忍"(《论语·八佾》)的愤慨;对臧文仲"居蔡,山节藻棁"(《论语·公冶长》)的奢侈僭礼之举,孔子认为他不明智。当子路问:"卫君待子而为政,子将奚先?"(《论语·子路》)孔子回答"必也正名乎"。卫出公得位不正,孔子因而不愿佐政。当卫灵公问阵于孔子时,孔子以"俎豆之事,则尝闻之矣;军旅之事,未之学也"(《论语·卫灵公》)为借口不予回答,次日便离开卫国。当"孔文子将攻太叔,问策于仲尼",孔子不愿回答,以"鸟能择木,木岂能择鸟乎"(《史记·孔子世家》)的态度驾车而去,拒绝为"名不正之战"谋划。当"文武之道"遇挫时,孔子"修《易》,序《书》,制作《春秋》,以纪帝王之道"①,以学术来匡正名实。孔子用"正名""护实",认为君臣应各安其位,不背道违礼,从而期望社会逐步恢复礼法秩序。维护"名""实"秩序既是孔子行为的实践,也是孔子态度的抉择。

终身好学,以学致道。为学习文武之道,了解周公之圣,孔子到周都洛邑"观先王之遗制,考礼乐之所极"(《孔子家语·观周》),向老子请教礼仪,向苌弘请教乐的知识。又"于卫,蘧伯玉;于齐,晏平仲;于楚,老莱子;于郑,子产;于鲁,孟公绰"(《史记·仲尼弟子列传》),学习圣贤之道。孔子"十有五而志于学",一生积极研习"方策"典籍,汲取文武之道思想精华。在"天下有道"的终极目标下,孔子积极践行"君子学以致其道"(《论语·子张》),"君子学道则爱人"(《论语·阳货》),"谋道不谋食""忧道不忧贫"(《论语·卫灵公》)等思想。在《论语·学而》篇中,以"学而时习之"开篇,刘宗周认为:"'学'字是孔门第一义。"②钱穆也认

---

① 班固撰、颜师古注:《汉书》,北京:中华书局,1962 年版,第 1968 页。
② 刘宗周:《论语学案》,《文渊阁四库全书》(第 207 册),上海:上海古籍出版社,1987 年影印版,第 506 页。

为:"孔子之教重在学。孔子之教人以学,重在学为人之道。"①查阅《论语》及相关文献,记载孔子刻苦好学的事例很多,如《论语·泰伯》载孔子曰:"学如不及,犹恐失之。""笃信好学,守死善道。"《论语·述而》载孔子曰:"三人行,必有我师焉。""吾非生而知之者,好古,敏以求之者也。"《论语·子罕》载孔子曰:"吾有知乎哉? 无知也。"《论语·公冶长》载孔子曰:"十室之邑,必有忠信如丘者,不如丘之好学也。""敏而好学,不耻下问。"《论语·卫灵公》载孔子曰:"吾尝终日不食,终夜不寝,以思,无益,不如学也。"可以看出,为学是孔子人生的核心价值之一②。孔子好学在本质上也正是其践行"周道"精神的体现。

面对困难,坚持不渝。为推行"周道",孔子经历了漫长的颠沛之苦,让孔子"累累若丧家之狗"(《史记·孔子世家》)。即便如此,孔子不改初衷,坚定"周道"可行,依然有"无终食之间违仁,造次必于是,颠沛必于是"(《论语·里仁》)的精神,"惟君子能处一切境而不去仁,在一切时而无不安于仁"③。子贡认为孔子应该将政治目标"少贬"以便于统治者接受,而孔子告子贡"予一以贯之"(《论语·卫灵公》),仍然超脱地"慷慨讲诵,弦歌不衰",对"周道"一以贯之地执着。他从不因处境不同而改变自己的节操,即使身处困厄,也始终坚持自己的追求。对父母之邦鲁国"自大夫以下皆僭离于正道"(《史记·孔子世家》)的现实,孔子毅然决定离开;对于重兵问策的孔文子,孔子辞以不知;对于杀贤伤义的赵简子,孔子止步岸边,不与会晤;看到卫灵公与南子"招摇过市",孔子深以为耻,同样选择了离开。即使到晚年,孔子面对周公礼乐制度依然"不逾矩"(《论语·为政》),以"久矣吾不复梦见周公"(《论语·述而》)来坚持"朝闻道,夕死可矣"(《论语·述而》)的执着追求和"笃信好

---

① 钱穆:《论语新解》,北京:生活·读书·新知三联书店,2002 年版,第 4—5 页。

② 孙桂平:《孔子的学习思想综述》,《河海大学学报(哲学社会科学版)》,2006 年02 期。

③ 钱穆:《论语新解》,北京:生活·读书·新知三联书店,2002 年版,第 88 页。

学,守死善道"(《论语·泰伯》)的坚定信念。

　　孔子为"天下有道"而奔走各诸侯国,保持乐观态度,希望通过重振"周道疲敝"挽救"乱世",再现"文武之道"。诚如杨朝明所言,孔子的学说虽然有一个不断发展的过程,但也的确有一个始终不离的中心,这就是孔子对现实社会秩序的关切①,也即孔子从恢复"周道"出发,用言行回答社会中出现的种种问题。直到晚年,孔子还不忘自己的"道",担心"病没世而名不称",无以"自见于后世"。在生命的最后时刻,孔子发出"甚矣吾衰也,久矣吾不复梦见周公"(《论语·述而》),"太山坏乎! 梁柱摧乎! 哲人萎乎"(《史记·孔子世家》)的叹息。显然,"周道"始终是孔子精神上的慰藉与实践上的追求。正如康有为强调的那样,孔子之道"无声无臭,乃为天载。如五色之珠,说青道黄,人各有见,而皆不得其真相者也"②。孔子求道的过程,在本末、大小、精粗中无所不备。这是以救世为情怀、为前提的,其一切思想均围绕用"周道"救世而展开。

　　若要正确理解《论语》"寝不尸",我们还可以从对孔子产生重要影响的《尚书》中得到启示。《尚书·五子之歌》载:"太康尸位,以逸豫灭厥德。"蔡沉注曰:"尸,如祭祀之尸,谓居其位而不闻其事,如古人所谓尸禄、尸官者也。"③钱宗武注曰:"古代享用祭祀的主位,此指居位尊贵却无所作为。"④黄怀信注曰:"尸位,不做事,空占君位。"⑤《尚书·胤征》曰:"羲和尸厥官,罔闻知。"黄怀信注曰:"尸,空占官位。"⑥王充《论衡·量知》曰:"无道艺之业,不晓政治,默坐朝庭,不能言事,与尸无异,故曰尸位。"《尚书》为史官所录,孔子删纂而成。《史记·孔子世家》载:

---

　　① 杨朝明:《论语诠解》,济南:友谊出版社,2013 年版,第 17 页。
　　② 康有为:《论语注》,姜义华、张荣华编校《康有为全集》(第 6 集),北京:中国人民大学出版社,2007 年版,第 529 页。
　　③ 蔡沉:《书集传》,北京:中华书局,2010 年版,第 67 页。
　　④ 钱宗武:《尚书》,北京:国家图书馆出版社,2017 年版,第 115 页。
　　⑤ 黄怀信:《尚书注训》,济南:齐鲁书社,2009 年版,第 73 页。
　　⑥ 黄怀信:《尚书注训》,济南:齐鲁书社,2009 年版,第 79 页。

"孔子之时,周室微而礼、乐废,《诗》《书》缺。追迹三代之礼,序《书》传,上纪唐、虞之际,下至秦穆,编次其事。"经过编辑的《尚书》,也必然体现出孔子与早期儒家的思想特征,而《论语》是孔门"弟子取其正实而切事者"①认真编排而成,编纂目的是保存"夫子本旨",传承真实的孔子精神与儒学精髓。《论语》直接反映了孔子与早期儒家的思想,故《尚书》之"尸"与《论语》之"尸"的意蕴必然存在相通之处。纵观孔子从政、教学育人、学术追求等,"尸""尸位"观呈现出的是"空占其位""巧言令色"等不能担当社会大任之徒,与孔子提倡的"学道""志道""弘道"的精神追求和实践方式相悖。故有《论语·乡党》"寝不尸"之说。

第四节　"寝不尸"与《乡党》篇意蕴

春秋时期,诸侯放恣,掳财掠民,践踏礼乐,以致"周郑交质""齐楚窥鼎""陪臣执国命",周室"裂分为二",天子之势式微,诸侯、大夫、家臣以下克上,政治生活的决定权已经从天子、诸侯散落到大夫、家臣手中,社会更加动荡不安。其时齐侯与臣子夫人私通,被弑;晋国大臣互换妻子;陈国灵公宣淫于朝;鲁国昭公被逐,客死异乡。原有的君臣、父子秩序混乱为"君不君,臣不臣,父不父,子不子"(《论语·颜渊》)。周礼遭到严重破坏,祭祀时多有不恪守周礼的现象。经过 14 年周游列国后,孔子在暮年返回鲁国,"然鲁终不能用孔子"(《史记·孔子世家》)。孔子虽居乡党,亦不因政治上的失意而消沉,反而希望通过乡间家庭伦理的建设推动政治治理,即其所谓"孝乎惟孝,友于兄弟,施于有政"(《论语·为政》)。所以,孔子在乡党依然十分勤奋,以"不知老之将至"(《论

① 孔安国:《孔子家语后序》,杨朝明《孔子家语通解》,济南:齐鲁书社,2009 年版,第 578 页。

语·述而》)的情怀心系天下,以"知者不惑,仁者不忧,勇者不惧"(《论语·子罕》)的精神、"用之则行,舍之则藏"(《论语·述而》)的洒脱,寻求"善贾而沽诸"(《论语·子罕》)。

孔子的先人为宋代贵族,受益于鲁国的周礼文化,孔子"为儿嬉戏,常陈俎豆,设礼容"(《史记·孔子世家》)。成年后,孔子更是遵循周礼,曰:"夏礼吾能言之,杞不足征也。殷礼吾能言之,宋不足征也。文献不足故也。足,则吾能征之矣。"(《史记·孔子世家》)孔子时时处处都以"吾从周"(《论语·八佾》)和"克己复礼"(《论语·颜渊》)作为行事准则。孔子希望用周礼"恢复"社会秩序。《论语》也多处将"周礼"与治国相联系,如:"为国以礼"(《论语·为政》),"君使臣以礼"(《论语·八佾》),"能以礼让为国乎"(《论语·里仁》),等等。孔子认为:"明乎郊社之礼,禘尝之义,治国其如示诸掌乎。"(《礼记·中庸》)当禘祭中出现僭制行为,孔子以"不欲观之矣"(《论语·八佾》)予以批评。孔子对其他违礼的行为深深愤慨,感叹当下社会是:"觚不觚,觚哉!觚哉!""谁能出不由户?何莫由斯道也?"(《论语·雍也》)孔子感到所主张的"周道"不被时代认可,不能在诸侯中行道复礼。但是孔子并没有放弃,以己之力从"近譬"(《论语·雍也》)一步步去遵守周礼,践行"周道"。匡亚明认为:"孔子一生以维护、恢复'周礼'为己任,他的各项政治主张都是从这个总目标出发而提出的。"①李泽厚也说:"无论哪派研究者恐怕都很难否认孔子竭力维护、保卫'周礼'这一事实。《论语》讲'礼'甚多,鲜明表示孔子要求人们从各方面恢复或遵循'周礼'。"②

《论语·乡党》篇多讲"圣人容色言动",言孔子举止言谈、衣食住行、生活习惯之事。关于《论语·乡党》,历来有不少关注和研究。皇侃曰:"《乡党》者,明孔子教训在于乡党之时也。所以次前者,既朝廷感

---

① 匡亚明:《孔子评传》,南京:南京大学出版社,1990 年版,第 254 页。

② 李泽厚:《中国古代思想史论》,北京:人民出版社,1986 年版,第 8 页。

希,故退还应于乡党也。"又说:"此一篇至末,并记孔子平生德行也。于乡党,谓孔子还家教化于乡党中时也。"①杨朝明引朱熹语"《乡党》记圣人动容周旋,无不中礼",引清人刘太拱《论语骈枝》为"记礼之书"②。从《论语·乡党》看,孔子闲居时生活起居、日常生活之形貌,都与其遵守礼仪有关。孔子无论在朝为政、摈相事君,还是闲居修身、成俗化民,都抱定对"周道"的耕耘。乡党成为孔子实现"天下有道"的重要一步,为政治国俱在此植基。《论语·乡党》中所记录多是孔子生活中严守礼容的事例。如:

孔子于乡党,恂恂如也,似不能言者。其在宗庙朝廷,便便言,唯谨尔。朝,与下大夫言,侃侃如也;与上大夫言,訚訚如也。君在,踧踖如也,与与如也。

入公门,鞠躬如也,如不容。立不中门,行不履阈。过位,色勃如也,足躩如也,其言似不足者。摄齐升堂,鞠躬如也,屏气似不息者。出,降一等,逞颜色,怡怡如也。没阶,趋进,翼如也。复其位,踧踖如也。

食不厌精,脍不厌细。食饐而餲,鱼馁而肉败,不食。色恶不食,臭恶不食,失饪不食,不时不食。割不正不食,不得其酱不食。肉虽多,不使胜食气;唯酒无量,不及乱。沽酒市脯不食,不撤姜食。不多食。祭于公,不宿肉。祭肉,不出三日;出三日,不食之矣。食不语,寝不言。虽疏食菜羹,瓜祭,必齐如也。

席不正,不坐。

君赐食,必正席先尝之。君赐腥,必熟而荐之。君赐生,必畜之。侍食于君,君祭,先饭。

入太庙,每事问。

---

① 皇侃撰、高尚榘点校:《论语义疏》,北京:中华书局,2013 年版,第 233 页。
② 杨朝明:《论语诠解》,济南:山东友谊出版社,2013 年版,第 184 页。

朋友之馈,虽车马,非祭肉,不拜。

见齐衰者,虽狎,必变。见冕者与瞽者,虽亵,必以貌。凶服者式之,式负版者。有盛馔,必变色而作。迅雷风烈,必变。

升车,必正立,执绥。车中,不内顾,不疾言,不亲指。

面对社会动荡、价值观混乱的"无道"现实,孔子于乡党,亲身实践着自己对儒者立身处世与对圣贤之道的理解。钱穆《论语新解》曰:"本篇记孔子居乡党,日常容色言动,以见道之无不在,而圣人之盛德,亦宛然在目矣。"①钱穆进一步指出:"孔子一生,车辙马迹环于中国,行止久远,无不得乎时中。而终老于阙里。其处乡党,言行卧起,饮食衣着,一切以礼自守,可谓谨慎之至,不苟且,不鲁莽之至。"②《论语·乡党》记述孔子在闲居生活中遵守周礼,力求日常琐碎之事合乎周礼,实践周道。朱熹《论语集注》引杨氏曰:"圣人之所谓道者,不离乎日月之间也。"③在孔子的感召下,弟子也都务实好学,注重提升自我人格修养,希望成为修道、弘道的君子。如曾子的"三省吾身"(《论语·学而》),子路的"有闻,未能行之,唯恐又闻"(《论语·公冶长》)、"君子之仕也,行其义也"(《论语·微子》),子张的"书诸绅"(《论语·卫灵公》),等等。孔子居乡党,不止于洒扫应对进退之节、礼乐射御书数之文等人伦日用,更力行社会关怀、政治主张等。乡党成为孔子及弟子们"就有道而正"(《论语·学而》)的重要环节。

孔子心怀救世的职责与担当,一生都在积极入世,为改变天下的无序、恢复"周道"而奋斗。在孔子看来,"道也者,不可须臾离也,可离非道也"(《礼记·中庸》),用"鸟兽不可与同群,吾非斯人之徒与而谁与"(《论语·微子》)坚定自己的政治目标,批评遁世之徒,认为他们是逃避

---

① 钱穆:《论语新解》,北京:生活·读书·新知三联书店,2002 年版,第 249 页。
② 钱穆:《论语新解》,北京:生活·读书·新知三联书店,2002 年版,第 270 页。
③ 朱熹:《论语集注》,北京:商务印书馆,2015 年版,第 179 页。

责任。孔子就是把自己与弟子的日常生活注入道的精髓,在尊道的过程中感到充实,从而体现出自身存在的意义与价值。孔子为道是义无反顾的,晚年感叹自己"甚矣吾衰也!久矣吾不复梦见周公"(《论语·述而》),表现为"知其不可而为之"(《论语·宪问》),已"知其不可",却"一以贯之"地"为之"。所以,孔子期待的"士"不能尸位素餐,而要"一以贯之"地求道、问道、讲道、明道、传道、用道、行道等①,承担社会道义,在其位上尽忠职守,心怀天下,勇于担当。孔子明白实现"天下有道"是一个漫长的过程,故"居处恭,执事敬,与人忠,虽之夷狄,不可弃也"(《论语·子路》)成为孔子的一贯风格,他一生席不暇暖,无论何时、何地,都严于律己、注重力行,坚持不懈地实践"周道"。这是孔子求道的精神魅力,也是孔子把"道"与生命联系在一起,对"天下无道"的愤慨和对"天下有道"理想社会的奋力追求,呈现出儒学的真精神。康有为曾言:"孔子圣之时者也。若其广张万法,不持乎一德,不限乎一国,不成乎一世,盖浃乎天人矣!"②这说明,孔子之道并不是为某一个政权、某一具体当政者所作的谋划,而是提出一种关于社会结构及与之相适应的精神文化形态的理想化的社会模式。③ 前期的艰辛与挫折,也曾让孔子迷茫与困惑,在《论语·乡党》"色斯举矣"章,孔子用"山梁雌雉"感慨自己在政治上遭到的冷遇。④ 闲居生活使孔子不断反思,审时度势,用人生阅历悟透尧、舜、禹、汤、文、武、周公,尤其是文、武、周公的圣王境界,思考如何担当天下,担当道义,恢复周初盛世。

---

① 周宝银、黄怀信:《"从一以贯之"到"天下有道"》,《甘肃社会科学》,2016 年 06 期。

② 康有为:《春秋笔削大义微言考》,姜义华、张荣华编校《康有为全集》(第 6 集),北京:中国人民大学出版社,2007 年版,第 3 页。

③ 刘振东:《中国思想史上第一次提出的社会原则和社会理想——论孔子之"道"的性质、意义和影响》,《孔子研究》,1995 年 04 期。

④ 陆岩军:《〈论语〉"色斯举矣"章新解》,《孔子研究》,2014 年 02 期。

第五节　"寝不尸"解读

孔子"祖述尧舜,宪章文武""不语怪、力、乱、神""述而不作"(《论语·述而》)等学说特征,说明了孔子尊重古文献原意,这也决定了《论语》"寝不尸"之"尸"与《尚书》《礼记》《左传》等同时代文献用法相近,也即扮作父祖形象并代父祖之神受祭之人,配有尊享。"不尸"则是不能像"尸"一样作"代受祭者"接受祭祀,空有尊享,空占其位,无其实责。《论语》"寝不尸"可作此理解:(孔子)即使睡前躺下了,也忧心乱世,思考如何恢复周道秩序,而不是像"尸"那样供人尊享,"居其位而不闻其事"(做替代品,不能履职,没有实质的社会贡献)。这反映了孔子从恢复"周道"角度对天下进行整体的、系统的、全局的思考,"一以贯之"地追求"天下有道"。

《论语》作为语录体著作,每一章句皆为门人"审视而详记之"。通读《论语》及相关文献,我们发现孔子在少年时代就立志于改变社会混乱的现状,为之求索一生、奋斗一生。孔子一生多挫折和磨难,《论语·子罕》载孔子言:"吾少也贱,故多能鄙事。"《史记·孔子世家》记其政治实践:"已而去鲁,斥乎齐,逐乎宋、卫,困于陈、蔡之间,于是反鲁",结果落得"无所遇""道难行"。由此,孔子时常感叹"天下无道""礼崩乐坏",因"时"感伤。

上博简《孔子诗论》第 25 简有"《有兔》不逢时"①之论。时而,孔子用"时"宽慰自己,《孔丛子·记问》载孔子曰:"今非其时吾何求。"《孔子家语·在厄》载孔子曰:"君子博学深谋而不遇时者众矣,何独丘哉!"孔

---

① 马承源主编:《上海博物馆藏战国楚竹书》(一),上海:上海古籍出版社,2001年版,第 155 页。

子晚年所作《易传》最能够体现孔子"时"的哲学思想。诚如康有为所言:"圣人之道甚多,要权其时地、轻重、大小各有当也,学者宜尽心焉。"①孔子与弟子在一起,能够做到"能近取譬"(《论语·雍也》)地对弟子进行教育。如"色斯举矣"章,孔子面对"山梁雌雉",教育子贡即便所处非"时",行止也要符合"时中之道",知"时"而动。②"颜渊、季路侍",孔子展示理想社会应该"老者安之,朋友信之,少者怀之"(《论语·公冶长》);闵子骞、子路、冉有、子贡"侍侧",弟子神态各不相同,孔子评价子路"不得其死然"(《论语·先进》);"子路、曾皙、冉有、公西华侍坐",各言其志,孔子赞成曾点"莫春者,春服既成,冠者五六人,童子六七人,浴乎沂,风乎舞雩,咏而归"(《论语·先进》),展现出洒脱的一面;"樊迟从游于舞雩之下",孔子以"先事后得""功其恶,无攻人之恶""忘其身以及其亲"(《论语·颜渊》)相教,子路生出"何学之有"的疑惑时,孔子以"括而羽之,镞而砺之,其入之不亦深乎"(《孔子家语·子路初见》)进行引导等。孔子更是把日常生活与追求"文武之道"联系起来,不忘随时随地教导弟子要恢复周礼,谋求"周道"。孔子"寝不尸,居不客"与周公"一沐三握发,一饭三吐哺"(《史记·鲁周公世家》)在精神上一脉相承,都有坚定的信仰和价值追求。"寝不尸,居不客"看似是孔子日常起居的写照,实际是孔子在"循道弥久,温温无所试、莫能己用"(《史记·孔子世家》)的情况下,居乡党"修己以敬",继而"修己以安人",最终"修己以安百姓"(《论语·宪问》)的实践。这反映的是孔子对"周道"的一种执着与笃定的精神境界。由此,"寝不尸"作为一种求道的执着精神,成为历代儒者追求"内圣外王"相融合的至高典范。

探究《论语》"寝不尸"的深层意蕴,把握孔子从无道乱世走向有道

---

① 康有为:《论语注》,姜义华、张荣华编校《康有为全集》(第 6 集),北京:中国人民大学出版社,2007 年版,第 407 页。

② 杨朝明:《〈论语·乡党〉末章的意蕴》,《燕山大学学报(哲学社会科学版)》,2014 年 01 期。

太平的"一以贯之"的精神,对于摒弃"尸位素餐"的行为与观念,提升为政者奉公尽责有重要意义。《尔雅·释诂》曰:"尸,寀也。""寀、寮,官也。"①"尸"既是神主,也含有官职、官位的意思。《汉语成语词典》曰:"尸位,占有职位而不尽职守;素餐,吃闲饭。""尸位素餐"历来被作为官员政治上"不作为"的经典概括,更为历代儒者所不齿。《诗经·魏风·伐檀》:"彼君子兮,不素餐兮!"《伐檀》,刺贪也。在位贪鄙,无功而受禄,君子不得进仕尔。"②《汉书·朱云传》:"今朝廷大臣,上不能匡主,下亡以益民,皆尸位素餐。"《三国志·魏书·孙礼传》:"此臣软弱不胜任,臣亦何颜尸位素餐?"王符《潜夫论·思贤》:"虚食主禄,素餐尸位而事淫侈,坐作骄奢,破败而不及传世者也。"曹植《矫志诗》:"尸位素餐,难以成居。"王维《游悟真寺》:"薄宦惭尸素,终身拟尚玄。"白居易《适意二首》:"三年作谏官,复多尸素羞。"朱熹《答刘平甫书》:"比之尸位素餐、口含瓦石者,不可同年语矣。"鲁迅《集外集拾遗补编·为北京女师大学生拟呈教育部文二件》载:"窃杨荫榆到校一载,毫无设施,本属尸位素餐,贻害学子。"鉴于"尸位素餐"的社会危害,习近平总书记于2014年10月8日在党的群众路线教育实践活动总结大会上表示对于"尸位素餐"者还需大力治之,指出:"党的干部都是人民公仆,自当在其位谋其政,既廉又勤,既干净又干事。……我们做人一世,为官一任,要有肝胆,要有担当精神,应该对'为官不为'感到羞耻,应该予以严肃批评。"③"对那些'为官不为'者,要下猛药、出重拳,以严的纪律惩治'为官不为',以严的制度破除'为官不为',要形成科学的监督机制和考核机制,形成'庸者下、平者让、能者上'的选人用人导向,让那些敷衍了事、得过且过、无所作为的干部混不下去,让不干事者让位置、让想干事

---

① 管锡华译注:《尔雅》,北京,中华书局,2014年版,第42页。
② 朱熹集传:《诗经》,上海:上海古籍出版社,2013年版,第131页。
③ 习近平:《在党的群众路线教育实践活动总结大会上的讲话》,《人民日报》,2014-10-09(02)。

者有舞台,让党员干部思想上始终绷紧'为官有为'的一根弦,自觉增强责任意识,自觉保持干事创业的激情。"①责任担当是传统儒家文化的核心要义,也是"修身、齐家、治国、平天下"的精神传承。意识到责任重大,才会不避困难。孔子之后,曾子的"任重而道远"(《论语·泰伯》)、子路的"不避其难"(《史记·仲尼弟子列传》)、诸葛亮的"鞠躬尽瘁,死而后已"(《后出师表》)、范仲淹的"先天下之忧而忧,后天下之乐而乐"(《岳阳楼记》)、元好问的"为官避事平生耻"(《四哀诗·李钦叔》)、林则徐的"苟利国家生死以,岂因祸福避趋之"(《赴戍登程口占示家人》)等,都是历代儒者传承孔子"寝不尸"执着问道、不避艰险精神的典范。

毋庸讳言,从中华优秀传统文化中寻求社会文明建设资源是时代所需。孔子教育弟子要成为"君子儒",就是希望弟子们不断提升自己的格局和境界,成为担当大任的君子。甲骨文中的"儒"像一个人在洗澡,其本意为"以道艺濡之人",也就是以"仁""义""忠""信""孝""悌"等思想教人。②儒学的特质是教,儒家文化开放融摄,我们应力求以辩证法分析孔子思想,准确把握孔子之道,为后人提供切实的历史借鉴。《论语·乡党》篇谈行,谈如何去做。每个人都有自己的思维标准、荣辱观和理想人格。孔子"寝不尸"的执着求道精神,启示我们要把自己看成一个修炼者,把工作岗位看作人生道场,在道场上提升自己的人生境界。这对当下剔除腐朽落后文化、强化优秀文化根基、再塑礼仪之邦、实现文化复兴具有重要借鉴作用。"道虽迩,不行不至;事虽小,不为不成。"(《荀子·修身》)当我们每个人都能祛除浮躁之气,远离功利之风,扎根自身工作,立足岗位尽职尽责,社会自可和谐有序、健康发展,中华民族顺利实现伟大复兴的"中国梦"并长久屹立于世界民族之林的理想追求自可实现。

---

① 邵宇芳:《"习8点"为"为官不为"者敲响勤政警钟》,中国共产党新闻网,2014-10-10。

② 黄怀信:《儒本义及儒学特质》,张秋生、王洪军主编《中国儒学史研究》,济南:齐鲁书社,2004年版,第20页。

第四章　追求"天下有道"与"求诸己"
——《论语》"就有道而正焉"章释读

　　《论语·学而》篇主要讲学习问题,谈论的主要内容是"君子、孝弟、仁人、忠信、道国之法、主友之规、闻政在乎行德,由礼贵于用和,无求安饱以好学,能自切磋而乐道,皆人行之大者"①,可以概括为"周道"。《论语》"就有道而正焉"章出自《论语·学而》篇,与"好学"存在密切关系,但此章之"道"长期以来一直被解释为"道德"之义,若深入研究孔子"道"的意蕴,就会发现"就有道而正焉"的"道"当指孔子所向往的"圣王之道",即"周道"。孔子的整个人生以追求"周道"而展开,从政、学习、教学无不以"周道"为价值评判标准。《论语·述而》载:"述而不作,信而好古。"皇侃认为孔子是"但传旧章而不新制礼乐也"②。"述而不作"的"述"是孔子对"古代圣王"文化观的表述,"不作"是不改变"古代圣王"的宗旨,但这并不代表孔子没有自己的理解。冯友兰指出,所谓"述而不作"其实是"以述为作",就是"将原有的制度加以理论化,予以理论的根据",因而"孔子之以六艺教人,亦时有新意"。③ 冯先生所言说的"新意"就是孔子在不违背"先王之道"的原则下,对"六艺"做了适合时代的解释,并在周室衰微、礼乐崩坏的环境下,坚守"先王之道"。不论

---

　　① 邢昺:《论语注疏》,阮元校刻《十三经注疏》,北京:中华书局,1980 年影印版,第 2457 页。

　　② 皇侃撰、高尚榘校点:《论语义疏》,北京:中华书局,2013 年版,第 153 页。

　　③ 冯友兰:《中国哲学史》(上册),上海:华东师范大学出版社,2000 年版,第 55—56 页。

在个人修养层面还是政治实践层面,孔子都坚持"就有道而正"。

第一节　学术回顾

　　《论语·学而》篇载孔子曰:"君子食无求饱,居无求安,敏于事而慎于言,就有道而正焉,可谓好学也已。"揽阅历代注解,主要有三方面。一是训"道"为"道德"。如何晏《论语集解》曰:"有道者,谓有道德者。正,谓问事是非。"①皇侃《论语义疏》曰:"有道,有道德者也。若前学之言行心有疑昧,则往就有道德之人决正之也。"②邢昺《论语注疏》曰:"有道,谓有道德者,正,谓问事是非。言学业有所未晓,当就有道德之人正定其是之与非。"③刘强《论语新识》也认为"道"是"道德"之意。④罗天昇《〈论语〉今注今释》也曰:"有道,有道德的人。"⑤以上训解一脉相承,解释"道"为"道德"。二是训"道"为有道德或才艺之人。如李炳南《论语讲要》曰:"有道,是有道德而学有专长之人。"⑥钱穆《论语新解》曰:"有道,言有道德或道艺之人。"⑦孙善钦《论语本解》曰:"有道,有德有才艺之人。"⑧三是训"道"为"自然之理"。朱熹《论语集注》曰:"凡言道者,皆谓事物当然之理,人之所共由者也。"⑨总之,"就有道而

　　① 何晏集解、孙燫生整理:《论语集解》,北京:北京时代华文书局,2015 年版,第 7 页。
　　② 皇侃撰、高尚榘校点:《论语义疏》,北京:中华书局,2013 年版,第 19 页。
　　③ 邢昺:《论语注疏》,阮元校刻《十三经注疏》,北京:中华书局,1980 年影印版,第 2458 页。
　　④ 刘强:《论语新识》,长沙:岳麓书社,2016 年版,第 26 页。
　　⑤ 罗天昇:《〈论语〉今注今释》,香港:新天出版社,2019 年版,第 17 页。
　　⑥ 李炳南:《论语讲要》,武汉:长江文艺出版社,2011 年版,第 12 页。
　　⑦ 钱穆:《论语新解》,北京:生活·读书·新知三联书店,2002 年版,第 19 页。
　　⑧ 孙善钦:《论语本解》,北京:生活·读书·新知三联书店,2009 年版,第 8 页。
　　⑨ 朱熹:《论语集注》,北京:商务印书馆,2015 年,第 88 页。

正焉"章涉及儒者的"食、居、事、言、道、学"方面,通过对读相关文献,"就有道而正焉"之"道"并非仅仅指"道德"或"有道德或才艺之人",抑或"当然之理",而是另有深意。

第二节 孔子之"道"的意蕴

儒家传世文献基本上都涉及孔子的"道",孔子自己曾言"吾道",曾参言"夫子之道",孟子言"孔子之道",由此引出了历代学者对孔子之"道"和儒学"道"统的孜孜探索。准确把握孔子之"道",对于理解孔子整个思想体系具有重要意义。对于整部《论语》来说,首章具有"开宗明义"之功能。因而,有学者把孔子对"道"的坚持提升到了更高境界,认为《论语·学而》开篇第一章"学而时习之",讲的就是孔子对道的坚持。具体可分为三个层次。孔子说:"如果我的学说被时代(或社会)所采用,那不就太值得高兴了吗?(退一步说,如果时代没采用),可是有很多赞同我的学说的人从远方而来(和我一同讨论问题),不也很快乐吗?(再退一步说,不但社会没采用,而且人们也不理解我的学说),我也不恼怒,不也是位有道德修养的君子吗?"[①]《论语》一书中"道"多次出现,含义涉及道路、规矩与处事原则、合理的方法、公正、理想与目标、学术、精神价值与终极信仰等。[②] 诸如《论语·里仁》载孔子曰:"朝闻道,夕死可矣。"《论语·泰伯》载孔子曰:"笃信好学,守死善道。"《论语·公冶长》载孔子曰:"道不行,乘桴浮于海。"《论语·里仁》载:"士志于道,而耻恶衣恶食者,未足与议也。"《论语·述而》载:"志于道,据于德,依于

---

① 李启谦:《关于"学而时习之"章的解释及其所反映的孔子精神》,《孔子研究》,1996 年 04 期。

② 颜秉罡:《孔子"道"的形上学意义及精神价值》,《贵州社会科学》,2010 年 02 期。

仁,游于艺。""志,慕也"①。《史记·孔子世家》载:"(孔子)其为人也,学道不倦,诲人不厌,发愤忘食,乐以忘忧,不知老之将至。"

孔子思想上承"三代明王之政"(《礼记·哀公问》),是在"法先王"(《荀子·儒效》)的基础上,通过"述而不作"形成的。面对春秋礼崩乐坏的局面,孔子对周代的礼乐盛世有特殊感情,以"从周"自命。孔子推崇禹、汤、文、武、成王、周公等"三代之英"(《孔子家语·礼运》)之道。由于夏、殷"文献不足"(《论语·八佾》),孔子更注重周礼,尤其是文、武、周公之道。《淮南子·要略》言:"孔子修成、康之道,述周公之训。"《论语·子张》载子贡曰:"文武之道,未坠于地,在人。贤者识其大者,不贤者识其小者,莫不有文武之道焉。"子贡是孔子除颜回外最认可的学生,他认为,孔子所学即"文武之道"。而"文武之道",即指周朝文王、武王以德治世之道,周之礼乐文章皆是也。② 在孔子看来,"人能弘道,非道弘人"(《论语·卫灵公》)。事实上,孔子反对诸侯相互攻伐,赞赏齐桓公"九合诸侯,不以兵车"(《论语·宪问》),维护周王室权威,积极重振"周道疲敝"。但当时孔子面对的是"天下无道""礼崩乐坏"的社会现实,孔子始终坚守所求之"道","不降其志,不辱其身"(《史记·孔子世家》),把"道"与生命联系在一起。诚如康有为言:"孔子圣之时者也。若其广张万法,不持乎一德,不限乎一国,不成乎一世,盖浃乎天人矣!"③这说明,孔子之道"并不是为某一个政权、某一具体当政者所作的谋划,而是提出的一种关于社会结构及与之相适应的精神文化形态的理想化的社会模式"④。"道"成为孔子的一种理想境界,远远高于生

① 何晏集解、孙潝生整理:《论语集解》,北京:北京时代华文书局,2015 年版,第60 页。

② 黄怀信:《论语新校释》,西安:三秦出版社,2006 年版,第 481 页。

③ 康有为:《春秋笔削大义微言考》,姜义华、张荣华编校《康有为全集》(第 6 集),北京:中国人民大学出版社,2007 年版,第 3 页。

④ 刘振东:《中国思想史上第一次提出的社会原则和社会理想——论孔子之"道"的性质、意义和影响》,《孔子研究》,1995 年 04 期。

命意义。所以,有学者认为"道"是孔子思想理论主张的最高概括,也是孔子价值取向和价值判断的最高标准。[①]

第三节　孔子"有道"的内涵

"无道"造成社会不堪的现实,让孔子更加渴望"有道"。《史记·孔子世家》载孔子曰:"天下有道,丘不易也。"孔子主张正名辨分,安定秩序,恢复与振扬西周的礼乐文化。所以说,孔子的"道"表现出以救世为情怀的社会模式,他的一切思想和行为都围绕"道"展开,最有代表性的是在从政、学问思想、日常生活、教学等方面。孔子希望君子承担"天下有道"的重任,让"周道"按照"正"的状态运行。

一、"有道"与"从政"

面对混乱不堪的现实,孔子发出了"凤鸟不至,河不出图,吾已矣夫"(《论语·子罕》)的叹息。为恢复"有道"社会,孔子尝试从政以实践自己的"道"。孔子认为:"人道,政为大"(《孔子家语·大婚解》),"为政在于得人"(《孔子家语·哀公问政》)。孔子表露出"苟用我者,期月而已可也,三年有成"(《论语·子路》)的远大政治理想,他希望通过入仕,参与政治活动,以改变"周室衰微"的现状,重振"周道"。事实上,在鲁国的从政经历,"孔子为中都宰,一年,四方皆则之"(《史记·孔子世家》),也证实了孔子卓越的政治才能。在鲁国,孔子从政取得了很大的成功,《史记·孔子世家》记载:"孔子年五十六,由大司寇行摄相事……与闻国政三月,粥羔豚者弗饰贾;男女行者别于涂,涂不拾遗;四方之客

---

① 刘振东:《中国思想史上第一次提出的社会原则和社会理想——论孔子之"道"的性质、意义和影响》,《孔子研究》,1995 年 04 期。

至乎邑者,不求有司,皆予之以归。"齐人听说孔子当政,认为"孔子为政必霸",害怕鲁国强盛,采用黎钽的计策,"选齐国中女子好者八十人,皆衣文衣而舞《康乐》,文马三十驷,遗鲁君",鲁国君臣接受了齐国所赠的文马美女,终日迷恋声色,开始"怠于政事",郊祭后季桓子未赠祭肉给孔子,孔子忍无可忍,辞官而去。孔子至齐,齐景公打算将"尼谿"这个地方封给孔子";孔子至卫,卫灵公"喜而郊迎",给孔子的待遇是"粟六万",致粟亦如其数,孔子于卫,"有际可之仕矣"。楚国派人聘请孔子,陈国、蔡国的大夫们很害怕,他们担心"孔子用于楚,陈、蔡危矣",于是派人将孔子围了起来。楚昭王听说孔子的才能后,派兵迎孔子,让孔子脱离困境,并打算将"书社"周围地七百里封孔子。在从政实践中,孔子展现出相当的政治才能,也因此闻名于诸侯。

儒学传统总与政治相关联,为政治服务,能彻底挣脱者极少。孔子用自己的政治学说周游列国,游说诸侯,希望实现自己的政治理想,结果却是当权者"不能宗",孔子的从政实践处处碰壁。在鲁国,孔子遭受大夫季氏甚至是大夫家臣的侮辱,《列子·杨朱》载:"受屈于季氏,见辱于阳虎。"在齐国,孔子也不顺利,齐景公虽有赞扬孔子之举,也有启用孔子之意,但齐相晏婴从中阻挠,最终齐景公还是以"弗能用"(《史记·孔子世家》)作罢。孔子去卫国后,曾受卫灵公夫人南子召见,一时风光无限,但这也并未代表获得卫灵公的信任,结果也遭遇"公孙余假一出一入"(《史记·孔子世家》)的防范。在楚国,楚昭王想把"书社"封给孔子,令尹子西劝阻说:"王之使使诸侯有如子贡者乎?……王之辅相有如颜回者乎?……王之将率有如子路者乎?……王之官尹有如宰予者乎?……今孔丘得据土壤,贤弟子为佐,非楚之福也。"(《史记·孔子世家》)于是楚昭王取消了分封的打算,孔子也从楚国返回卫国。在宋国,孔子遇到了生命危险,司马桓魋想要杀孔子,孔子遭遇了"拔其树"(《论语·述而》)的恐吓。可以说,孔子的从政道路,荆棘丛生,困难重重。更为甚者,孔子因"状似阳虎",和弟子们在匡地被困五日,面临追杀危险而不畏惧,他以"自古皆有死"(《论语·颜渊》)的意志表达了"文王既没,文不在兹乎""天之未丧斯文也"(《论语·子罕》)的坚定信念。最终,孔子在学生的帮助下返回鲁国,"然鲁终不能用孔子,孔子亦不求仕"(《史记·孔子世家》)。孔子最后也没有得到实践其学说的机会。回到鲁国后,孔子继续钻研学问,培养弟子。

孔子最终明白,在"道其不行矣夫"(《礼记·中庸》)的形势下,要实现"天下有道",就必须培养"志道""弘道"的君子入仕,让其肩担"有道"使命。在教育弟子时,孔子把维护"周道"与治国联系起来,要求弟子着眼于"天下"的大格局思考问题,勉励弟子尽心求道,"克己复礼"。在《论语》中常见这样的记载:"子张学干禄""子张问政""子张问于孔子曰:何如斯可以从政矣""子路问政""子路问事君""子贡问政""子夏为莒父宰,问政""仲弓为季氏宰,问政""颜渊问为邦"等。在孔子的影响下,这些弟子都表现出了对政治的关心和从政的愿望。但是社会复杂,弟子们对于孔子"道"的领悟参差不齐,如:子贡认为孔子"言性与天道,不可得而闻也"(《论语·卫灵公》),孔子是"多学而识之者"(《论语·卫灵公》);冉求"非不说子之道,力不足也"(《论语·雍也》);子路面对"公孙不狃以费畔季氏,使人召孔子。……欲往"及"佛肸畔,使人召孔子。孔子欲往"(《史记·孔子世家》)的举措,感到深深困惑。

面对这一现实,孔子坚守"吾从周"(《论语·八佾》)的抉择,把"天下有道"的实现寄托在著书立说上。刘歆说:"昔唐虞既衰,而三代迭兴,圣帝明王,累起相袭,其道甚著。周室既微而礼乐不正,道之难全也如此。是故孔子忧道之不行,历国应聘。自卫反鲁,然后乐正,雅颂乃得其所;修《易》,序《书》,制作《春秋》,以纪帝王之道。"[①]孔子"追迹三代之礼,序《书》传,上纪唐、虞之际,下至秦缪,编次其事"。当"吾道不行"时,孔子作《春秋》。"约其文辞而指博。故吴楚之君自称王,而《春

---

① 班固撰、颜师古注:《汉书》,北京:中华书局,1962 年版,第 1968 页。

秋》贬之曰'子';践土之会实召周天子,而《春秋》讳之曰'天王狩于河阳':推此类以绳当世……《春秋》之义行,则天下乱臣贼子惧焉。"(《史记·孔子世家》)至于《诗》,孔子"去其重,取可施于礼义,上采契后稷,中述殷周之盛,至幽厉之缺,始于衽席","礼乐自此可得而述,以备王道,成六艺"(《史记·孔子世家》)。这样,孔子把自己对政治的见解寄托于学术中,期望被后世认可。显然,孔子著述是为追求社会理想,而在著书立说中似乎又可以表达自己的"天下有道"的见解。所以说,入仕从政是孔子"道"的外在展开,教学是孔子"道"的积蓄,学术是孔子"道"的期望。

孔子谈"命",更谈"天命""知天命""畏天命"。朱熹认为:"天命者,天所赋之正理也。"[①]孔子的"天命观"本身也反映出孔子对"有道"的终极使命。《论语·季氏》载子曰:"君子有三畏:畏天命,畏大人,畏圣人之言。小人不知天命而不畏也,狎大人,侮圣人之言。"君子知"道",有责任担当,小人不知"道",故"不务修身诚己"而无所畏惧。《论语·尧曰》也载孔子曰:"不知命,无以为君子也。"钱穆曰:"惟知命,乃知己之所当然。孔子知其不可为而为之,亦是知命之学。"[②]所以说,孔子提出"知天命"是为了回应所处的时代问题,以便更好地接过"文武之道",进而表现为对社会责任与使命的明确。孔子所说的"天命""知命"蕴藏了十分强烈的主体使命感和道德崇高感。[③] 孔子直到晚年,还为不能实现"天下有道"而遗憾,担心"病没世而名不称",无以"自见于后世",发出了"太山坏乎!梁柱摧乎!哲人萎乎"(《史记·孔子世家》)的叹息。

二、"有道"与"好学"

孔子 15 岁立志于学,他最重要的特点之一就是学问渊博而且毕生

① 朱熹:《论语集注》,北京:商务印书馆,2015 年版,第 256 页。
② 钱穆:《论语新解》,北京:生活·读书·新知三联书店,2002 年版,第 511 页。
③ 杨泽波:《从以天论德看儒家道德的宗教作用》,《中国社会科学》,2006 年 03 期。

好学。孔子童年就受到鲁国礼乐文化的熏陶,"常陈俎豆设礼容"(《史记·孔子世家》)。在成年后,更是积极汲取"方策"典籍的思想精华。30岁左右,已博学多才,成为当地较有名气的学者,并在阙里收徒授业。好学是孔子知识渊博的原因,更是孔子贯彻终身的精神。《论语·学而》篇主要讲学习问题,列为开篇首章,大有深意。这表明,"为学"是孔子人生的核心价值之一①。孔子一生都致力于不懈学习,达到了"发愤忘食,乐以忘忧,不知老之将至云尔"(《论语·述而》)与"日知其所亡,月无忘其所能"(《论语·子张》)的极高境界。孔子晚年喜学《易》,他阐述了《易》《彖辞》《系辞》《象辞》《说卦》《文言》等,孔子读《易》很勤,以至把编书简的皮绳都弄断了三次。《论语·述而》载孔子曰:"加我数年,五十以学《易》,可以无大过矣。"在《论语》中,反映孔子刻苦好学的记载比比皆是,如《论语·卫灵公》载孔子曰:"吾尝终日不食,终夜不寝,以思,无益,不如学也。"朱熹言:"此为思而不学者言之。"②钱穆:"人必学与人,尤必学于古之人,始获知道。学如日,静居而独思则如火。"③孔子认为,不仅要学,而且要学与思结合。《论语·泰伯》载孔子曰:"学如不及,犹恐失之。"言好学不已之状。朱熹注曰:"言人之为学,既如有所不急矣,而其心犹竦然,唯恐其或失之,警学者当如是。"④再如,《论语·述而》载孔子曰:"我非生而知之者,好古,敏以求之者也。""三人行,必有我师焉。""默而识之,学而不厌,诲人不倦,何有于我哉?"《论语·为政》载孔子曰:"学而不思则罔,思而不学则殆。"《论语·子罕》载孔子曰:"吾有知乎哉?无知也。"《论语·公冶长》载孔子曰:"十室之邑,必有忠信如丘者焉,不如丘之好学也。""敏而好学,不耻下问。"

---

① 孙桂平:《孔子的学习思想综述》,《河海大学学报(哲学社会科学版)》,2006年02期。

② 朱熹:《论语集注》,北京:商务印书馆,2015年版,第249页。

③ 钱穆:《论语新解》,北京:生活·读书·新知三联书店,2002年版,第418页。

④ 朱熹:《论语集注》,北京:商务印书馆,2015年版,第164页。

《论语·雍也》载孔子曰:"知之者不如好之者,好之者不如乐之者。"朱熹《论语集注》引范氏所言:"古者学而后入政。未闻以政学者也。盖道之本在于修身,而后及于治人。"①受孔子的影响,《孟子》末篇也终于"尧、舜、禹、汤、文王、孔子",言"善""信""美""大""圣"(《孟子·尽心下》)的进学之序,勉励弟子修身存善而后从政。《荀子》也以《劝学》篇居首,《尧问》篇突出学后而为政的逻辑。

《礼记·学记》曰:"学,然后知不足。""学"源远流长,意义深重。"好学"是"被孔子看得比忠信更为难能可贵的一种品质"②。孔子"十有五而志于学"(《论语·学而》),达到了"毋意,毋必,毋固,毋我"(《论语·子罕》)的境界,就是为了探寻文武之道,追求"有道",孔子好学本质上则是一种积极践行"道"的精神。孔子不仅自己好学,更要求弟子好学,希望弟子在学习中追求"有道",实现自己的人生价值。当弟子学习偏离"有道"时,孔子给予严厉的批评,如当"宰予昼寝",孔子斥之:"朽木不可雕也,粪土之墙不可圬也;于予与何诛。"(《论语·公冶长》)当樊迟请学稼,孔子即批评其为"小人哉"(《论语·子路》)。对"饱食终日,无所用心"的弟子,孔子评价为"难矣哉"(《论语·阳货》)。也就是说,孔子与弟子"好学"本身就是对"道"的认知与实践,释学山说:"'学习'是孔子重要的人生体验,'学习之道'是孔子用实践凝结的智慧,是具备了文字、思考、体验和实践的人生道德,是包含思想与行为的人生境界。"③这是源于孔子对"周道"长期地追求与体会。所以说,"周道"既是孔子"学"的范畴,也是其追求的最终理想和最高目标。孔子"谋道",即是不注重功名利禄与物质享受,而要"克己复礼""箪食瓢饮",以实现"天下有道"。

---

① 朱熹:《论语集注》,北京:商务印书馆,2015年版,第197页。

② 陈来:《论儒家教育思想的基本理念》,《北京大学学报(哲学社会科学版)》,2005年05期。

③ 释学山:《浅谈孔子的"学习之道"》,《南方论刊》,2013年02期。

三、"有道"与"君子"

孔子面对政治上的"不容"与"天下之无道也久矣"(《论语·八佾》)的社会现实,无法施展政治才能。所以,孔子的人生中心在于实现"天下有道",《论语》中"有道"出现 14 次,"无道"出现 12 次,如:"天下有道则见,无道则隐。邦有道,贫且贱焉,耻也。邦无道,富且贵焉,耻也"(《论语·泰伯》);"邦有道,不废;邦无道,免于刑戮","宁武子,邦有道,则知;邦无道,则愚"(《论语·公冶长》);"如杀无道,以就有道,何如"(《论语·颜渊》);"邦有道,谷;邦无道,谷,耻也"(《论语·宪问》);"邦有道,如矢;邦无道,如矢。君子哉蘧伯玉! 邦有道,则仕;邦无道,则可卷而怀之"(《论语·卫灵公》);"天下有道,则礼乐征伐自天子出;天下无道,则礼乐征伐自诸侯出……天下有道,则政不在大夫。天下有道,则庶人不议"(《论语·季氏》)。《论语·微子》载孔子怃然曰:"鸟兽不可与同群,吾非斯人之徒与而谁与? 天下有道,丘不与易也。"朱熹引程子曰:"圣人不敢有忘天下之心,故其言如此也。"引张子曰:"圣人之仁,不以无道必天下而弃之也。"①

周室衰微、社会"无道"的现实让孔子表现出强烈的忧患意识,这成为孔子"君子"教育的内在持久动力,在整部《论语》中论"君子"有 90 余次。孔子希望弟子成为"君子儒"而非"小人儒"(《论语·雍也》),而"儒"之本义,就是以"仁""义""忠""信""孝""悌"等思想教人,讲究礼乐,崇尚礼仪。②《礼记·中庸》言:"修道之谓教。"孔子认为,要追求"有道",就需要修道之"教"。孔子不仅自己好学以"谋道",也以四教"文、行、忠、信"(《论语·述而》)教育弟子好学成为"君子","如其礼乐,

---

① 朱熹:《论语集注》,北京:商务印书馆,2015 年版,第 272 页。
② 黄怀信:《"儒"本义及儒学特质》,张秋升、王洪军主编《中国儒学史研究》,济南:齐鲁书社,2004 年版,第 20 页。

以俟君子"(《论语·先进》),培养君子成为行"道"的主体,即"君子学以致道"(《论语·子张》),让弟子致力于恢复文武之道,匡正社会的无道现实。因而,"道"之于君子是一种胜于物质需求的精神追求,是人生的原则和理想,也是生命意义之所在。孔子创办私学,目的就是把普通的"士"培养成这样的"君子"。① 《论语》中的"君子",其定位是"政治精英+道德楷模",其影响在于"民众表率+社会典范"。② 《大戴礼记·哀公问五仪》载孔子对于君子的定义:"言必忠信而心不怨,怨咎仁义在身而色无伐,无伐善之色而思虑通明而辞不专。"杨朝明认为:"孔子一生谦恭,不以'圣人''贤人'自居,但始终以'君子'自期。"③ 在对《论语·子张》"君子之道,孰先传焉……君子之道,焉可诬也"章进行解释时,杨朝明认为"君子之道"就是"先王之道"。④ 简言之,在孔子看来,"道不远人,人之为道而远人,不可以为道"(《礼记·中庸》),君子是"文武之政"的继承者,"君子"就应该"亲亲而仁民,仁民而爱物"(《孟子·尽心上》),遵从先王之道,勇于担当社会责任。

孔子政治学说虽不能为时代采用,但孔子期望弟子通过"学"成为君子,获得从政的机会,传承他的思想学说,追求"有道"社会。孔子希望君子为政,是要体现"君子"治国安邦的表率作用。孔子要求君子不仅要"修己以敬""修己以安人",更要"修己以安百姓"(《论语·宪问》)。孔子担心"君子疾没世而名不称焉"(《论语·卫灵公》),无以"自见于后世"(《史记·孔子世家》)。所以,孔子希望弟子通过内外兼修,达到"文质彬彬,然后君子"(《论语·雍也》)的境界,从而让这些"君子"来承担社会"有道"的大任。

---

① 范卫红:《从"士君子之道"看孔子思想的体系》,《社会科学辑刊》,1991 年 03 期。
② 黎红雷:《孔子"君子学"的三种境界——〈论语〉首章集译》,《孔子研究》,2014 年 03 期。
③ 杨朝明:《论语诠解》,济南:友谊出版社,2013 年版,第 3 页。
④ 杨朝明:《论语诠解》,济南:友谊出版社,2013 年版,第 341 页。

四、"有道"以"正"展开

春秋时期,为生存和发展,诸侯僭越礼制,相互征伐。孟子说是"春秋无义战"(《孟子·尽心下》)。《史记·太史公自序》载:"弑君三十六,亡国五十二,诸侯奔走不得保其社稷者不可胜数。"《汉书·艺文志》曰:"及周之衰,诸侯将逾法度,恶其害己,皆灭去其籍,自孔子时而不具。"在这样的背景下,孔子所期望的先王之道遭到严重践踏。为使"文武之道,不坠于地",孔子"祖述尧舜,宪章文武"(《礼记·中庸》),其学说包含"礼""乐""政""行"等众多重要范畴,而"正"是评价其是否符合"先王之道"的标准,用"正"规范"道"的走向。所以,"正"在孔子"天下有道"的体系中,占有重要的位置。在《论语》《礼记》及《孔子家语》中,"正"多次出现,涉及诸如正行、正身、正礼、正乐、正名、正政等范畴。①

(一) 从政求"正"的实践

《礼记·大学》讲:"尧舜率天下以仁,而民从之;桀纣率天下以暴,而民从之。"孔子明白为政者的躬身示范对"小民"的影响是相当大的,故他发表政治见解,规劝当政者为政要归"正"。《论语·颜渊》载:"政者,正也。"《孔子家语·大婚解》载:"夫政者,正也。君为正,则百姓从而正矣。"面对齐景公问政,孔子的回答是"君君,臣臣,父父,子子"。孔子还进一步解释说:"为人君,止于仁;为人臣,止于敬;为人子,止于孝;为人父,止于慈。"(《礼记·大学》)君臣、父子各安其分,不能僭越身份。孔子同样强调为政必先"正名",《论语·子路》载:"子路曰:'卫君待子而为政,子将奚先?'子曰:'必也正名乎!'"孔子曾告诫当政者若"名不正",则会导致"民无所措手足"(《论语·子路》)。在遇到诸侯行事不"正"之时,孔子是坚决抵制的态度。《史记·孔子世家》载:"卫灵公问兵陈,孔子曰:'俎豆之事则尝闻之,军旅之事未之学也。'""卫孔文

---

① 周宝银、黄怀信:《从"一以贯之"到"天下有道"》,《甘肃社会科学》,2016 年 06 期。

子将攻太叔,问策于仲尼。仲尼辞不知,退而命载而行。"孔子拒绝诸侯之间的不正之战。《韩诗外传》记载:"孔子侍坐于季孙,季孙之宰通曰:'人假马,其与之乎?'孔子曰:'吾闻君取于臣谓之取,不曰假。'季孙悟,告宰通曰:'自今以往,君有取谓之取,无曰假。'故孔子正假马之言,而君臣之义定矣。"①孔子再次拒绝不正之言。对于陈湣公建造陵阳台,未完工就死了几十人,后来又抓了三个监工的官员要杀掉,孔子劝阻曰:"文王兴作,民如子来,何戮之有?"②陈湣公深感惭愧,停止了建造。

(二)恢复周初礼乐求"正"的实践

《论语注疏》"子之武城闻弦歌之声"章"君子学道"句,何晏引孔安国语"道,谓礼乐也"③,表明"道"的核心就是先王"礼乐"等思想,特别是经过周公之后,周代的礼乐为孔子最为向往。孔子本着"述而不作,信而好古"(《论语·述而》)的学术原则,始终不离正"礼"正"乐"。孔子希望用"礼乐"来规范社会,让诸侯践行"仁道",使社会呈现"有道"景象。孔子曾引导弟子各言其志,孔子表达他的志向是"老者安之,朋友信之,少者怀之"(《论语·公冶长》)。朱熹引程子曰:"孔子之志,在于老者安之,朋友信之,少者怀之,使万物莫不随其性。"④其实,这就是孔子所期望的"暮春者,春服既成。冠者五六人,童子六七人,浴于沂,风乎舞雩,咏而归"(《论语·先进》)的理想之境。

孔子反对违制,希望诸侯、卿大夫、士等遵守"周礼"。但世事并非如孔子所愿。最为遵从周礼的鲁国出现了季氏"八佾舞于庭""旅于泰山",其他"三家者以《雍》彻",孔子愤慨不已,表露出"是可忍也,孰不可忍"(《论语·八佾》)。鲁国执掌实际权力的是季孙氏、孟孙氏和叔孙

① 韩婴撰、许维遹校释:《韩诗外传集释》,北京:中华书局,1980年版,第200页。
② 孔喆:《孔子圣迹图》,济南:济南出版社,2016年版,第72页。
③ 邢昺:《论语注疏》,阮元校刻《十三经注疏》,北京:中华书局,1980年影印版,第2524页。
④ 朱熹:《论语集注》,北京:商务印书馆,2015年版,第199页。

氏,史称"三桓",孔子看不惯这种礼崩乐坏的现象,决心削弱"三桓"的势力,于是堕三都焉。孔子本想到晋国实践学术,"至于河浒",听到赵简子杀害贤大夫窦鸣犊、舜华,孔子认为这是不义之举,于是又回到了卫国(《史记·孔子世家》)。孔子71岁时,齐国陈成子杀死了齐简公,孔子沐浴后上朝,面奏鲁哀公曰:"陈恒弑其君,请讨之。"(《论语·宪问》)孔子把礼制看得比性命还重,对这种以下犯上、残忍僭越的违礼行为异常愤慨。孔子坚决反对子贡去掉祭祀的"饩羊",他说道:"赐也!尔爱其羊,我爱其礼。"(《论语·八佾》)孔子认为,礼万不可违背,更不可废弃。

孔子对"乐"也相当关注,身体力行从各个方面对"乐"进行约束,使之符合周礼。《论语·阳货》曰:"恶紫之夺朱也,恶郑声之乱雅乐也。"《孟子·尽心下》引孔子言:"恶郑声,恐其乱乐也。"在孔子看来,"郑卫之乐"是对感官耳目之欲的满足,是对人情放任不约束的迎合,这对于为政为邦的作用是非常消极的。孔子明确将"郑卫之音"作为雅乐的对立面提出来,定为"淫",提出"放郑声,远佞人"(《论语·卫灵公》)的主张。对于"复乐求正",孔子身体力行地推行了一系列正乐的措施。鲁定公十年春,齐鲁两国君主夹谷相会,孔子当时摄相事,斥齐国的礼乐为"夷狄之乐",诛"优倡侏儒"(《史记·孔子世家》)。孔子周游列国时,所到之处也都要适时演习礼仪,弦歌讲诵,子路问"成人",孔子说:"文之以礼乐,亦可以成人矣。"(《论语·宪问》)颜渊问"为邦",孔子说:"行夏之时,乘殷之辂,服周之冕,乐则《韶》《舞》。"(《论语·卫灵公》)孔子主要是从政治教化的角度去讲"乐"。在孔子的努力下,最终是"《雅》《颂》各得其所"(《论语·子罕》)。

林语堂言:"孔子的思想是代表一个理想的社会秩序,以伦理为法,以个人修养为本,以道德为施政之基础,以个人正心修身为政治修明之根柢。"①在天下无道、时运不济时,孔子用"正"的标准思考社会治乱问题,对天下"无道"现象致力纠正。所以,"正"是孔子评价社会上的"礼""乐""政""行"等是否符合"先王之道"的标准,是孔子之"道"最核心的内容。②

第四节 "就有道而正焉"解读

"就有道而正焉"的主语——"君子",是"道"的承担主体,是孔子所期望的理想人格,在社会中是有表率作用的。"就有道而正焉"之"有道"训为"有道德者""才艺之人"或"自然之理"不合孔子原意,也与孔子践行的"道"相异。所以,康有为注曰:"有道,谓有道术。正,谓问其是非。"③"学"在《论语》首章指"学说或学说成就"之意④,也即孔子所期望的学"道"。

此章实际上表明了孔子追求"有道"、拒绝"无道"。孔子培养弟子成为君子,要求其居、行、言符合"道",认为这才是真正好的"学问"。具体而言可分为三个层次:一是"君子食无求饱,居无求安",反映出孔子"忧道不忧贫""谋道不谋食"的生活宗旨;二是"敏于事而慎于言"与"讷于言而敏于行"(《论语·里仁》)、"在宗庙朝廷,便便言,唯谨尔"(《论语·乡党》)相近,意指少说话,多做事,勉励践行"周道";三是"就有道而正焉,可谓好学也已",反映孔子希望君子追求"有道",拒绝"无道",希望纠正天下"不正"行为,这才是"道"的真谛所在。"就有道而正焉"

① 林语堂:《孔子的智慧》(导言),长沙:湖南文艺出版社,2016 年版,第 4 页。
② 周宝银、黄怀信:《从"一以贯之"到"天下有道"》,《甘肃社会科学》,2016 年 06 期。
③ 康有为著、楼宇烈整理:《论语注》,北京:中华书局,1984 年版,第 13 页。
④ 李启谦:《关于"学而时习之"章的解释及其所反映的孔子精神》,《孔子研究》,1996 年 04 期。

的"道"指孔子所向往的先王之道,特别是文武之道,表达出孔子在行"道"过程中贯穿"正"的原则,冀以实现天下"有道"的尝试。此章大意为:"君子,吃饭不要求饱足,居住不要求舒适;但是对于事情要谨慎分辨,说话谨慎(行事、说话要合道),这样就可以接近文武之道而纠正社会上不合道的行为,这是'道'的基本标准。"

纵观孔子的学习、教学、从政经历,我们可以发现孔子注重实践,强调力行的中心是围绕"周政",力图使为政者效法文武治国之道。"文武之政,布在方策"(《礼记·中庸》),"文武之道,未坠于地"(《论语·子张》)为孔子系统总结、继承并发展以前的文化提供了可能,打破了"学在官府"的传统,使其与弟子们成为"就有道而正"最早的实践者。

《礼记·大学》曰:"大学之道,在明明德,在亲民,在止于至善。"儒家教育的目标在于培养人的高尚品格,在于赋予人新的"生命",止于完美的境界。知道止于完美的境界之后,人生追求才有稳定的宗旨。当前,需要向全世界发出中国声音,展现中国文化魅力。故要发掘孔子和《论语》的核心要义,发挥儒家学的教化作用,而最为紧要的就是要有"就有道而正焉"的意识。《孔子家语·王言解》载孔子曰:"虽有国之良马,不以其道服乘之,不可以道里;虽有博地众民,不以其道治之,不可以致霸王。"李泽厚《论语今读》在"就有道而正焉"章《记》言:"这种崇高的人生责任感,便也是'生的意义'所在,这也就是孔门的所谓'学',强调'普渡众生''我不入地狱谁入地狱'的思想基础,同时也可与以'拯救'为重心的基督教相比较。儒学的'拯救'也许更为'世俗'(如上述的伦常日用)更为现实(即此岸性、一个世界内),但其'拯救'精神并不亚于宗教徒。儒学的'朝问道夕死可矣'以及'成人取义''视死如归'便不只有道德意义而已。"①因而,"就有道而正焉"是孔子对人生价值的追求,在今天尤具理论价值与社会意义。

---

① 李泽厚:《论语今读》,北京:生活·读书·新知三联书店,2004年版,第44页。

可以说,"贫而乐"章、"寝不尸"章的主旨都是孔子"就有道而正"精神的内在体现,是孔子从"内圣"通向"外王"的积聚。所以说,重新挖掘、梳理、审视这些章句的思想,不仅能还原经典的原始意义,更能使经典本身得以延展,为今后优秀传统文化的发展开示道路。习近平总书记在十九大报告中指出:"深入挖掘中华优秀传统文化蕴含的思想观念、人文精神、道德规范,结合时代要求继承创新,让中华文化展现出永久魅力和时代风采。"①如何有效汲取儒学的文化营养,应用于当今的执政治国,意义非凡。孔子"就有道而正焉"的精神告诉世人,应该克制好恶之欲,相较于追求物质生活,更应看重精神生活与社会责任的承担。《论语·颜渊》载孔子曰:"政者,正也。子帅以正,孰敢不正?"《论语·子路》载孔子曰:"其身正,不令而行;其身不正,虽令不从。"孔子希望从政者具有高尚的道德情操,超越世俗功利羁绊,深入自己的细微之处,克服不正之风。《论语·宪问》载孔子曰:"古之学者为己,今之学者为人。"孔子明确批评人前卖弄学识等不正当之风,劝导人们抱持正当、向上的学习动机。"学以致其道"是儒家"内圣"的重要范畴,就是要弘道行道,为国家尽己之力。"大道之行,天下为公。"实现伟大复兴的"中国梦",要求每个人立足自己的工作岗位,积极投身于社会主义事业,注重力行,坚持不懈,时刻警醒自我,做到"就有道而正焉"。不论从事何种工作,都要以人民为中心,树立正确的理想信念,坚定自己的修为,在坚守信念的过程中去实现自己的人生意义和价值。

---

　　①《中国共产党第十九次全国代表大会文件汇编》,北京:人民出版社,2017年版,第34页。

第五章 "内圣外王"传承的教育方式
——《论语·雍也》"能近取譬"章释读

　　孔子开展的教育是培育追求理想人格、能为社会所用的"成人"的教育，为提升教育效果，孔子经常以日常生活隐喻作比，或引经据典，含蓄委婉，即"能近取譬"的方式。"能近取譬"位于《论语·雍也》篇末，不仅是孔子对子贡进行"仁"教的方式，而且是孔子之"道"独特的传承方式。孔子论学，以仁为上，而又绝不轻诺于人。《论语·述而》载孔子曰："若圣与仁，则吾岂敢？"但是"仁"绝非不可达到。《论语·子路》载孔子曰："刚、毅、木、讷近仁。"《论语·述而》载孔子曰："仁远乎哉？我欲仁，斯仁至矣。"《孟子·尽心上》曰："强恕而行，求仁莫近焉。"在孔门日常生活中，经常会出现"能近取譬"式的交流，以事或物为喻以表达思想。从孔子整个思想体系分析，"能近取譬"内涵旁涉孔子之仁学、子贡在孔门的地位、孔子与子贡的特殊关系、因材施教及孔子"仁"教思想等，其背后蕴藏着孔子及早期儒家"仁内义外"的思维模式。"能近取譬"这一言谈方式，正是采用摆事实、讲道理、推类比较的说服方法，使他人明白事理，帮助他人解决价值选择上的难题，激发人内心的认识。我们挖掘孔子"能近取譬"方法的原貌，让其凸显当代价值，对于当下的理论阐释、教育方式改进、人际关系改善都有重要意义。

<h1 style="text-align:center">第一节　学术回顾</h1>

　　《论语·雍也》篇是在《论语·公冶长》篇的基础上,继续论述"临民之道"、"为仁"之法、"中庸之德"等思想观念。《论语》材料皆是"弟子取其正实而切事者"①,然后认真编排而成,编纂目的是保存"夫子本旨"。编者置"能近取譬"于此篇最后一章,可见深意。其原文如下:"子贡曰:'如有博施于民而能济众,何如? 可谓仁乎?'子曰:'何事于仁! 必也圣乎! 尧舜其犹病诸! 夫仁者,已欲立而立人,已欲达而达人。能近取譬,可谓仁之方也已。'"历代注疏家大都把"能近取譬"解读为一种由己及仁、由近及远、推而广之的忠恕之道。本章就目力所及,将具有代表性的观点撮要述之。《说文解字》曰:"譬,谕也。"即打比方,用比喻使对方明白。《康熙字典》引徐锴的注说:"犹匹也,匹而喻之也。"②朱熹《论语集注》曰:"譬,喻也。方,术也。近取诸身,以己所欲譬之他人,知其所欲亦犹是也。然后推其所欲以及于人,则恕之事而仁之术也。于此勉焉,则有以胜其人欲之私,而全其天理之公矣。"③邢昺《论语注疏》曰:"夫仁者,已欲立身进达而先立达他人,又能近取譬于己,皆恕己所欲而施之于人,己所不欲,弗施于人,可谓仁道也。"④刘宝楠《论语正义》曰:"更为子贡说仁者之行。方,道也,但能近取譬,于己皆恕,己所欲而施之于人。"⑤钱穆《论语新解》曰:"譬,取譬相喻义。方,方向方术

<hr />

　　① 孔安国:《孔子家语后序》,杨朝明《孔子家语通解》,济南:齐鲁书社,2009 年版,第 578 页。

　　② 张玉书等编撰:《康熙字典》,上海:上海古籍出版社,1996 年版,第 1220 页。

　　③ 朱熹:《论语集注》,北京:商务印书馆,2015 年版,第 143 页。

　　④ 邢昺:《论语注疏》,阮元校刻《十三经注疏》,北京:中华书局,1980 年影印版,第 2479 页。

　　⑤ 刘宝楠:《论语正义》,北京:中华书局,1990 年版,第 249—250 页。

义。仁之方,即谓为仁之路径与方法。人能近就己身取譬,立见人之与我,大相近似。以己所欲,譬之他人,知其所欲之亦犹己。然后推己及人,此即恕之事,而仁术在其中矣。"①梁启超曰:"譬者比也,以有我比知有彼,以我所欲比知彼所欲,是谓'能近取譬'。近取譬即'如心'之恕也。……用'近譬'的方法体验此理,彻底明了,是谓'仁之方'。"②程树德《论语集释》曰:"儒家之所谓仁,即佛氏之慈悲。特彼教之布施往往过中,至有舍身以喂虎者。儒家则否,但就耳目之所见、心力之所能及者为之,最为浅近易行。"③杨树达曰:"凡易大象传所称君子云者,皆近取譬之事也。"④冯友兰指出:"能近取譬,指的便是以己为喻,推己及人,包括忠和恕两个方面。"⑤杨伯峻《论语译注》曰:"能够就眼下的事实选择例子一步步去做,可以说是实践仁道的方法了。"⑥杨树达曰:"能近取譬为行仁之方者,万事万物在此之外者,皆引之于人身而求其相合。"⑦徐志刚《论语通译》曰:"近,指切近的生活,自身。譬,比喻,比方。能够就自身打比方,推己及人。"⑧刘强《论语新识》曰:"譬,取譬相喻。人能就近体察己身,譬之他人,推己及人。此言恕道。"⑨关于"能近取譬"的理解,学术界基本上趋于一致:"譬"作比喻讲,"能近取譬"是"仁之方",孔子成"仁"的教育方法。若抽绎孔子与子贡的师徒关系,深入孔子的教育方法论,联系孔子整个思想体系进行考察,我们将会发现"能近取譬"另有一番意蕴。

---

① 钱穆:《论语新解》,北京:生活·读书·新知三联书店,2002年版,第165页。
② 梁启超:《先秦政治思想史》,北京:中华书局,2015年版,第99页。
③ 程树德:《论语集释》,北京:中华书局,2013年版,第497页。
④ 杨树达:《论语疏证》,上海:上海古籍出版社,2013年版,第153页。
⑤ 冯友兰:《中国哲学史新编》,北京:人民出版社,2007年版,第82页。
⑥ 杨伯俊:《论语译注》,北京:中华书局,2006年版,第73页。
⑦ 杨树达:《论语疏证》,上海:上海古籍出版社,2013年版,第125页。
⑧ 徐志刚:《论语通译》,北京:人民文学出版社,1997年版,第73页。
⑨ 刘强:《论语新识》,长沙:岳麓书社,2016年版,第180页。

第二节　子贡在孔门中的特殊地位

子贡是孔子的重要弟子,个性很强,善于经商。《论语·先进》曰:"赐不受命,而货殖焉,亿则屡中。"子贡经过努力,曾"常相鲁卫"(《史记·仲尼弟子列传》),"既学于仲尼,退而仕于卫,废著鬻财于曹鲁之间"(《史记·货殖列传》)。子贡成为各诸侯国政治、经济领域有重要影响的人物。《史记·货殖列传》载:"子贡结驷连骑,束帛之币以聘享诸侯,所至,国君无不与之分庭抗礼。"子贡经商与从仕都取得了相当的成就。《论语》中与子贡相关的材料有 35 章,子贡的名字出现 57 次。致富成名后,子贡相当自负,时常在孔子和同门面前炫耀自己。如《论衡·讲瑞》载:"子贡事孔子一年,自谓过孔子;二年,自谓与孔子同;三年,自知不及孔子,当一年二年之时,未知孔子圣也,三年之后,然乃知之。"①《史记·仲尼弟子列传》载:"孔子卒,原宪遂亡在草泽中。子贡相卫,而结驷连骑,排藜藋入穷阎,过谢原宪。宪摄敝衣冠见子贡。子贡耻之。"

对于子贡的缺点,孔子都进行了批评,时而委婉,时而又很严厉。在面对子贡"欲去告朔之饩羊"的违背礼制行为,孔子坚决反对曰:"赐也! 尔爱其羊,我爱其礼。"(《论语·八佾》)孔子认为,礼是万不可违背的,更是不可废弃的;面对致富后性格骄奢的子贡,"喜扬人之善,不能匿人之过"(《史记·仲尼弟子列传》),喜好评论是非,即"子贡方人",孔子提出了"赐也,贤乎哉? 夫我则不暇"(《论语·宪问》)的批评,孔子提醒子贡,为人处事不仅要慎言,更不可对别人过于苛刻;对于子贡赎回鲁人,而未"取其金于府",孔子批评说:"赐之失矣。自今以往,鲁人不

---

① 王充:《论衡》,上海:上海古籍出版社,1990 年版,第 162 页。

赎人矣。取其金则无损于行，不取其金则不复赎人矣。"（《吕氏春秋·察微》）面对子贡针对鲁定公和邾隐公的失礼行为，预测"以礼观之，二君者，皆有死亡焉"，孔子认为子贡说话多了，批评说："赐不幸而言中，是使赐多言也。"（《左传·定公十五年》）子贡将要出任信阳宰，向孔子辞行，孔子教育他说："勤之慎之，奉天之时，无夺，无伐，无暴，无盗。"又曰："治官莫若平，临财莫若廉，廉平之守不可改也，言人之善若己有之，言人之恶若己受之，故君子无所不慎焉。"（《孔子家语·辩政》）

　　在孔子的教育引导下，子贡虽不及颜回"闻一以知十"，却也达到了"闻一以知二"（《论语·公冶长》），通过"学而知之"，达到"中人以上，可以语上也"（《论语·雍也》）的水准，与孔子的关系也日益密切。对于子贡的才能，孔子也是加以赞叹。如孔子说："赐也达，与从政乎何有？"（《论语·雍也》）"赐之敏也贤于丘。"（《说苑·杂言》）子贡雄厚的财力，为孔子宣传政治主张提供了经济保障。孔子师徒周游列国途中，就有子贡的接济。《孔子家语·在厄》载："（孔子）厄于陈蔡，从者七日不食。子贡以所赍货，窃犯围而出，告籴于野人，得米一石焉。"子贡以自己经商贩卖的货物换取食物，救孔子于危难。

　　子贡不仅利用自己经商所获资助孔子周游列国，"使孔子名扬天下"（《史记·货殖列传》），作为具有"言语科"（《论语·先进》）特长的弟子，更利用自己能言善辩、游历四方、擅长外交的优势宣传孔子学说。孔子对子贡的政治才能寄予厚望。鲁哀公六年，在陈绝粮时，"孔子使子贡至楚，楚昭王兴师迎孔子，然后得免"（《史记·仲尼弟子列传》）；齐国"田常欲作乱，惮高、国、鲍、晏，故移兵欲以伐鲁。孔子闻之，谓弟子曰：'夫鲁，坟墓所处，父母之国，国危如此，二三子何为莫出？'子路请出，孔子止之。子张、子石请行，孔子弗许。子贡请行，孔子许之"。子贡也不负孔子重望，"子贡一出，存鲁，乱齐，破吴，强晋而霸越。子贡一使，使势相破，十年之中，五国各有变"（《史记·仲尼弟子列传》）。

　　孔子对子贡在师门的作用也十分认可。《孔丛子·论书》载孔子曰:"自吾得赐也,远方之士日至。"孔子与子贡的感情也日益深厚,在生命的最后时刻,孔子也没有忘记子贡,方负杖逍遥于门曰:"赐,汝来何其晚也?"(《史记·孔子世家》)就连"仲尼之畜狗死",也"使子贡埋之"(《礼记·檀弓下》)。孔子已经把子贡看成最亲近的弟子。孔子死后,葬鲁城北泗上,弟子皆服孝三年,唯子贡庐于冢上,凡六年,然后去。可见,孔子思想对子贡的影响,使子贡深刻体悟了孔子的学问,成为孔门中仅次于颜回的特殊弟子,后人以之为孔门嫡系门生"十哲"之一。

即便作为孔门的杰出弟子,子贡对于孔子的思想有时也感到困惑,难以完全理解。如《史记·孔子世家》记载:"子路出,子贡入见。孔子曰:'赐,诗云匪兕匪虎,率彼旷野。吾道非邪?吾何为于此?'子贡曰:'夫子之道至大也,故天下莫能容夫子。夫子盖少贬焉?'孔子曰:'赐,良农能稼而不能为穑,良工能巧而不能为顺。君子能修其道,纲而纪之,统而理之,而不能为容。今尔不修尔道而求为容。赐,而志不远矣!'"子贡认为孔子"夫子之道至大也,故天下莫能容夫子。夫子盖少贬焉",劝孔子稍微降低道德标准,以便于统治者接受,就不至于沦落困境。孔子批评子贡,认为他不去修治道术,反而降格以求能容,是志向不远大的表现。孔子晚年,子贡还曾问于孔子曰:"赐倦于学,困于道矣,愿息而事君可乎。"(《孔子家语·困誓》)所以,孔子曾以"瑚琏之器"来比喻子贡,虽有推崇子贡才能之意,但孔子又有"君子不器"之言,而"君子求学,不以一器自限,而须博学多闻。虽然博学多闻,犹不以器自许,而志于形器以上的道"①,这表明子贡在某些方面还没有达到孔子期望②。

---

① 李炳南:《论语讲要》,武汉:长江文艺出版社,2011年版,第26页。
② 钱宁重编:《新论语》,北京:生活·读书·新知三联书店,2012年版,第130—131页。

第三节 孔子对子贡的"仁"教

春秋时期,周室式微,诸侯纷争,社会礼崩乐坏。孔子作为一个伟大的思想家,目标是"天下有道"。孔子的"道",就是先王之道。[①] 有学者认为"道"是孔子思想理论主张的最高概括,也是孔子价值取向和价值判断的最高标准。[②] 孔子敬服周公,崇尚周代礼乐制度。《论语·八佾》载孔子曰:"周监于二代,郁郁乎文哉! 吾从周。""述而不作"的学术特征,决定了孔子的学术思想是以"先王之道"作为判断是非的标准。"仁"是孔子思想的核心和基础内容。在《论语》中,"仁"字共出现 110 次。与"礼"一样,孔子的"仁"的发生背景是孔子所生活的"礼崩乐坏"的时代。

孔子在思考重建"周道"的过程中,创造性地提出了"仁学"思想。孔子在追求"天下有道"的过程中,将"天下归仁"(《论语·颜渊》)作为培养"志道""弘道"君子的必备道德。孔子对"仁"的态度是"仁远乎哉? 我欲仁,斯仁至矣"(《论语·述而》)。孔子不仅自己行"仁",更要求弟子学"仁",对待"仁"要敬,告诉樊迟"仁者先难而后获,可谓仁矣"(《论语·雍也》)。在孔子影响下,儒家言道言政,皆植本于"仁"。《孟子·尽心下》曰:"仁也者,人也,合而言之,道也。""仁者以其所爱及其所不爱,不仁者以其所不爱及其所爱。""人皆有所不忍,达之于其所忍,仁也。"《孟子·告子上》曰:"仁,人心也。""仁之胜不仁也,犹水胜火。"《孟子·告子下》曰:"君子亦仁而已矣。""君子之事君也,务引其君以当道,

---

① 黄俊杰:《德川时代日本儒者对孔子"吾道一以贯之"的诠释——东亚比较思想史的视野》,《文史哲》,2003 年 01 期。

② 刘振东:《中国思想史上第一次提出的社会原则和社会理想——论孔子之"道"的性质、意义和影响》,《孔子研究》,1995 年 04 期。

志于仁而已。"《荀子·儒效》曰:"先王之道,仁之隆也。"故梁启超曰:"儒家一切学问,专以'研究人之所以为人者'为其范围。"①

子贡在孔门的学习过程中,经常向孔子"问政""问友""问为仁""问君子"。孔子对子贡的教诲也不遗余力。如:当子贡问孔子"贫而无谄,富而无骄,何如",孔子以"可也。未若贫而乐,富而好礼者也"(《论语·学而》)相答,孔子先释其惑,称赞子贡对典籍了解准确,后提出更高境界"好乐好礼"②;当"子贡问君子",孔子回答"先行,其言后从之"(《论语·为政》),孔子的回答是"盖子贡常有此过,故夫子戒之"③;当子贡问"孔文子何以谓之'文'也",孔子以"敏而好学,不耻下问,是以谓之'文'也"(《论语·公冶长》)作答。李炳南认为:"子贡以其人不足道,何以谥之以文。孔子以此二语许之。大抵聪敏之人不甚好学,文字不然。"④当"子贡问政",孔子回答"足食,足兵,民信之矣"(《论语·颜渊》),孔子认为为政者要有充足的粮食和军备,但最为重要的还是取信于民,要以民为本,即"是以为政者,当身率其民而以死守之,不以危急而可弃也"⑤;当子贡问"何如斯可谓之士矣",孔子答以"行己有耻,使于四方,不辱君命,可谓士矣""宗族称孝焉,乡党称弟焉""言必信,行必果,硁硁然小人哉!抑亦可以为次矣"(《论语·子路》)。而"今之从政者"则是"斗筲之人,何足算也"(《论语·子路》)!"子贡在孔门中,长于言语,他问的事情,往往问在此而意在彼。"⑥子贡的志向是"得素衣缟冠,使于两国之间,不持尺寸之兵,斗升之粮,使两国相亲如兄弟"(《韩诗外传·卷九》)。实际上"子贡之意,盖欲为皎皎之行,闻于人者"⑦;

① 梁启超:《先秦政治思想史》,北京:中华书局,2015 年版,第 99 页。

② 周宝银:《〈论语〉"未若贫而乐"辨析》,《中州学刊》,2017 年 09 期。

③ 黄怀信:《论语新校释》,西安:三秦出版社,2006 年版,第 33 页。

④ 李炳南:《论语讲要》,武汉:长江文艺出版社,2011 年版,第 75—76 页。

⑤ 朱熹:《论语集注》,北京:商务印书馆,2015 年版,第 204 页。

⑥ 李炳南:《论语讲要》,武汉:长江文艺出版社,2011 年版,第 221 页。

⑦ 朱熹:《论语集注》,北京:商务印书馆,2015 年版,第 220 页。

当子贡问"君子亦有恶乎",孔子回答:"有恶:恶称人之恶者,恶居下流而讪上者,恶勇而无礼者,恶果敢而窒者。"(《论语·阳货》)孔子教育子贡应当厌恶真小人和伪君子。

子贡的问题往往中肯扼要,也时常触及孔子思想的要点。在孔子与子贡的对话中,孔子皆能耐心引导子贡行仁、向道,子贡自己也有"成仁"的愿望。如子贡问:"管仲非仁者与?桓公杀公子纠,不能死,又相之。"孔子回答:"管仲相桓公,霸诸侯,一匡天下,民到于今受其赐。微管仲,吾其被发左衽矣。岂若匹夫匹妇之为谅也,自经于沟渎而莫之知也。"(《论语·宪问》)孔子指出,管仲的"仁"是大仁。"子贡问为仁。"孔子回答:"工欲善其事,必先利其器。居是邦也,事其大夫之贤者,友其士之仁者。"(《论语·卫灵公》)孔子把从政者与士、大夫的交往看作工匠选择自己的工具,说明实行仁德的方式就是敬奉贤者、结交仁人。

子贡问:"有一言而可以终身行之者乎?"孔子回答:"其恕乎!己所不欲,勿施于人。"(《论语·卫灵公》)孔子以"恕"来教导子贡,《说文解字》曰:"恕,仁也。""己所不欲,勿施于人"既体现"恕"道,又是实现"仁道"的基本途径,学仁学道,必须依次终身行之。子贡问:"我不欲人之加诸我也,吾亦欲无加诸人。"孔子回答:"非尔所及也。"(《论语·公冶长》)刘宝楠《论语正义》曰:"此恕之说也,自以为及,将止而不进焉。故夫子以非而所及警之。"①子贡之语实际上就是孔子的"己所不欲,勿施于人",既是"恕"道,又是"仁"的体现。

不过,孔子认为子贡还没有达到"仁"这一境界。《论语·雍也》载孔子曰:"夫仁者,己欲立而立人,己欲达而达人。"对于"恕",孔子也明确说:"其恕乎!己所不欲,勿施于人。"(《论语·卫灵公》)孟子亦言:"强恕而行,求仁莫近焉。"(《孟子·尽心上》)子贡喜欢炫耀自己与评论别人的功过是非的特点,与孔子所提倡的"仁""恕"思想显然违背。《论

① 刘宝楠:《论语正义》,北京:中华书局,1990年版,第183页。

语·卫灵公》:"子曰:'赐也,女以予为多学而识之者与?'对曰:'然,非与?'曰:'非也,予一以贯之。'"显然,子贡没有认识到孔子的"吾道"即"修身治国之道","一以贯之"就是以"仁"贯之①,用"仁"实践"先王之道"。康有为认为孔子"告子贡之一贯,就其学言"②,学的内容即为学"仁"。而"夫子之仁学,实亦成己成物、立己达人之学"③。孔子期望弟子有"仁"德,能修己安人,继而实现"天下有道"的理想。子贡作为孔门重要的弟子之一,孔子对子贡的"仁"教自然也格外上心。

第四节 "能近取譬"解读

《论语·雍也》篇主要记载孔子和弟子们的言行。本篇在《论语·公冶长》篇谈论仁德的基础之上,继续论述"临民之道"、"为仁"之法、"中庸之德"、"文质并重"及"薄施于民而能济众"等思想观念。④ 刘强指出,"本篇言仁圣之辨,兼及忠恕之道,仁学义理,赖此发端"⑤。此章除谈"仁"外,还涉及"圣"、尧、舜。"圣"是孔子思想中人格修养的最高境界,《论语》全书说"仁"多于其他范畴,说明"仁"主要是一种心理情感和精神境界。⑥ "圣"是具有崇高德行且德仁兼备的人。在孔子的心目中,只有尧、舜、禹、汤、文王、武王、周公等古圣先王才可称"圣"者。"圣"固难达到,而"仁"可力致,故"仁"是孔门道德修养的核心。面对子贡"如有博施于民而能济众,何如? 可谓仁乎"的问题,孔子先释其疑,

① 郭祥贵、杨和为:《〈论语〉"吾道一以贯之"解》,《史志学刊》,2013 年 05 期。
② 康有为:《论语注》,北京:中华书局,1984 年版,第 229 页。
③ 刘强:《论语新识》,长沙:岳麓书社,2016 年版,第 181 页。
④ 杨朝明:《论语诠解》,济南:山东友谊出版社,2013 年版,第 88 页。
⑤ 刘强:《论语新识》,长沙:岳麓书社,2016 年版,第 181 页。
⑥ 李泽厚:《论语今读》,北京:生活·读书·新知三联书店,2004 年版,第 187 页。

后示学仁之方。此章大意为：

子贡说："如果有人，广泛地给予民众实惠，紧急时又能救济大众，这样做如何呢？可以称为仁道吗？"（在这里，子贡向老师炫耀自己的学习心得，希望得到老师的表扬。）孔子说："这何止是仁道，一定是圣德了！尧舜都难以做到！"（孔子告诉子贡成"圣"难为，认为子贡理想太高了，不切实际。）那么，仁是什么呢？自己要站得起来，也要助别人站起来；自己要开拓发展，也要帮助别人发展。能够就眼下的事情做起，可以说是实践仁的方法。（孔子告诉子贡"仁"可力致，展示了"行仁"的途径，希望子贡能从身边的事情做起，不要务虚，要脚踏实地行仁。）

由此，可从两个方面对"能近取譬"章进行再疏解。

一、"能近取譬"的交流形式

纵观《论语》可以发现，孔子常用独特的教学方式，即常常用"隐言""慎言"甚至"不言"的方式启发弟子，同时贯穿传授道义，以指点迷津、开启智慧。所谓"隐言"，即不是直言去教，而是或隐喻作比或引经据典，表达含蓄委婉。"能近取譬"通过言事或物喻道，是孔子教育弟子"修己、成人、为道"的重要方法和手段。孔子与弟子在一起，经常"能近取譬"，阐述为君之道、为人之道、处世之道、治国之道、为学之道、修行之道等，勉励弟子勤学上进。如《论语·雍也》载："犁牛之子骍且角，虽欲勿用，山川其舍诸？"孔子以耕牛所产的小牛作比喻，说明"才德不系于世类"[①]，以此勉励仲弓；《论语·子罕》曰："苗而不秀者有矣夫！秀而不实者有矣夫！"孔子以"种谷"为喻，喻"君子贵自勉也"[②]；《论语·子罕》曰："譬如为山，未成一篑，止，吾止也。譬如平地，虽覆一篑，进，吾往也。"孔子以平地和山丘为喻，说明学无止境，不能停止。

---

① 钱穆：《论语新解》，北京：生活·读书·新知三联书店，2002年版，第145页。
② 朱熹：《论语集注》，北京：商务印书馆，2015年版，第174页。

当孔子到达武城,听到子游"弦歌之声",孔子以"割鸡焉用牛刀"(《论语·阳货》)为喻,说明子游有很强的政治才能。再如,孔子"能近取譬"引导弟子,达到教育目的。子路以"南山有竹,不揉自直,斩而用之,达于犀革"质疑学习的作用时,孔子以"括而羽之,镞而砺之,其入之不亦深乎"(《孔子家语·子路初见》)教育子路学习的重要性;当子路问孔子:"子行三军,则谁与?"孔子曰:"暴虎冯河,死而无悔者,吾不与也;必也临事而惧,好谋而成者也。"(《论语·述而》)孔子以"赤手空拳和老虎搏斗"和"不用船只去渡河"为喻,劝诫子路切勿鲁莽行事;当孔子闻"季氏将伐颛臾",孔子曰:"虎兕出于柙,龟玉毁于椟中"(《论语·季氏》),他以"虎兕""龟玉"为喻,要求冉有"陈力就列,不能者止",规劝季氏不要妄动干戈等。

《礼记·学记》曰:"君子之教喻也,道而弗牵,强而弗抑,开而弗达。道而弗牵则和,强而弗抑则易,开而弗达则思。和、易以思,可谓善喻矣。"孔子通过事或物,把"道"变成生活,让学生易于接受。受孔子的影响,子贡与孔子的交流也时常"能近取譬"。当冉有问:"夫子为卫君乎?"子贡曰:"诺,吾将问之。"(《论语·述而》)随后,孔子以"古之贤人"——伯夷、叔齐为譬,让子贡明白自己"不为卫君";当子贡对孔子有不欲从政的想法时,子贡问曰:"有美玉于斯,韫椟而藏诸?求善贾而沽诸?"(《论语·子罕》)这里,子贡以"美玉"为喻,询问孔子对从政的态度,以此激励孔子仕进。

此外,在孔子周游列国期间,卫国大夫王孙贾曾以"与其媚于奥,宁媚于灶"(《论语·八佾》)为喻,暗示孔子若想在卫国做官,就要巴结他以接近卫君;①楚狂接舆用"凤鸟"喻"孔子",是以此来"讥其不能隐为德衰";郑人也以"丧家之狗"喻孔子政治上的落魄。孔子以"行远必自迩,登高必自卑"(《礼记·中庸》)喻君子之道的践行。

---

① 杨伯峻:《论语译注》,北京:中华书局,2006年版,第30页。

孟子、荀子也深受孔子"能近取譬"语言风格的影响,《孟子》《荀子》将各类譬喻与辩论技巧和文学艺术完美地结合在一起,极具说服力和感染力。如孟子以"天下易生之物也,一日暴之,十日寒之,未有能生者也"(《孟子·告子上》)喻自己仕齐遭齐王冷遇,断然去齐;以"鱼"和"熊掌"喻"生"和"义"(《孟子·告子上》),告诫人不要失去本心,要舍身取义;以"水"喻"仁","火"喻"不仁",说明"仁之胜不仁也,犹水胜火"(《孟子·告子上》);以"日攘一鸡"和"月攘一鸡"(《孟子·滕文公下》)的偷鸡逻辑来比喻不合理的税收制度,鲜明有力;以"挟泰山以超北海"(《孟子·梁惠王上》)喻目标太大,不可能达到;以"揠苗助长"(《孟子·公孙丑上》)喻违背客观规律、急功近利,必定失败;以"东山与鲁""泰山与天下"(《孟子·尽心上》)设喻,落脚点在"圣人之门",昭示圣人之道广大高明。孟子通过大量生动形象的譬喻,进行类比推理,达到"正人心,息邪说,距诐行,放淫辞"(《孟子·滕文公下》)的效果。荀子以"蓬生麻中,不扶而直"(《荀子·劝学》)喻环境对人的影响;以"积土成山""积水成渊"(《荀子·劝学》)喻学习积累的重要性;以"树成荫而众鸟息焉,醯酸而蚋聚焉"(《荀子·劝学》)喻有德者慕之者众。

子贡与孔子之间有着特殊的感情,他也时常"能近取譬"来维护孔子形象。面对"子贡贤于仲尼"的疑惑时,子贡言"赐之墙也及肩,窥见室家之好;夫子之墙数仞,不得其门而入,不见宗庙之美,百官之富"(《论语·子张》),子贡以宫墙喻孔子之道高深难测,非一般人所能领会;面对"叔孙武叔毁仲尼",子贡认为"仲尼不可毁也。他人之贤者,丘陵也,犹可逾也;仲尼,日月也,无得而逾焉。人虽欲自绝,其何伤于日月乎?多见其不知量也"(《论语·子张》)。子贡喻孔子为日月,不可逾越,竭力维护师道尊严。《韩诗外传·卷八》载:"臣终身戴天,不知天之高也。终身践地,不知地之厚也。若臣(子贡)之事仲尼,譬犹渴操壶杓,就江海而饮之,腹满而去,又安知江海之深乎?……臣誉仲尼,譬犹两手捧土而附泰山,其无益亦明矣。"子贡将孔子喻为天地、江海、泰山,对孔子的赞美达到无以复加的地步。

二、"能近取譬"的"时"观

"时"是儒家思想中的重要内容之一。孔子"能近取譬"的教育往往伴随着"时"观念的教导。《论语》中有"危邦不入,乱邦不居""邦有道,谷;邦无道,谷,耻也""时哉时哉""使民以时"等"权""时"观的描述。孟子将孔子冠以"圣之时者"。知进退之时、善于应时之变、动静合乎时宜的是圣人,是大儒。"时"也被赋予道德化、人格化内涵,而孔子是践行"时"的典范。《荀子·儒效》曰:"与时迁徙,与世偃仰,千举万变,其道一也。是大儒之稽也。"《说文解字》曰:"时,四时也。""时"的本义指自然时节。世间万物都无法摆脱时节的影响,时令节气在漫长的农业社会对人类的生产生活起支配作用。儒家将"时"的概念赋予人文化和哲学化内涵,其精神内核就是强调"合乎时宜"。善于"合乎时宜"也成为个人参与社会活动的最高境界,表现为"知进退存亡而不失其正者,其唯圣人乎"(《周易·乾·文言》)。知进退存亡就是知时,不失其正就是不失时。

《论语》中"时"出现了9次,有"时代""时令""农时""历法""时期""等待""机会"等意思。如《论语·述而》曰:"用之则行,舍之则藏,惟我与尔有是夫!"《论语·公冶长》曰:"邦有道,不废;邦无道,免于刑戮。"这表明孔子能够根据情况调整自己的行为,使自己的主观愿望和外在的客观形势达到一种有效的契合。《论语·里仁》曰:"君子之于天下也,无适也,无莫也,义之与比。"《论语·微子》曰:"'不降其志,不辱其身,伯夷、叔齐与!'谓:'柳下惠、少连,降志辱身矣,言中伦,行中虑,其斯而已矣。'谓:'虞仲、夷逸,隐居放言,身中清,废中权。我则异于是,无可无不可。'""无适""无莫""无可无不可"更体现出孔子"体察时务""与时偕行"的人生哲学。《论语·乡党》载孔子曰:"逝者如斯夫!不舍昼夜。"此章虽未言"时",却感叹岁月流逝。朱熹《论语集注》曰:"欲于此发以示后人,欲学者时时省察,而无毫发之间断也。"①《论语·乡党》曰:"色斯举矣,翔而后集。曰:山梁雌雉,时哉时哉!子路共之,三嗅而作。"此章皆围绕"时""权"展开,知"时"而动,"权,然后知轻重"(《孟子·梁惠王下》),其表层意义是指雉鸟举动合乎时宜,而深层意义表达的是君子当秉持去就有道、出入以时的人生价值观。②《论语·阳货》载孔子曰:"天何言哉?四时行焉,百物生焉。天何言哉?"意思是"孔子等到时机恰当然后讲话,因此别人不厌烦他的话"。朱熹引程子曰:"孔子之道,譬如日星之明,犹患门人未能尽晓。"③

　　孟子进一步阐发孔子知"时"重"时"的思想。《孟子·尽心上》曰:"食之以时,用之以礼,财不可胜用也。"与孔子的"节用而爱人,使民以时"(《论语·学而》)一脉相承,说明孟子提倡仁政。《孟子·公孙丑下》曰:"此一时也,彼一时也。"《孟子·万章下》曰:"孔子之去齐,接淅而行;去鲁,曰:'迟迟吾行也。'去父母国之道也。可以速而速,可以久而久,可以处而处,可以仕而仕,孔子也。"孟子赞扬孔子知"时"。《孟子·告子上》曰:"指不若人,则知恶之;心不若人,则不知恶,此之谓不知类也。"杨伯峻注"不知类"为"不懂得轻重"。④ 孟子将"有如时雨化之者"(《孟子·尽心上》)作为"君子之所以教者"之首,突出教育重"时"。可以说,孟子继承了孔子知"时"重"时"的思想,并对其进行了开拓,认为不知权变的"执中""犹执一也",是为"贼道"(《孟子·尽心上》)。宋代理学家程颐主张"随时变易以从道"⑤,由此,儒家知"时"重"时"的思想再获新的生命力。

---

　　① 朱熹:《论语集注》,北京:商务印书馆,2015 年版,第 173 页。
　　② 吴柱:《孔子的时宜之道与鸟兽的人格象征:〈论语〉"山梁雌雉"章新释论》,《中国文化研究所学报》,2020 年 71 期。
　　③ 朱熹:《论语集注》,北京:商务印书馆,2015 年版,第 266 页。
　　④ 杨伯峻:《孟子译注》,北京:中华书局,2008 年版,第 207 页。
　　⑤ 程颢、程颐:《二程集》,北京:中华书局,1981 年版,第 689 页。

综观孔子及其儒家思想,孔门的兴旺与儒学早期的发展,与"能近取譬"的交流方式不无关系。"能近取譬"也是孔子对弟子因材施教的重要形式,已经成为孔子实践"仁"教的一种途径与思维方式,将"仁"的价值教育与传播任务通过委婉含蓄的方式渗透到儒家思想"天下有道"的体系之中。儒家的价值取向是入世,需要直接面对现实社会,希望自己的思想为当政者所采用,虽不一定需要举世瞩目的事功与感人事迹,却要"就有道而正焉"(《论语·学而》),循圣人足迹,担当起让社会重新归于"正"的重任,在最平常处实践"仁"德。因此,只有从多个维度去理解此章,才能还原孔子"能近取譬"方法的原貌,从而认识孔子教育的初心和使命担当,激起"不应孤寂"的"传统文化"研究的一泓波澜。

第五节 "能近取譬"语言风格的继承与发展

对经典文化进行探幽索微的研究,就要契合时代背景,深入挖掘经典的内涵,以真正理解儒学的内在价值。综观中华数千年历史,"文以载道"是历代文人的信仰,语言艺术贯穿着中华优秀文化典籍。毛泽东、邓小平、习近平总书记等党和国家领导人就日常生活中大家熟知的事物,或俚语民谚、寓言典故,在一些诗词、讲话及理论文章中对譬喻修辞的运用各得其妙。

《毛泽东选集》中就用了多例譬喻,多采取人民生活中的事物作比,涵盖了包括描写性比喻、说理性比喻、包孕式比喻在内的众多类型,以求做到明白易懂,揭示事理寓庄于谐,增强艺术效果。对于党和群众关系,毛泽东说:"我们共产党人好比种子,人民好比土地。我们到了一个地方,就要同那里的人民结合起来,在人民中间生根、开花。"①"党群关系好比鱼水关系。如果党群关系搞不好,社会主义制度就不可能建成。"②毛泽东非常重视群众工作方法,避免害"急性病",犯"命令主义"错误,害"慢性病",犯"尾巴主义"错误。如毛泽东强调:"在一切工作中,尾巴主义也是错误的,因为它落后于群众的觉悟程度,违反了领导群众前进一步的原则,害了慢性病。"③对美国的霸权政策,毛泽东以"绞索论""跳蚤论"比喻。毛泽东文章中运用的譬喻所蕴含的思想,易于理解接受,对促进党群关系的巩固、党建和政治生态的优化,具有极大的指导意义。

毛泽东的诗词中也非常善于运用比喻、拟人等修辞手法,如"雄关漫道真如铁,而今迈步从头越"(《忆秦娥·娄山关》);"五岭逶迤腾细浪,乌蒙磅礴走泥丸"(《七律·长征》);"白云山下呼声急,枯木朽株齐努力"(《渔家傲·反第二次大"围剿"》);"指点江山,激扬文字,粪土当年万户侯"(《沁园春·长沙》);"长夜难明赤县天,百年魔怪舞翩跹,人民五亿不团圆"(《浣溪沙·和柳亚子先生》);"忽报人间曾伏虎,泪飞顿作倾盆雨"(《蝶恋花·答李淑一》)等。在毛泽东诗词中,比喻既能婉转地启发读者深思,使读者接受其观点,也能给读者留下深刻印象和身临其境般的感受。

邓小平的著作及日常语言中,也常见运用不同事物进行比喻,使得语言准确、深刻、朴实、新鲜,有力地增强了语言的表现力。最为大家熟知的便是1962年7月7日邓小平在《怎样恢复农业生产》的讲话中引

---

① 毛泽东:《关于重庆谈判》,《毛泽东选集》(第四卷),人民出版社,1991年版,第1162页。

② 毛泽东:《一九五七年夏季的形势》,《建国以来毛泽东文稿》(第六册),中央文献出版社,1992年版,第547页。

③ 毛泽东:《论联合政府》,《毛泽东选集》(第三卷),人民出版社,1991年版,第1095页。

用刘伯承的一句四川话："黄猫、黑猫，只要捉住老鼠就是好猫。"①用"老鼠"和"猫"比喻不按老规矩、不按老路子是恢复农业生产的一种办法。还有邓小平用骨头和肉的关系比喻经济发展的畸形："我们过去长期搞计划，有一个很大的缺点，就是没有安排好各种比例关系……'骨头'和'肉'（就是工业和住宅建设、交通市政建设、商业服务业建设等）比例失调。"②用"小脚女人"比喻改革开放中的胆小怯事者："改革开放胆子要大一些，敢于试验，不能像小脚女人一样。看准了的，就大胆地试，大胆地闯。"③用"大包袱"比喻经济发展负担和障碍："现在，我们是背着大包袱前进，每年几百亿元价格补贴，越背越重。这个问题，总得有计划有步骤地妥善解决。"④用"牌"比喻社会制度："我们不打别人的牌，就是说不打苏联的牌，也不打美国的牌。我们也不让别人打我们的牌。"⑤用"老虎屁股"比喻城市改革存在的风险："为什么这次能够摸'老虎屁股'，进行城市改革？"⑥拿"拆庙搬菩萨"来比喻精简机构："中央直属机关不是拆大庙，但是小庙多得很嘛。"⑦这一个个生动形象的比喻，让我们感受到邓小平平中见奇、柔中有刚的语言风格。

善于从中华优秀传统文化中汲取经验给养，是习近平总书记语言的重要风格。在习近平总书记的系列讲话和文章中，既蕴含着传统的"能近取譬"，又继承和发展了毛泽东、邓小平等先辈的语言风格，在党的理论建设方面取得了历史性的新突破。

2013 年 10 月 21 日，在习近平总书记《论党的青年工作》一书中，就有这样一篇重要文章——《创新正当其时，圆梦适得其势》，一连妙用

① 邓小平：《邓小平文选》(第一卷)，北京：人民出版社，1989 年版，第 323 页。
② 邓小平：《邓小平文选》(第二卷)，北京：人民出版社，1983 年版，第 250 页。
③ 邓小平：《邓小平文选》(第三卷)，北京：人民出版社，1993 年版，第 372 页。
④ 邓小平：《邓小平文选》(第三卷)，北京：人民出版社，1993 年版，第 160 页。
⑤ 邓小平：《邓小平文选》(第三卷)，北京：人民出版社，1993 年版，第 233 页。
⑥ 邓小平：《邓小平文选》(第三卷)，北京：人民出版社，1993 年版，第 98 页。
⑦ 邓小平：《邓小平文选》(第二卷)，北京：人民出版社，1983 年版，第 398 页。

了"果与树""圆与半径""大地与根""青年与桥"四个比喻,生动地阐明了深刻的人生道理。习近平总书记在全国组织工作会议上采用"各人自扫门前雪,莫管他人瓦上霜"和"事不关己,高高挂起"这两则谚语,生动概括了在一些干部中盛行的不良风气,这样易于听众和读者更好地认清和避免错误。在全国组织工作会议上,习近平总书记用"耍滑头""多栽花""少栽刺""老好人""推拉门""墙头草"形容某些干部的不良风气,含蓄又幽默感十足。

《习近平谈治国理政》收录了习近平总书记的一系列讲话。习近平总书记将严肃的事情说得生动鲜明,将深奥的道理阐述得浅显易懂。例如习近平总书记把党的安稳和坚定形象喻为"泰山"和"磐石",他说:"党只有始终与人民心连心、同呼吸、共命运,……安如泰山、坚如磐石。"①将"理想信念"比作"钙",通过说明"钙"对于人体的重要性,阐述理想信念对于共产党人的重要性。他说:"理想信念就是共产党人精神上的'钙',没有理想信念,理想信念不坚定,精神上就会'缺钙',就会得'软骨病'。"②将"网络安全和信息化"比作"一体之两翼、驱动之双轮",阐明网络安全及信息化在当下重要的作用,他说:"网络安全和信息化是一体之两翼、驱动之双轮。"③把改革的困难比作"硬骨头""险滩",他说:"敢于啃硬骨头,敢于涉险滩。"④习近平总书记在哈萨克斯坦进行演讲时,以"远亲不如近邻"进行类比,真挚诚恳、通俗直接地表达了睦邻友好的愿望;在亚太经合组织工商领导峰会演讲时,以"朋友多了路好走",向世界企业抛出橄榄枝,表达了欢迎他们来华投资的热忱;在鼓励香港、澳门人民要团结起来时,习近平总书记运用"众人拾柴火焰高"一语,将"团结"这个抽象的概念具象化,更加贴近生活,更富有画面感,

---

① 习近平:《习近平谈治国理政》(第一卷),北京:外文出版社,2018年版,第368页。
② 习近平:《习近平谈治国理政》(第一卷),北京:外文出版社,2018年版,第15页。
③ 习近平:《习近平谈治国理政》(第一卷),北京:外文出版社,2018年版,第197页。
④ 习近平:《习近平谈治国理政》(第一卷),北京:外文出版社,2018年版,第101页。

更容易引发听众的共鸣。习近平总书记在巴黎出席中法建交50周年大会时发表的重要讲话中说:"拿破仑说过,中国是一头沉睡的狮子,当这头狮子醒来时,世界都会为之发抖。中国这头狮子已经醒了,但这是一只和平的、可亲的、文明的狮子。"①通过这种方式,巧妙反驳了"中国威胁论",传递出中国价值。

习近平总书记还善于讲故事,他经常援引古代寓言传说、神话故事以及历史事件,将之巧妙地引入现实,更体现出中国共产党领袖过硬的言语本领和政治能力。无论是会议发言、调研讲话,还是访问演讲、报刊文章等,习近平总书记都善于用故事表达深意,感染他人,充溢着中国智慧和中国力量。他与奥巴马的"瀛台夜话",讲述了瀛台的历史:"清朝的康熙皇帝曾经在这里研究制定平定内乱、收复台湾的国家方略;后来光绪皇帝时,国家衰败了,他搞'百日维新',失败后被慈禧太后关在这里。"这个故事引得奥巴马感慨:"改革总会遇到阻力,这是不变的规律。"②习近平总书记还用自己在厦门游泳的故事,说明改革要"识水性",讲述"陕北梁家河记忆",强调"不忘初心"。这样的故事很多,习近平总书记通过"取近譬"讲述中华文化之道、治国理政之道,体现了这一语言风格在当代的继承与发展。

---

① 人民日报评论部:《习近平讲故事》(序言),北京:人民出版社,2017年版,第2页。
② 人民日报评论部:《习近平讲故事》(序言),北京:人民出版社,2017年版,第3页。

第六章　对弟子的期望与君子之道再讨论
——《论语》"文质彬彬"章释论

《论语·雍也》载孔子曰:"质胜文则野,文胜质则史。文质彬彬,然后君子。"学术界对此章"史"的理解颇有分歧,此外,此章涉及的儒学概念还有"质""文""野""君子",想要正确理解此章,除需要对"史"之含义进行梳理外,还需对"史"与"史官"、"野"与"小人"的关系及"君子"的意蕴进行细致的梳理,方可窥其全貌,作出接近孔子原意的解读。在此章中,孔子以"文""质"论君子,以求合乎"中"。从孔子整个思想体系分析,此章是孔子教育弟子内外兼修以"成人",从而担当社会责任,背后蕴藏着孔子及早期儒家维护"周道"的思维模式。

第一节　学术回顾

关于对《论语》"质胜文则野,文胜质则史"章的解读分歧,主要集中在对"史"的理解分歧上,概而言之有两种解释。第一,"史"为"史书"、"史官"之"史"或为"掌管文书者"。如邢昺《论语注疏》曰:"'文胜质则史'者,言文多胜于质,则如史官也。"①朱熹《论语集注》曰:"史,掌文

① 邢昺:《论语注疏》,阮元校刻《十三经注疏》,北京:中华书局,1980 年影印版,第 2497 页。

书,多闻习事,而诚或不足也。"①钱穆解释曰:"史,宗庙之祝史及凡在官府掌文书者。"②第二,"史"为过分修饰之意。如《韩非子·难言》曰:"繁于文采则见以为史,以质信则见以为鄙。"《仪礼·聘礼》曰:"辞多则史。"皇侃《论语义疏》曰:"史,记书史也。史书多虚华无实,妄语欺诈,言人若为事多饰少实,则如史书也。"③可见此处的"史"有过分修饰之义。程树德引《论语述何》曰:"文质相复,犹寒暑也。殷革夏,救文以质,其敝也野。周革殷,救野以文,其敝也史。殷周之始,皆文质彬彬者也。春秋救周之敝,当复反殷之质,而驯致乎君子之道。"④《〈论语〉批注》曰:"史,言辞华丽,有虚伪、浮夸的意思。"⑤陈耀南《论语》释"史"为"流于铺排"⑥。鉴于以上理解分歧,本书对"史"的含义再作剖析,这样有助于正确理解本章,也更有利于把握孔子所论"君子"的内涵。

第二节　"史"与"史官"

"史"最早见于甲骨文,写作 ，甲骨文的使、史、吏、事最初是同一字。原义与做事有关。《说文解字》释"史"为"记事者也。从又持中。中,正也。凡史之属皆从史",并对使、吏、事分别释:"使,伶(令)也。""吏,治人者也。""事,职也。"均会意用其去做某种事务。后来,"史"引申为"史官""史书"之意。中国的史官出现得很早,"史官之制,肇自黄

　① 朱熹:《论语集注》,北京:商务印书馆,2015 年版,第 139 页。
　② 钱穆:《论语新解》,北京:生活·读书·新知三联书店,2002 年版,第 155 页。
　③ 皇侃撰、高尚榘校点:《论语义疏》,北京:中华书局,2013 年版,第 140 页。
　④ 程树德:《论语集释》,北京:中华书局,2015 年版,第 463 页。
　⑤ 北京大学哲学系 1970 级工农兵学员:《〈论语〉批注》,北京:中华书局,1974 年版,第 225 页。
　⑥ 陈耀南:《论语》(第二版),香港:中华书局(香港),2012 年版,第 135 页。

帝,备于周室"①,而最早的史官是仓颉和沮诵,"盖史之建官,其来尚矣。昔轩辕氏受命,仓颉、沮诵,实居其职"②,最迟至殷商时期就已经有了史官制度③。史,是负责对重大历史事件进行记录的官员。字形从"又"从"中",意指人手秉"中"。中,指客观公正。"史之初义为史官而非史书……在中国,史书是后起之义,由史官而引申成史官所写之史书。"④江永释其义为:"凡官署簿书谓之中,故诸官言治中受中,小司寇断庶民讼狱治中,皆谓簿书,犹今之案卷也。此中字之本义,故掌文书者谓之史。其字从又,从中,又者右手,以手持簿书也。"⑤史书出自史官记事,蕴含了史官的治世理念或政治思想。也有观点提出商代有帝臣担任帝的使者,卜辞中有:"王宾帝史(使),亡尤。"辞中的"史"当即"使","帝使"是"帝臣"的一种,担任帝的使者。⑥"使"由"史"演变而来。纵观《论语》,"使"出现频次多于"史",有 40 余处。其义首先是"达到某种效果"。如《论语・为政》曰:"季康子问:'使民敬,忠以劝,如之何?'子曰:'临之以庄,则敬;孝慈,则忠;举善而教不能,则劝。'"《论语・八佾》曰:"哀公问社于宰予。宰予对曰:'夏后氏以松,殷人以柏,周人以栗,曰,使民战栗。'子闻之,曰:'成事不说,遂事不谏,既往不咎。'"《论语・公冶长》曰:"子使漆雕开仕。"《论语・宪问》曰:"蘧伯玉使人于孔子,孔子与之坐而问焉。"其次,作"使者""出使"义,如《论语・子路》曰:"诵《诗》三百,授之以政,不达;使于四方,不能专对;虽多,亦奚以为?"《论语・宪问》曰:"使者出,子曰:'使乎! 使乎!'"再次,作"役使""使用"义,如《论语・学而》曰:"道千乘之国,敬事而信,节用而爱

---

① 刘知几撰、张振佩笺注:《史通笺注》,北京:中华书局,2022 年版,第 533 页。
② 刘知几撰、张振佩笺注:《史通笺注》,北京:中华书局,2022 年版,第 537 页。
③ 杜维运:《中国史学史》(第 1 册),北京:商务印书馆,2010 年版,第 40 页。
④ 李宗侗:《中国史学史》,北京:中华书局,2010 年版,第 1 页。
⑤ 江永:《周礼疑义举要》,北京:中华书局,1985 年版,第 58 页。
⑥ 王进锋:《镌刻在甲骨上的史诗》,上海:上海人民出版社,2018 年版,第 166—167 页。

人,使民以时。"《论语·八佾》曰:"'君使臣,臣事君,如之何?'孔子对曰:'君使臣以礼,臣事君以忠。'"《论语·子路》曰:"君子易事而难说也。说之不以道,不说也;及其使人也,器之。小人难事而易说也。说之虽不以道,说也;及其使人也,求备焉。"《论语·宪问》曰:"上好礼,则民易使也。"《论语》中"史"出现了3处,除"文质彬彬"章外,另外2处为"直哉史鱼""吾犹及史之阙文也"(《论语·卫灵公》)。"史鱼"指"史,官名。鱼,卫大夫,名鳝"①。"史之阙文"指"史书存疑的地方"②。故《论语》中这两处的"史"都与"古之史官""史籍"有关,而与"使"已形成明显的区分。由是观之,在《论语》文本中,"史"与"使"用法存在明显不同,很难说存在通用情况。

《论语》是孔门弟子追忆孔子而辑录的孔子言论的语录体文献,其后经过历代学者修订和完善,"史"与"使"用法的分开是自然的趋势,但这也并不能确定,孔子在世之际提出"质胜文则野,文胜质则史"时,"史"不存在与"使于四方"之"使"在使用上毫无关联的情况。《孟子·离娄上》曾痛斥曰:"连诸侯者次之。"朱熹云:"连接诸侯,如张仪、苏秦之类。"③孟子认为,"巧言乱仁"的这类使者,当受次一等的刑罚。这也就从另一面印证,孔子之时,"使"与"史"共同点就是言语浮夸,言过其实。"质胜文则野,文胜质则史"之"史"兼具"使者"和"史官"的共同特征,即是"文过其实",故《论语述何》《论语批注》等理解近是。以下对"史"再详作分析,以求真义。

一、史官的职责

春秋战国时期,史官地位特殊。根据当时史官"诸侯之会,其德刑

---

① 朱熹:《论语集注》,北京:商务印书馆,2015年版,第242页。

② 杨伯峻:《论语译注》,北京:中华书局,2006年版,第189页。

③ 朱熹集注《孟子》,上海:上海古籍出版社,2013年版,第99页。

礼义,无国不记"(《左传·僖公七年》)的情况来看,"当时各国史官职权之尊,实具特殊地位,非后世史官仅掌撰述之比"①。"史为掌书之官,自古为要职。"②《周礼》释"史"说:"史,掌官书以赞治。"郑玄注:"赞治,若今起文书草文书也。"③赞治,即"佐治",是帮助国君治理国家。《大戴礼记·盛德》载:"天子御者,内史、太史,左右手也。"天子设立史官在侧随时对国家大事进行记录,"动则左史书之,言则右史书之"(《礼记·玉藻》)。天子视内史、太史为治国理政的"左手""右手",他们的重要职责是监督、指正。《礼记·王制》曰:"太史典礼,执简记,奉讳恶。""天子失度,史可据法以相绳,则冢宰以降,孰敢纵恣。"④故中国古代"史权之高于一切,关键在此"⑤之说,绝非虚言。

　　中国汉字的特点是有很强的形义效应。如前文所述,"史"的文字构型本身十分明确地表达了中国早期"史"与"中"的关系。史官治史的关键是"持中",史官在治"史"同时也肩负着评判是非标准的职责。《周礼·地官司徒》说:"师氏掌国中、失之事,以教国子弟。凡国之贵游子弟学焉。"郑玄注:"教之者,使识旧事也。中,中礼也;失,失礼者也。"⑥"中庸之为德也,其至矣乎"(《论语·雍也》),孔子明确指出"中庸"为"至德",史官治史"执中为近之"(《孟子·尽心上》),其实就是要遵循天道,合乎情理,顺应人心。商周时期,中国就形成了史官据法典谏王的制度。《大戴礼记·保傅》称:"三代之礼,天子春朝朝日,秋暮夕月……食以礼,彻以乐,失度则史书之,工诵之,三公进而读之,宰夫减其膳。"

---

① 柳诒徵:《国史要义》,北京:商务印书馆,2011 年版,第 32 页。
② 王国维:《观堂集林》(上册),北京:中华书局,1959 年版,第 269 页。
③ 郑玄注、贾公彦疏:《周礼注疏》(卷 2),阮元校刻《十三经注疏》,北京:中华书局,1980 年影印版,第 655 页。
④ 柳诒徵:《国史要义》,北京:商务印书馆,2011 年版,第 35 页。
⑤ 柳诒徵:《国史要义》,北京:商务印书馆,2011 年版,第 35 页。
⑥ 郑玄注、贾公彦疏:《周礼注疏》(卷 14),阮元校刻《十三经注疏》,北京:中华书局,1980 年影印版,第 731 页。

在那时,史官有其为官之"道"与"义"。《大戴礼记·保傅》称:"史之义不得不书过,不书过则死。"《毛传》云:"史不记过,其罪杀之。"①乃至以典礼史书监督"天子不得为非"(《大戴礼记·保傅》),这是史官的本职,甚至有"一日失职,则死及之"(《左传·昭公二十九年》)的说法。国君对待史官如同师友,尊他们为"社稷之臣"。西周成王时,史佚与周公、召公、太公并为"四圣",其主要职责是"博闻强记,接给而善对",成王为政"虑无失计,而举无过事"(《大戴礼记·保傅》),"四圣"辅翼之功至为关键。史佚位居其一,可见史官辅佐国君理政的重要性。

二、史官的气节

春秋以降,王室衰微而诸侯力争,对于谋篡叛逆、不合法度的权势人物,史官坚守"书法不隐"的史德。《左传·宣公二年》载:"晋灵公不君……赵穿攻灵公于桃园,宣子(赵盾)未出山而复。太史书曰:'赵盾弑其君。'以示于朝。宣子曰:'不然。'对曰:'子为正卿,亡不越竟,反不讨贼,非子而谁?'宣子曰:'乌乎!《诗》曰:"我之怀矣,自诒伊戚。"其我之谓矣。'"文中的太史就是董狐,直书赵宣子实质弑君的罪名,孔子称其为"古之良史"。《左传·襄公二十五年》曰:"'崔杼弑其君。'崔子杀之,其弟嗣书,而死者二人,其弟又书,乃舍之。南史氏闻太史尽死,执简以往,闻既书矣,乃还。"此时,太史之史笔,皆能使"乱臣贼子惧","盖史之为用也,记功司过,彰善瘅恶,得失一朝,荣辱千载"②。史官还不畏惧强权压迫,后世评价曰:"盖烈士殉名,壮夫重气;宁为兰摧玉折,不作瓦砾长存。若南、董之仗气直书,不避强御,韦、崔之肆情奋笔,无所阿容,虽周身致防有所不足,而遗芳余烈,人到于今称之。"③这种评价

① 毛公传、郑玄笺、孔颖达等正义:《毛诗正义》(卷2—3),阮元校刻《十三经注疏》,北京:中华书局,1980年影印版,第310页。

② 刘知几撰、张振佩笺注:《史通笺注》,北京:中华书局,2022年版,第357页。

③ 刘知几撰、张振佩笺注:《史通笺注》,北京:中华书局,2022年版,第339页。

并不过分,上古时期"史之位尊地要可知矣"①,天子必须寻求贤人任史官,并实行世袭的制度。在一脉相承的家学传统中,诸多史官养成刚正不阿、气节高尚的品格是合乎情理的。

第三节　"野"与"小人"

《礼记·仲尼燕居》曰:"敬而不中谓之野。""野"与"史"相对,指不能"持中",没有"中"的品质。"野"在《论语》中出现 3 处,除《论语·雍也》篇外,其他如《论语·先进》载孔子曰:"先进于礼乐,野人也;后进于礼乐,君子也。如用之,则吾从先进。"此处的"野人","谓郊外之民,君子,谓贤士大夫"②。《论语·子路》载孔子曰:"野哉,由也! 君子于其所不知,盖阙如也。"此处的"野",是"粗鄙"意。③"质胜文则野"之"野",《论语集注》曰:"野,野人,言鄙略。"④《说文解字》曰:"野,郊外也。"即城郊到田野山林之间的地带。"野人"即居住在郊外之人,也称"小民"或"小人"。以下再详作分析,探求原义。

一、"小人"的意蕴

先秦文献中的"小人"大都与"君子"对举。例如《诗经·小雅·角弓》曰:"君子有徽猷,小人与属。"《尚书·无逸》曰:"相小人,厥父母勤劳稼穑,厥子乃不知稼穑之艰难。"《左传·襄公九年》言:"君子劳心,小人劳力,先王之制也。"《国语·鲁语上》曰:"君子务治而小人务力。"清华简《保训》载:"昔舜久作小人,亲耕于历丘。"《郭店楚墓竹简》载:"刑

---

① 王国维:《观堂集林》(上册),北京:中华书局,1959 年版,第 269 页。
② 朱熹:《论语集注》,北京:商务印书馆,2015 年版,第 188 页。
③ 朱熹:《论语集注》,北京:商务印书馆,2015 年版,第 213 页。
④ 朱熹:《论语集注》,北京:商务印书馆,2015 年版,第 139 页。

不隶（逮）于君子，礼不隶（逮）于小人。"与《论语》同时代的文献，如《左传》《周易》《国语》《孔子家语》等，都对小人进行了描述。由此发现，"小人"是商、周社会中从事农业等体力劳作的人，包括一般庶民、鄙夫、野人，是除王、侯、卿、大夫、士之外的普通百姓，是对相对于为政者、大人、君子等身份地位较低之人的统称。在《论语》中，"小人"虽然有与"道德高尚的君子"相对的意义，但更多指平民、普通百姓，且与君子并言。如："君子怀德，小人怀土；君子怀刑，小人怀惠。""君子喻于义，小人喻于利。"（《论语·里仁》）"君子之德风，小人之德草。"（《论语·颜渊》）"小人哉，樊须也！""言必信，行必果，硁硁然小人哉！"（《论语·子路》）此外，小人相较于君子，还有掩饰自己过错的特性。《论语·子张》曰："小人之过必也文。"李泽厚解释为："小人犯了过错，总要掩饰。"①皇侃曰："小人有过，是知而故为，故愈文饰之，不肯言己非也。"②此处的"文"便是"掩饰"。

二、周初"敬天保民"的观念

周人代商后，在商郊"明德于众"，重视对人性、人情的体察，以稳固政治秩序。《尚书·蔡仲之命》曰："民心无常，惟惠之怀。"《尚书·康诰》曰："天畏棐忱，民情大可见，小人难保。"《逸周书·和寤解》曰："惟事惟敬，小人难保。""小人"即指百姓、小民。杨朝明认为，小民不易安，当用敬畏之心"保"；孙星衍疏引《释诂》云："保，康，安也。……小民不易安也。"③周武王灭商时，开始关注"小民"，要求为政者不能与"小民"争利。"小人难保"故为政者应该"惟事惟敬"。《论语·先进》曰："先进于礼乐，野人也。后进于礼乐，君子也。如用之，则吾从先进。"孙善钦

---

① 李泽厚：《论语今读》，北京：生活·读书·新知三联书店，2004年版，第512页。
② 皇侃撰、高尚榘校点：《论语义疏》，北京，中华书局，2013年，第500页。
③ 杨朝明、吴信英：《孔子"女子难养"新论》，《理论学刊》，2010年02期。

曰："野人,没有贵族身份,地位低贱的人。"①孔子的"吾从先进"反映了孔子对世卿制度并不赞同,反而对通过后天学习礼乐的"乡野之人"充满了信任和期望。《论语·阳货》载孔子曰："唯女子与小人为难养也。"《说文解字》释"保"为"养也"。可证"小人难保"就是"小人难养"。孔子强调"小人难养"也是在一定程度上秉承了周人的牧民思想,是"敬德保民"传统思想的体现,也是孔子思想与尧、舜、禹、文王、武王、周公等圣王一脉相承的体现。所以,孔子说"小人难养"的内在意蕴不仅没有轻视"小人",反而体现了对这一群体的重视。

第四节　"君子"的时代意蕴

"君子"早在《周易》《尚书》《礼记》《诗经》等文献中出现,最早指国君之子,也指在社会上居高位之人,即王侯贵族。春秋时代礼崩乐坏,原有以"周礼"构建的等级制度逐渐瓦解,周天子正统名存实亡,天下混乱。众诸侯称王、僭越,让周王朝更加分崩离析,社会危机深重,矛盾重重,处在崩溃边缘。孟子对当时的社会情景进行了具体的描述,《孟子·滕文公下》曰："世衰道微,邪说暴行有作,臣弑其君者有之,子弑其父者有之。孔子惧,作《春秋》。《春秋》,天子之事也。"《孟子·离娄下》曰："王者之迹熄而诗亡,诗亡然后《春秋》作。"杜预《春秋经传集解》记述了孔子修《春秋》的背景,"周德既衰,官失其守,上之人不能使《春秋》昭明,赴告策书,诸所记注,多违旧章",孔子"上以遵周公之遗制,下以明将来之法","因其历数,附其行事,采周之旧,以会成王义,垂法将

---

① 孙善钦:《论语本解》,北京:生活·读书·新知三联书店,2009 年版,131 页。

来"。① 简而言之,孔子作《春秋》的目的,就是感叹"文王既没,文不在兹乎"(《论语·子罕》)的局面,通过编修《春秋》对时政问题进行阐述和发挥,作出自己的政治褒贬与评断,从而维护"周道",改变无序的社会现实。

孟子以"孔子三月无君,则皇皇如也,出疆必载质"(《孟子·滕文公下》)形容孔子对入仕的期望。但孔子生非其时,当时"天下无道久矣",孔子抱着自己的政治思想仕鲁,适齐,赴楚,居卫,周游列国,结果是"夫子之道至大"而当权者"不能宗","天下莫能容夫子",孔子的政治主张不能为时代所用。孔子在入仕从政的尝试失败后,仍殷切希望自己的"道"能广行于世,并逐渐意识到维护周道需要培养"君子"。

在孔子看来,"君子"是为政者修身与治国理政的楷模。孔子创办私学,目的就是把普通的士培养成这样的君子②,从而获得从政的能力与机会。"君子"成为孔子教育思想及其弟子学习的基本价值指向。整部《论语》论及"君子"之处多达 90 余次,孔子处处以君子作为教人修身的样板,对"君子"的定位是"政治精英+道德楷模",其影响在于"民众表率+社会典范"③。孔子之前,君子多指贵族,是一种社会地位的象征。孔子为学实现了教育下移,有教无类,因材施教,让很多"野人"也有了学习周公礼乐的机会。他鼓励弟子"学而优则仕"(《论语·子张》),从而培养出更多的道德型"君子",让这些道德型"君子"寻找机会从政。毫无疑问,"君子"多一点,"周道"实践的机会就大一些,"周室衰微"改变的可能性就大一点。君子入仕为政,关键是表率作用,即"君子之德风,小人之德草,草上之风,必偃"(《论语·颜渊》)。孔子要求君子

---

① 杜预:《春秋经传集解》(序),阮元校刻《十三经注疏》,北京:中华书局,1980 年影印版,第 1705 页。

② 范卫红:《从"士君子之道"看孔子的思想体系》,《社会科学辑刊》,1991 年 03 期。

③ 黎红雷:《孔子"君子学"的三种境界——〈论语〉首章集译》,《孔子研究》,2014 年 03 期。

不仅能"修己以敬""修己以安人",更要"修己以安百姓"(《论语·宪问》),还要求君子要"九思""三戒""三思""三恕""君子道者三""君子之道四"等。

"九思"即"视思明,听思聪,色思温,貌思恭,言思忠,事思敬,疑思问,忿思难,见得思义"(《论语·季氏》),要求弟子对社会现象看得清楚,想得明白。孔子担心"君子疾没世而名不称焉"(《论语·卫灵公》),无以"自见于后世"(《史记·孔子世家》),故让学生成为"君子"承续"周道"是孔子教育的内在持久动力。孔子不仅自己好学以"谋道",也教育弟子好学以成"君子儒",培养君子成为行"道"的主体,即"君子学以致道"(《论语·子张》),拥有治理"千乘之国""千室之邑"(《论语·公冶长》)"使于四方,不辱君命"(《论语·子路》)的能力,也即孔子欲让弟子致力于恢复文武周公之道,匡正社会的无道现实。因而,"道"之于君子主要是精神层面的追求,既是做人的操守原则,又是人生的理想追求,更体现生命的意义和价值。

《礼记·中庸》载孔子曰:"君子中庸,小人反中庸。君子之中庸也,君子而时中;小人之反中庸也,小人而无所忌惮也。""庸"同"用",中庸即用中①。《礼记·中庸》告诉我们是否用"中"是君子和小人的重要区分。《大戴礼记·哀公问五义》载孔子对于君子的定义:"言必忠信而心不怨,怨咎仁义在身而色无伐,无伐善之色而思虑通明而辞不专。"《论语》中,孔子赞许"圣人、贤人、君子、仁人、善人、士人"等。杨朝明说:"孔子一生谦恭,不以'圣人''贤人'自居,但始终以'君子'自期。"②在对《论语·子张》"君子之道,孰先传焉"章进行解释时,杨朝明解释"君子之道"就是"先王之道"③。简而言之,孔子认为,君子可以成为"周

---

① 黄怀信:《大学中庸讲义》,北京:清华大学出版社,2013年版,第50页。
② 杨朝明:《论语诠解》,济南:友谊出版社,2013年版,第3页。
③ 杨朝明:《论语诠解》,济南:友谊出版社,2013年版,第341页。

道"的继承者。孔子通过教育引导弟子成为君子,让他们遵守礼乐传统,担当复兴"周道"的社会责任。所以,孔子希望弟子通过礼乐的学习及政治的评判,内外兼修,达到"文质彬彬,然后君子"(《论语·雍也》)。

有学者认为"道"是孔子思想理论主张的最高概括,也是孔子价值取向和价值判断的最高标准。[①] 孔子希望君子能"遵道而行",故《论语》中,尽管"君子"含义颇广,但是孔子致力于培养"志道""弘道"的君子,将改善政治的希望寄托在"君子"身上,这始终是所有工作的重点。故"文质彬彬,然后君子"的"君子"既指"有位之人",也指"有道德"之人,更是有社会担当意识,能主动承担社会责任,解决社会危机的救世人才。

第五节　"文质彬彬"章再疏证

《论语·雍也》篇主要载孔子和弟子们的言行。此篇在《公冶长》篇谈论仁德的基础之上,继续论述"临民之道"、"为仁"之法、"中庸之德"、"文质并重"及"薄施于民而能济众"等思想观念。[②] 通过上文追索,对"质胜文则野,文胜质则史。文质彬彬,然后君子"之"史"的理解,确与"史官"有关,正如邢昺、朱熹等的理解,此章不仅谈史官,更是谈在礼崩乐坏状态下史官的职业操守。故刘强《论语新识》曰:"史,本指掌握文书的史官,擅长辞藻,此指文采胜过质朴,难免华而不实。"[③]杨朝明也言"史"为"古之史官,这里指虚浮"[④]。这样,此章并非仅仅谈"君子",

① 刘振东:《中国思想史上第一次提出的社会原则和社会理想——论孔子之"道"的性质、意义和影响》,《孔子研究》,1995 年 04 期。
② 杨朝明:《论语诠解》,济南:山东友谊出版社,2013 年版,第 88 页。
③ 刘强:《论语新识》,长沙:岳麓书社,2016 年版,第 168 页。
④ 杨朝明:《论语诠解》,济南:山东友谊出版社,2013 年版,第 101 页。

深层意思是孔子在"道之不行"的情况下,对弟子的期望,希望他们能成为执守"中道"的君子,承担社会责任。故刘宝楠《论语正义》曰:"君子者,所以用中而达之于天下者也,古称天子、诸侯、卿大夫、士,皆曰君子。君者,群也,言群天下之所归心也。子者,男子之称也。此文'君子',专指卿大夫、士。……以君子必用中于民。"①蔡元培也认为此章是求"文质的中庸"②。刘强认为此章的章旨强调"'文质彬彬'看似论人,实质亦是论道。具体而言,便是承上章而论中道"③。实际上,此章中"野"喻"小人",反映小人持守本分的状态;"史"喻"史官",表明史官坚守职业操守的状态。"文质彬彬,然后君子",反映的是史官应该持守"中"道,"小人"也应该坚守周礼礼制的思想观。孔子既不提倡小人式的粗野,也不希望有史官式的虚伪与浮夸,而是希望上层社会"史官"和底层人物"小民"在礼乐崩坏的情况下,能够"就有道而正"(《论语·学而》),这是从维护"周道"的角度进行的思考。孔子是期望当时的君子能致力于恢复天子权威和周初礼乐社会秩序,再续文武周公之道。综上所述,我们努力还原此章的内涵是:

（一个人的）内在质朴多于外在文采,就未免粗野鄙陋(像当前小人,既缺乏良好的文化教育,表达粗俗,又消极遁世,逃避社会责任);外在文采多于内在质朴,又未免浮夸(像当下史官,为人虚浮,为文过度粉饰,脱离现实,不能秉中纪实,缺乏责任担当),只有文采和质朴相得益彰,这样才能成为真正的君子(可以担当周道,改变当下乱世,恢复文武之治)。

这样解释的理由主要有以下三方面:

① 刘宝楠:《论语正义》,北京:中华书局,1990 年版,第 233 页。
② 蔡元培:《无往而不胜的中庸》,林语堂《闲说中国人》,北京:北方文艺出版社,2006 年版,第 82 页。
③ 刘强:《论语新识》,长沙:岳麓书社,2016 年版,第 169 页。

一、礼崩乐坏，贤士退隐

周朝东迁在中国历史上造成的局面是奇特的，周王室直辖版图缩小，财力拮据，失去了控制诸侯的能力，诸侯各自为政，维系王朝秩序的礼乐制度逐渐崩坏，所以"大师挚适齐，亚饭干适楚，三饭缭适蔡，四饭缺适秦，鼓方叔入于河，播鼗武入于汉，少师阳、击磬襄入于海"（《论语·微子》）。即便是执守周礼的鲁国，也是"季氏亦僭于公室，陪臣执国政，是以鲁自大夫以下皆僭离于正道"（《史记·孔子世家》）。很多知识分子感到社会无道，又无力改变，于是选择避世而居。如：

微生亩谓孔子曰："丘何为是栖栖者与？无乃为佞乎？"孔子曰："非敢为佞也，疾固也。"（《论语·宪问》）

楚狂接舆歌而过孔子曰："凤兮凤兮！何德之衰？往者不可谏，来者犹可追。已而！已而！今之从政者殆而！"孔子下，欲与之言。趋而辟之，不得与之言。

长沮、桀溺耦而耕，孔子过之，使子路问津焉。长沮曰："夫执舆者为谁？"子路曰："为孔丘。"曰："是鲁孔丘与？"曰："是也。"曰："是知津矣。"问于桀溺。桀溺曰："子为谁？"曰："为仲由。"曰："是鲁孔丘之徒与？"对曰："然。"曰："滔滔者天下皆是也，而谁以易之？且而与其从辟人之士也，岂若从辟世之士哉？"耰而不辍。子路行以告。夫子怃然曰："鸟兽不可与同群，吾非斯人之徒与而谁与？天下有道，丘不与易也。"

子路从而后，遇丈人，以杖荷蓧。子路问曰："子见夫子乎？"丈人曰："四体不勤，五谷不分，孰为夫子？"植其杖而芸。子路拱而立。止子路宿，杀鸡为黍而食之，见其二子焉。明日，子路行以告。子曰："隐者也。"使子路反见之。至，则行矣。子路曰："不仕无义。长幼之节，不可废也；君臣之义，如之何其废之？欲洁其身，而乱大伦。君子之仕也，行其义也。道之不行，已知之矣。"（《论语·微子》）

孔子周游列国，目的是寻求圣人之道，结果却是"善人"亦难得，还招致"隐士"的奚落和讽刺。微生亩认为孔子入仕求官是为了施展"佞才",楚狂、长沮、桀溺等隐士认为孔子空有抱负,不能改变天下"无道"的现状,所以不愿与孔子接触。"荷蓧丈人"直接不屑于"孔子之道"。他们有着不同于孔子的人生态度与世道认知,不赞成孔子的政治主张,与孔子思想有着巨大的分歧,但是孔子的主张是贤人不应该弃"道"而隐,逃避现实,其结果只能是让社会更加混乱不堪。"质胜文则野"是孔子希望贤者能入仕,主动承担起社会义务的思想表露。

二、史官失道,纲纪不存

自有史官以来,"记事载言,掌于史官,史籍藏于史官,史学亦存乎史官"①。天子任用史官记事,"诸侯列国,各有史官,降及战国,犹存《春秋》'君举必书'之义"②。《尚书·皋陶谟》称:"予违汝弼,汝无面从,退有后言,钦四邻。"古代圣王为政,畏天命而顺民心,恐失政贻害百姓,设立史官匡弼箴规,并视之或如"四邻"或为师友。在春秋时期,史官仍负责执掌天文历法、记事、典藏文书档案及书写文告、宣读册命,以及各种礼仪等,与西周史官一样。但是由于受到社会变动的冲击,史官制度内部发生了变迁。周衰乐废,王室力量衰退,诸侯国兴起,于是王朝的史官大量流向诸侯国。《史记·历书》云:"幽厉之后,周室微,陪臣执政,史不记时,君不告朔,故畴人子弟分散,或在诸夏,或在夷狄。"随着诸侯国政权重心的下移,诸侯的史官开始流入卿大夫家,《国语·晋语》:"赵简子田于蝼,史黯闻之,以犬待于门。"史黯即晋大夫史墨,时为简子史。《史记·赵世家》:"初,赵盾在时,梦见叔带持要而哭,甚悲;已而笑,拊手且歌;盾卜之,兆绝而后好。赵史援占之,曰:'此梦甚恶,非君之身,乃君之子,然亦君之咎。'"上述记载,为春秋时期史官现状的如

---

① 刘知几撰、张振佩笺注:《史通笺注》,北京:中华书局,2022 年版,第 533 页。
② 刘知几撰、张振佩笺注:《史通笺注》,北京:中华书局,2022 年版,第 533 页。

实反映。

史官失职,不再为周天子服务是礼崩乐坏的重要特征。"春秋之时,史官盖有共同必守之法,故曰君举必书。"①由于周王室衰微,没有能力再颁朔,各诸侯国史官便开始自行推算历日,遂使各诸侯国所用历法互不相同。史官观测天象、制定历法还出现了大量的舛误。《左传·桓公十七年》:"冬,十月,朔,日有蚀之,不书日,官失之也。"这样就造成了"禨祥废而不统"(《史记·历书》)的严重局面。

此外,史官在从事其他事务时也频频出现失职现象。如晋国平公生病,召卜人进行占卜,得出了实沈、台骀作祟的结论,但卜、史都确不能知此二神的来历,也只好问郑国贤人子产(《左传·昭公元年》)。又如韩宣子于鲁昭公二年在鲁太史氏处见到《易象》与《鲁春秋》,于是感叹"周礼尽在鲁矣"(《左传·昭公二年》)。这也从侧面反映出春秋时期诸侯国史官在典籍收藏等方面还存在严重的失职。史官失职的另一面还表现为在从事礼职活动时,他们已不能确知这些礼仪本来的含义了。《礼记·郊特牲》载:"失其义,陈其数,祝、史之事也。"西周及以前的祝、史了解各种仪式实际的含义,因春秋时期礼崩乐坏,史官失职成为一种较为普遍的现象。故南怀瑾指出:"这个'史',如果当作历史的史来看,就是太斯文,太酸了。"②

三、君子与弘道

孔子是中国历史上以私人身份著史的第一人,他晚年整理古籍,删《诗》《书》,定《礼》《乐》,"其功莫大于《春秋》"。孔子正是看到了其时"世衰道微,邪说暴行有作,臣弑其君者有之,子弑其父者有之"(《孟子·滕文公下》)的状况,心忧天下而作《春秋》,以"道名分",以"辨是

① 柳诒徵:《国史要义》,北京:商务印书馆,2011年版,第27页。
② 南怀瑾:《论语别裁》,上海:复旦大学出版社,2015年版,第248页。

非",以"惩恶而劝善",达到了以历史弘扬"中道"的至高境界。"《春秋》者,赏善罚恶之书,见善能赏,见恶能罚,乃是王侯之事,非孔子所能行,故但言志在而已。"①但是在政治黑暗的环境下,孔子对自己"无所遇""道难行"的从政失败,无能为力。故而孔子"制《春秋》之义,以俟后圣,以君子之为,亦有乐乎此也",孔子制《春秋》的目的就是"拨乱世,反诸正",让"其诸君子乐道尧、舜之道"(《公羊传·哀公十四年》)。孔子将实现"天下有道"的希望寄托在"培养君子",培养弟子学道而成为君子。君子就要坚守自己的人生原则和理想,做到"行远必自迩,登高必自卑"(《礼记·中庸》),磨炼自己的意志,参与社会政治实践以实现其政治理想。所以孔子积极主张弟子通过学习"礼乐"成为"先进"的为政君子(《论语·先进》),教导弟子"在其位,谋其政"(《论语·泰伯》),以改变"无道"社会。孔子弟子中如子路、冉有、仲弓、子游之属,皆曾为政。

《礼记·中庸》载:"仲尼祖述尧舜,宪章文武。"朱熹解释曰:"祖述,远宗其道;宪章,近守其法。"②此外,《论语》《大学》《孔子家语》等文献表明,孔子对尧、舜、禹、汤、文、武、周公,屡屡称颂。因"文献不足征"(《论语·八佾》)的限制,孔子更加崇尚文武之道,并以"文武之政,布在方策"来回应"哀公问政",欣羡"郁郁乎文哉"的周政,表示"从周"(《论语·八佾》)。清华简《保训》讲文王以"中"为"保"传之武王,同样,武王临终时,希望成王做到"克中无苗"(《逸周书·五权解》)。如姜广辉所言:"如果《保训》是真的先秦文献,那不仅印证了韩愈和宋儒的'道统'说,而且还补上了文王向武王传授'中道'的道统论的实证环节,其文献价值当然极为珍贵。"③《礼记·大学》曰:"君子有大道:必忠信以得之,

① 何休解诂、徐彦疏:《春秋公羊传注疏》,阮元校刻《十三经注疏》,北京:中华书局,1980 年影印版,第 2190 页。

② 朱熹:《宋本大学章句宋本中庸章句》,北京:国家图书馆出版社,2016 年版,第 203 页。

③ 姜广辉:《〈保训〉十疑》,《光明日报》,2009－05－04(12)。

骄泰以失之。"此处的"君子,以位言之"①,如果君子骄横放纵,偏离先王训告,不能保"中",就会丧失"周道"。《礼记·中庸》中,孔子赞美舜"执其两端,用其中于民",也即赞扬舜是实践中庸思想的典范。

孔子显然受到周代"中道"观念影响,并将之运用在史学领域。为"就有道而正焉"(《论语·学而》),就要树立正确的历史观。孔子据鲁史而作《春秋》,"据鲁,亲周,故殷,运之三代"(《史记·孔子世家》),既注重考据又能阙疑。孔子以事实为依据,分析其成败得失,"多闻阙疑,慎言其余"(《论语·为政》),加以功过贬褒。孟子评《春秋》为"其事则齐桓、晋文,其文则史。孔子曰:'其义则丘窃取之矣。'"(《孟子·离娄下》)《春秋》贵义而不贵惠,信道而不信邪。"(《春秋榖梁传·隐公元年》)这里所说的"道",就是"中道"。孔子治史,其意在弘"道"。杨朝明指出孔子"晚而喜易,并作《易传》,对自己的哲学思想进行了具体的阐发,他的'中庸'的方法论也臻于成熟"②。

在《春秋》之中,孔子"以礼制中",遵循周道。《史记·太史公自序》曰:"夫《春秋》,上明三王之道,下辨人事之纪,别嫌疑,明是非,定犹豫,善善恶恶,贤贤贱不肖,存亡国,继绝世,补敝起废,王道之大者也。"孔子又说:"夫君不君则犯,臣不臣则诛,父不父则无道,子不子则不孝。此四者,天下之大过也。以天下之大过予之,则受而弗敢辞。"(《史记·太史公自序》)这与孔子"君君、臣臣、父父、子子"的政治主张完全契合。孔子的终极理想是使社会合礼合宜,而实现途径便是"中道"。所谓"尚中",就是指"人间秩序的安排"要符合"中道",顺应自然,合礼顺情。孔子"至于《春秋》,笔则笔,削则削"的"笔削"书法,以褒贬阐明《春秋》大义。实际上,"《春秋》之义行,则天下乱臣贼子惧焉"(《史记·孔子世

---

① 朱熹:《宋本大学章句宋本中庸章句》,北京:国家图书馆出版社,2016 年版,第68 页。

② 杨朝明:《鲁文化史》,济南:齐鲁书社,2001 年版,第 348 页。

家》）的潜在之义就是要"史"和"史官"为"周道"服务，遵从天子权威。孔子治史论政评理，以史育人，蓄德立说，其深义即在致力于恢复文武盛世。这正是儒家思想一贯主张的"士志于道"（《论语·里仁》）的体现。

　　从孔子整个思想体系及早期儒学的特点分析，"文质彬彬，然后君子"是孔子在对时代深刻认识的基础上，以"能近取譬"的方式教育弟子"既要有文化修养，又不能迷失本性"，使其通过"学道成为君子"来服务社会，改变"天下无道"的现状。其背后蕴藏着孔子及早期儒家维护"周道"的思维模式。"文质彬彬，然后君子"对孔子之后的史学也产生了深刻影响。后世社会每当"礼崩乐坏"之际，史家便在"法先王"的基础上扛起"志道""弘道""卫道"大旗，大声疾呼，最终实现天下归"正"的理想。历史选择了以孔子为代表的儒家学说为大道，也即选择了"仁孝贤德""尊贤尚德""大义担当"等精神为主流。此后，中国史学传统重礼重义，历代史学家都以德为本，爱憎分明，"隐恶而扬善"，主张在长期潜移默化中自觉地塑造正气，化民成俗，为追求"真""善""美"铸下了根基。"天下为公""选贤举能""仁爱孝悌"等思想，也因此深深融入中华民族的血液之中，积淀成永久的集体记忆，这已然成为伟大的贡献。

第七章 "外王"的内部挫折
——《论语》"樊迟请学稼"章释论

对《论语》"樊迟请学稼"章的理解备受学术界关注,学者对此章的理解历来分歧很大,一直没有公断。通过考察当时的时代背景与孔子的从政经历,深入剖析孔子与樊迟的对话场景,拨开层层迷雾,就会发现"樊迟请学稼"章是樊迟以"学稼""为圃"为隐喻,在"大道既隐""礼崩乐坏",孔子"道难行""无所遇"的情况下,规劝孔子明于时势,放弃所求之"道",不做无谓抗争。孔子则希望弟子修道成人、成为君子,认为樊迟对自己所求之道理解不深而声色俱厉地批评其为"小人哉"。此章表层是孔子师徒关乎"稼穑"的答问,深层意蕴则是在"礼崩乐坏""天下无道"的情况下,师徒之间就孔子"就道"与"避世"而展开的"能近取譬"式的探讨。

第一节 学术回顾

《论语·子路》曰:"樊迟请学稼。子曰:'吾不如老农。'请学为圃。曰:'吾不如老圃。'樊迟出,子曰:'小人哉,樊须也!上好礼,则民莫敢不敬;上好义,则民莫敢不服;上好信,则民莫敢不用情。夫如是,则四方之民襁负其子而至矣,焉用稼?'"[①]查阅相关文献,对"樊迟请学稼"

---

① 杨伯峻:《论语译注》,北京:中华书局,2006年版,第151页。

的理解主要有三种。一是鄙视稼穑之说。如卫湜《礼记集说》:"樊迟请学稼,此盖废圣人之道,欲学野夫之事,故夫子鄙之。"①《四库总目提要·四书通旨》曰:"樊迟请学稼,不过局于末业,乃列之于异端门,与许行同讥。"②皇侃《论语义疏》曰:"樊迟在孔子之门不请学仁义忠信之道,而学求利之术,故云小人也。"③《戴氏注论语小疏》曰:"哀公时鲁数年饥,樊迟请教稼圃,以集流民,以其舍本事末,故言其所请乃小人之事。"④朱熹《论语集注》引杨氏曰:"樊须游圣人之门,而问稼圃,志则陋矣,辞而辟之可也。待其出而后言其非,何也?盖于其问也,自谓农圃之不如,则拒之者至矣。须之学疑不及此,而不能问。不能以三隅反矣,故不复。及其既出,则惧其终不喻也,求老农老圃而学焉,则其失愈远矣。故复言之,使知前所言者意有所在也。"⑤二是稼穑为"治本"理念说。邢昺《论语注疏》引包咸注:"礼义与信,足以成德,何用学稼以教民乎?"⑥刘宝楠《论语正义》曰:"当志于大人之事,而行义达道,以礼、义、信自治其身,而民亦向化而至,安用此学稼、圃之事,徒洁身而废义哉?"⑦《四书賸言》曰:"樊迟请学稼。朱鹿田曰:'莫是如后稷教民稼墙,思以稼墙治民否?'及观包咸旧注,则直曰迟将用稼以教民。则世亦原有见及者。迟以为世好文治,民不信从,不如以本治治之,此亦时近战国,几几有后此神农之言之意,特非并耕耳,然而小人之用矣。古凡习稼事者,皆称小人。"⑧三是返古之法。如《论语发微》云:"此商治道

---

① 卫湜:《礼记集说》,《文渊阁四库全书》(第 120 册)。
② 永镕:《四库总目提要》,北京:中华书局,1965 年版,第 300 页。
③ 皇侃撰、高尚榘校点:《论语义疏》,北京,中华书局,2013 年,第 328 页。
④ 戴望:《戴氏注论语小疏》,上海:华东师范大学出版社,2014 年,第 199 页。
⑤ 朱熹:《论语集注》,北京:商务印书馆,2015 年版,第 214 页。
⑥ 邢昺:《论语注疏》,阮元校刻《十三经注疏》,北京:中华书局,1980 年影印版,第 2524 页。
⑦ 刘宝楠:《论语正义》,北京:中华书局,1990 年版,第 524 页。
⑧ 程树德:《论语集释》,北京:中华书局,2013 年版,第 1032 页。

也。稼圃者,井田之法,一夫百亩,所以为稼;五亩之宅,所以为圃。樊迟欲以井田之法行于天下,后世学者当深究其理,农家者流,即出于此。"①《论语意原》曰:"异端之学,必有源流。樊迟请学稼圃,即许行君民并耕之学也。行之学自谓出于神农,夫子之时,其说虽未炽,樊迟得之亦以为神农之学,故欲学稼学圃,而不厉民以自养也,不然则士而不仕,欲躬稼圃之事,亦未为过,圣人不应深斥之,而亦不必及于上好信、好义、好礼也。"②李泽厚《论语今读》认为樊迟问学稼、学圃,是"劝孔子回到帝王亲自耕织的太平时代去"③。通阅种种解释,终觉未达《论语》本义。故程树德认为:"迟问稼圃,夫子即以上好礼等词为教,何其针锋之不相对,所答非所问。自古注以来,均不得其解。"④有鉴于此,本书通过将此章置于《论语》及相关文献所呈现的整体背景下进行解读,力求廓清迷雾,寻找此章的历史本意。

第二节　章旨探索

孔子憧憬尧、舜、禹及夏、商、周三代的"圣王"时期,特别是"文武周公"的礼乐盛世。孔子经历入仕从政、育士教学、修书立说,苦苦追索"大道之行",期望恢复先王之美政。现实却是,孔子周游列国面对的是弑君杀父、兄弟相残、以强凌弱、杀伐遍国的乱局,这让他空怀治世大道,却束手无策。生活的坎坷经历,让孔子"四十而不惑,五十而知天命,六十而耳顺,七十而从心所欲不逾矩"(《论语·为政》),积累了对时局的丰富认知,对人生与时代的思考就更为深刻。孔子回鲁后,"鲁终

---

① 程树德:《论语集释》,北京:中华书局,2013 年版,第 1033 页。
② 郑汝谐:《论语意原》,上海:商务出版社,1937 年版,第 62—63 页。
③ 李泽厚:《论语今读》,北京:生活·读书·新知三联书店,2004 年版,第 350 页。
④ 程树德:《论语集释》,北京:中华书局,2013 年版,第 1033 页。

不能用孔子,孔子亦不求仕"。孔子沉潜治学,讲学传道,从自身的修养,到人际关系的处理,再到家国历史的责任感,贡献出了许多深邃的思想理论。

孔子以"文、行、忠、信"(《论语·述而》)教学,要求学生学习《诗》《书》《礼》《乐》,成为"志道""弘道"的"君子儒"(《论语·雍也》)。少年时期,孔子也"多能鄙事"(《论语·子罕》),《孟子·万章下》曰:"孔子尝为委吏矣,曰:'会计当而已矣。'尝为乘田矣,曰:'牛羊茁壮长而已矣。'"孔子本身也并不反对农业劳动,对农业的重要性认识非常清楚。《论语·颜渊》载:"子贡问政。子曰:'足食,足兵,民信之矣。'子贡曰:'必不得已而去,于斯三者何先?'曰:'去兵。'子贡曰:'必不得已而去,于斯二者何先?'曰:'去食。自古皆有死,民无信不立。'"朱熹曰:"以人情而言,则兵食足而后吾之信可以孚于民。"①显然,"为政者首以使民得食能保其生为先"②。《论语·子路》载:"子适卫,冉有仆。子曰:'庶矣哉!'冉有曰:'既庶矣,又何加焉?'曰:'富之。'曰:'既富矣,又何加焉?'曰:'教之。'"《说苑·建本》言:"子贡问政,孔子曰:'富之。既富,乃教之也。'"孔子的治国理想,是建立在人口和物质财富的基础上的。《论语·先进》"子路、曾皙、冉有、公西华侍坐"章,子路、曾皙、冉有三人的志向汇成孔子的为政之道,强兵、足食、知礼,在此基础上实现社会秩序的恢复和发展。③《论语·宪问》载:"南宫适问于孔子,曰:'羿善射,奡荡舟,俱不得其死然。禹、稷躬稼而有天下。'夫子不答。南宫适出,子曰:'君子哉若人!尚德哉若人!'"在此,孔子肯定了"禹、稷躬稼"的意义。《左传·襄公四年》:"修民事,田以时。"《国语·鲁语》:"君子务治而小人务力,动不违时,财不过用,财用不匮。"《论语·学而》载孔子

① 朱熹:《论语集注》,北京:商务印书馆,2015年版,第204页。
② 钱穆:《论语新解》,北京:生活·读书·新知三联书店,2002年版,第311页。
③ 杨朝明:《论语诠解》,济南:友谊出版社,2013年版,第204页。

曰:"道千乘之国,敬事而信,节用而爱人,使民以时。"关于"使民以时",杨朝明解释为"春秋社会以农业为命脉,应该不违农时,勿夺农时"①。《孟子·梁惠王上》云:"不违农时。""时"皆指农时,要求百姓按照农时进行农业生产。孔子对于农业生产活动对社会的作用有清醒的认识,也给予了足够的关注。

《史记·仲尼弟子列传》载:"樊须,字子迟,少孔子三十六岁。"樊迟投身孔门后,广学好问。从《论语》中孔子与樊迟的对话可以看出,樊迟并非"小人",时常与孔子探讨"大义"。《论语·为政》载:"樊迟御,子告之曰:'孟孙问孝于我,我对曰,无违。'樊迟曰:'何谓也?'子曰:'生,事之以礼;死,葬之以礼,祭之以礼。'"《论语·雍也》载:"樊迟问知。子曰:'务民之义,敬鬼神而远之,可谓知矣。'问仁。曰:'仁者先难而后获,可谓仁矣。'"《论语·颜渊》载:"樊迟从游于舞雩之下,曰:'敢问崇德、修慝、辨惑。'子曰:'善哉问!先事后得,非崇德与?攻其恶,无攻人之恶,非修慝与?一朝之忿,忘其身以及其亲,非惑与?'"《论语·颜渊》载:"樊迟问仁。子曰:'爱人。'问知。子曰:'知人。'樊迟未达。子曰:'举直错诸枉,能使枉者直。'樊迟退,见子夏,曰:'乡也吾见于夫子而问知。子曰:"举直错诸枉,能使枉者直",何谓也?'子夏曰:'富哉言乎!舜有天下,选于众,举皋陶,不仁者远矣。汤有天下,选于众,举伊尹,不仁者远矣。'"《论语·子路》载:"樊迟问仁。子曰:'居处恭,执事敬,与人忠。虽之夷狄,不可弃也。'"由上可知,樊迟跟随孔子,常常得孔子耳提面命,谆谆教诲,是与孔子关系最为密切的弟子之一。《论语》中,除"樊迟请学稼"章外,还有樊迟三问"仁",两问"知",一问"孝"。所请教于孔子的"知""仁""孝"皆孔门思想之核心要义,与孔子所求之道密切相关。孔子的回答虽有不同,但皆能耐心说解。

孔子曾亲为鄙事,且毫不隐瞒、避讳,时常与门人弟子谈论之。其

① 杨朝明:《论语诠解》,济南:友谊出版社,2013年版,第8页。

他弟子亦时常问及农事,孔子皆能耐心回答。《论语》中孔子与樊迟的对话共有 6 次,樊迟时常请教仁、德、知、孝等"大哉问"。樊迟"问知",孔子耐心讲述务民之义、临民之道。"问仁",孔子曰"知人",从治国理政的高度告诉樊迟"举直错诸枉,能使枉者直",要樊迟明白"用人之道";孔子还以"孟懿子问孝"之例,教育樊迟做人之要在于孝亲。问"崇德、修慝、辨惑",孔子以"善哉问"加以赞扬,邢昺《论语义疏》曰:"'子曰善哉问者',其问皆修身之要,故善之。"①可以看出,樊迟虽不如颜回深得孔子赞许,但也颇受孔子器重与欣赏。然而樊迟在询问"学稼""为圃"之时,似乎不致引起孔子的厉声斥责。已有的注疏对此并无圆满解答,相关的学术研究成果也涉及甚少。要解开此问题纽结,首先要把"学稼""为圃"放入当时的社会背景下进行分析。

第三节 "学稼""为圃"的时代背景

虞夏时期,周之始祖后稷为"农师"之职,教民稼穑。《周礼·大司徒》专门设立了大司农,位列九卿。《左传·昭公十七年》载有"九扈为九农正"之语。"九农正"即为专事教民稼穑的农业官员。《淮南子·齐俗训》曰:"后稷为大田师……其导万民也,水处者渔,山处者木,谷处者牧,陆处者农。"西周以来设官劝农,更加完善了劝农制度。《诗经》中与农事相关的诗有 20 余篇,诸如:"亦有高廪,万亿及秭"(《周颂·丰年》)、"彼黍离离,彼稷之苗。行迈靡靡,中心摇摇"(《国风·黍离》)、"自昔何为,我艺黍稷。我黍与与,我稷翼翼,我仓既盈,我庾维亿。以为酒食,以飨以祀,以妥以侑,以介景福"(《小雅·楚茨》)、"其笠伊纠,

---

① 邢昺:《论语注疏》,阮元校刻《十三经注疏》,北京:中华书局,1980 年影印版,第 2504 页。

其镈斯赵,以薅荼蓼"(《周颂·良耜》),等等。稼穑等农业生产活动在商周社会中就已受到普遍重视。

春秋时期,诸侯为生存与发展,逐渐忽视和抛弃周礼,打着"尊王攘夷"的口号,专注于争霸图存,天下处于攻伐兼并的高潮,周道秩序遭到严重破坏,出现齐桓、晋文等"春秋五霸"争于武力,"王道"不复存在的情况。管仲的"耕战论"应时而出,《管子·治国》曰:"富国多粟生于农,故先王贵之。凡为国之急者,必先禁末作文巧;末作文巧禁,则民无所游食;民无所游食则必农。民事农则田垦,田垦则粟多,粟多则国富,国富者兵强,兵强者战胜,战胜者地广。"《管子》描绘了开垦土地—种植谷物—积存粮食—富国强兵—发动战争—开疆拓土、天下诸侯积粮成风的社会逻辑。"秦地半天下""积粟如丘山",楚国"粟支十年",齐国"粟如丘山",燕、赵二国也是"粟支数年"。甚至韩国的宜阳县,也"城方八里,材士十万,粟支数年"。大势所趋,如《管子·国蓄》所言:"使万室之都必有万钟之藏""使千室之都必有千钟之藏"。农业受到普遍重视,成为各诸侯开发国力、富国强兵、图存争霸的经济基础。

儒家也提倡以农为本,认为农业是衣食之源、立国之本。孔子对农业生产的社会作用有相当的认识,孔子之道与农耕文明之间的关系是不言而喻的。孔子以六艺为教育内容,《史记·孔子世家》载:"孔子以《诗》《书》《礼》《乐》教,弟子盖三千焉,身通六艺者七十有二人。"甲骨文中的"艺"字是个象形字,写作"埶",左边像一株禾苗,右边像一个人跪在禾苗旁边,伸出双手。"艺"的本意是一个人正在种植庄稼、呵护禾苗。《说文解字》释"艺"为"艺者,种也"。传统农业之初就是种植,"艺"就是种植的意思,跪下表示感谢上苍赐予庄稼,满怀感恩。《管子·牧民》曰:"仓廪实则知礼节,衣食足则知荣辱。"农业生产居于社会发展的首位,是整个礼乐社会秩序的支柱。儒家对于农业的重视不仅是出于生存的需要,更主要的还在于维持社会秩序的需要。① 《吕氏春秋·审时》曰:"夫稼,为之者人也,生之者地也,养之者天也。"民以食为天,只有解决了温饱问题,才能达到天地人和谐的境界。

《说文解字》释"稼"曰:"禾之秀实为稼,茎节为禾。从禾家声。一曰稼,家事也。一曰在野曰稼。"这里释"圃"为"种菜曰圃"。朱熹《论语集注》曰:"树五谷曰稼,树菜蔬曰圃。"② 在商周文献中,从事稼穑者多为"小人"。如《尚书·无逸》中有"相小人,厥父母勤劳稼穑,厥子乃不知稼穑之艰难"。《左传·襄公九年》言:"君子劳心,小人劳力,先王之制也。"《国语·鲁语上》曰:"君子务治而小人务力。"清华简《保训》言:"昔舜久作小人,亲耕于历丘。"郭店楚墓竹简载:"刑不隶(逮)于君子,礼不隶(逮)于小人。""小人"是从事农业等体力劳作的平民,包括庶民、鄙夫、野人等,在王、侯、卿、大夫、士范围之外,是身份地位较低之人的统称。

《礼记·表记》载:"殷人尊神,率民以事神,先鬼而后礼……周人尊礼尚施,事鬼敬神而远之。"《逸周书·和寤解》曰:"惟事惟敬,小人难保。"《说文解字》言:"保,养也。"灭商后,周武王于商郊"明德于众",要求重视"小民"。孔子"祖述尧舜,宪章文武"(《礼记·中庸》),其思想与尧、舜、禹、文王、武王、周公等圣王一脉相承。孔子也认为"唯女子与小人为难养也"(《论语·阳货》),由此可知,孔子不仅没有轻视"小人"的意义,反而映衬出他对"小人"的敬畏、戒惧,也是秉承周人的"牧民""养民"思想。

至此,道理已经明朗。通过上文对时代背景和儒家农业生产态度的分析,结合孔子与其弟子们关于"足食""农时"的探讨,可以看出孔子并不轻视农业或者"小民"。诚如钱穆所言:"樊迟学稼,亦言为政之事,

---

① 张双棣:《吕氏春秋译注》,长春:吉林文史出版社,1987年版,403页。
② 朱熹:《论语集注》,北京:商务印书馆,2015年版,第214页。

非自欲为老农老圃以谋生。"①孔子所答"上好礼""上好义""上好信",亦"言礼仪忠信为治民之要"②。所以,此章隐含的更深意蕴尚需拨开,当孔子面临"道难行"的困局时,其关注点在"道"。"学稼""为圃"是樊迟对孔子所求"道"的质疑与返鲁后的人生建议,孔子的应答则表明了对"道"的坚定执着,这是师徒二人由此展开的一次思想博弈。

第四节　"樊迟请学稼"解读

"樊迟请学稼"章,"樊迟请学稼""为圃"是在孔子"道之不行"背景下所展开的师生问答。樊迟并非仅仅问"学稼""为圃",而是以稼圃之事为隐喻与孔子进行深入的思想交流,事关孔子就"道"与人生的进退,言简意赅,字字珠玑。具体而言,本章可作三个层次理解,大意为:

首先,樊迟问种庄稼之事(在天下无道不堪、出仕无望的情况下,劝孔子行动上放弃所求之"道",务实一点,把精力放在改善物质生活上,孔子没有明白),孔子说"我不如老农民"(提醒樊迟所问不当,欲引导樊迟思考礼、义、信等治国之要);然后,樊迟又向孔子问种蔬菜之事(樊迟并没有放弃,更进一步劝孔子放弃所求之道,修养身心,研究园艺,颐养晚年,孔子还是没有明白),孔子说"我不如老园丁"(孔子认为樊迟仍停留在"小人之志",感叹其志向浅薄);接着,樊迟(自知说不动孔子,也不敢直言孔子应该放弃"道")退了出来。孔子(此时明白樊迟的用意,对樊迟不理解自己感到失望)说:"樊迟真是小人!统治者讲究礼节,百姓就没有人敢不尊敬;统治者行为正当,百姓就没有人敢不服从;统治者

① 钱穆:《论语新解》,北京:生活·读书·新知三联书店,2002 年版,第 331 页。
② 邢昺:《论语注疏》,阮元校刻《十三经注疏》,北京:中华书局,1980 年影印版,第 2506 页。

诚恳信实,百姓就没有人敢不说真话。做到这样,四方的百姓都会带着儿女来投奔,为什么要种庄稼呢?"(孔子立足从政治国的高度,认为樊迟认识浅薄,教育樊迟要致力于大事业,并以"上好礼、上好义、上好信"表达自己"谋道不谋食"的坚定信念,表明自己一以贯之地执着其道。)

这样理解的根据有以下三方面:

一、"道"的挫折与希望的迁移

通过《论语》《孔子家语》《礼记》等文献,我们发现孔子上承"三代明王之政"(《礼记·哀公问》),尊崇尧、舜、禹、汤、文、武、成王、周公等"三代之英"(《孔子家语·礼运》)之道,对文武之道尤为推崇。《礼记·中庸》载孔子曰:"文、武之政,布在方策,其人存,则其政举;其人亡,则其政息。""文、武之政"既是孔子行为的实践,也是孔子态度的抉择,更是孔子精神上"一以贯之"的依托。纵观孔子的一生,为恢复"周道"积极入世,时刻关注社会现实问题。期望挽"周道"于既崩之际。但是,面对"大道既隐"的局面,结局只能是"夫子之道至大"而"天下莫能容夫子",孔子从政的道路相当曲折。

在鲁国,孔子是"受屈于季氏,见辱于阳虎"(《列子·杨朱》);在齐国,晏婴以"盛容饰,繁登降之礼,趋详之节,累世不能殚其学,当年不能究其礼"的理由排斥孔子,齐景公最终以"弗能用"冷遇孔子(《史记·孔子世家》);在卫国,"有恶孔子于卫君者,曰:'尼欲作乱,卫君欲执孔子'"(《韩非子·外储说左下》)、"灵公使公孙余假一出一入"(《史记·孔子世家》)相防范;在宋国,"司马桓魋欲杀孔子,拔其树"(《论语·述而》)以相逼,孔子最终难以施展政治抱负。《史记·孔子世家》记其政治实践:"已而去鲁,斥乎齐,逐乎宋、卫,困于陈、蔡之间,于是反鲁。""郑人或谓子贡曰:'东门有人,其颡似尧,其项类皋陶,其肩类子产,然自要以下不及禹三寸,累累若丧家之狗。'""……孔子欣然笑曰:'形状,末也。而谓似丧家之狗,然哉!然哉!'"孔子始终没有找到适合推行自己学说思想的地方。

在从政"无所遇""道难行"后,孔子明白为政必重教化,转而致力于教学。《孔丛子·杂训》曰:"夫子之教,必始于《诗》《书》而终于《礼》《乐》。"早期儒家的《诗》教思想本质在于"政教"。《论语·述而》载"子以四教:文、行、忠、信",培养弟子信道、传道。孔子欲培养一批优秀的"士"来匡扶"文武之道"(《论语·子张》),继续推行自己的思想。在孔子的感召下,弟子也都务实好学,如曾子的"三省吾身"(《论语·学而》),子路的"有闻,未之能行,唯恐又闻"(《论语·公冶长》)、"君子之仕也,行其义也"(《论语·微子》),子张的"书诸绅"(《论语·卫灵公》),等等。通过与弟子们的对话可以看出,孔子致力于从治国理政的高度来教育弟子,弟子所学的内容往往与从政相关。萧公权言:"孔子学术之主要内容为政理与治术。其行道之方法为教学,其目的则为从政。"①孔子的教育宗旨是将弟子培养成合格的为政之才,通过所学辅助君王、定国安邦,孔门弟子也深切地感觉到了这一点。在《论语》中常见这样的记载:"子张学干禄"(《论语·为政》),"子张问政"(《论语·颜渊》),"子张问于孔子曰:何如斯可以从政矣"(《论语·尧曰》),"子路问政"(《论语·子路》),"子路问事君"(《论语·宪问》),"子贡问政"(《论语·颜渊》),"子夏为莒父宰,问政"(《论语·子路》),"仲弓为季氏宰,问政"(《论语·子路》),"颜渊问为邦"(《论语·卫灵公》),等等。在孔子的影响下,这些弟子都表现出对政治的关心和从政的愿望。孔子对子弟从政也充满信心,对弟子从政能力评价为"由也果""赐也达""求也艺""于从政乎何有""雍也可使南面"(《论语·雍也》),"求也,千室之邑,百乘之家,可使为之宰也"(《论语·公冶长》)。孔子也推动弟子为政,《论语·公冶长》载:"子使漆雕开为政。"通过弟子出仕来推行自己的政治主张。在孔子的倡导下,很多弟子都出仕诸侯,如"子游为武城

---

① 萧公权:《中国政治思想史》,沈阳:辽宁教育出版社,1998年版,第49页。

宰""子路使子羔为费宰""仲弓为季氏宰""子夏为莒父宰"等等。孔子弟子之求学于孔子,其初始目的大多学"求干禄"之本领,其后却更欣赏孔子一心向道。在入仕从政的实践中,孔子希望弟子不要热衷于利禄,坚持"苟利国家,不求富贵"(《礼记·儒行》)的信念,奉行"邦有道,谷;邦无道,谷,耻也"(《论语·宪问》)的原则,坚守"周道"的理想与抱负,不作无原则的"屈节"。

二、弟子的迷茫与回应

对于孔子的思想,弟子的理解程度并不一样。孔子师徒困于陈蔡之际,孔子依然"讲诵弦歌不衰",子路显露不满的神色并以"君子亦有穷乎"质问孔子,对孔子的思想主张表示怀疑。只有颜回认为,天下不容孔子,不是孔子之道的错误,而是孔子之道太博大、太深刻,由于它太博大、太深刻,以至于不能在这个狭迫的时代中实现。《史记·孔子世家》记载:

> 孔子知弟子有愠心,乃召子路而问曰:"诗云'匪兕匪虎,率彼旷野'。吾道非邪?吾何为于此?"子路曰:"意者吾未仁邪?人之不我信也。意者吾未知邪?人之不我行也。"孔子曰:"有是乎!由,譬使仁者而必信,安有伯夷、叔齐?使知者而必行,安有王子比干?"

> 子路出,子贡入见。孔子曰:"赐,诗云'匪兕匪虎,率彼旷野'。吾道非邪?吾何为于此?"子贡曰:"夫子之道至大也,故天下莫能容夫子。夫子盖少贬焉?"孔子曰:"赐,良农能稼而不能为穑,良工能巧而不能为顺。君子能修其道,纲而纪之,统而理之,而不能为容。今尔不修尔道而求为容。赐,而志不远矣!"

> 子贡出,颜回入见。孔子曰:"回,诗云'匪兕匪虎,率彼旷野'。吾道非邪?吾何为于此?"颜回曰:"夫子之道至大,故天下莫能容。虽然,夫子推而行之,不容何病,不容然后见君子!夫道之不修也,是吾丑也。夫道既已大修而不用,是有国者之丑也。不容何病,不容然后见君子!"

孔子欣然而笑曰:"有是哉颜氏之子! 使尔多财,吾为尔宰。"

子路、子贡本就难以理解孔子,更让子路难以接受的是,孔子为实现自己的政治理想,也曾打算"曲节"以就道,出现欲往公山不狃、佛肸处出仕的念头。《史记·孔子世家》载:"公山不狃以费畔季氏,使人召孔子。孔子循道弥久,温温无所试,莫能己用,曰:'盖周文武起丰镐而王,今费虽小,傥庶几乎!'欲往。子路不说,止孔子。孔子曰:'夫召我者岂徒哉? 如用我,其为东周乎!'然亦卒不行。""佛肸为中牟宰。赵简子攻范、中行,伐中牟。佛肸畔,使人召孔子。孔子欲往。子路曰:由闻诸夫子,'其身亲为不善者,君子不入也'。今佛肸亲以中牟畔,子欲往,如之何? 孔子曰:'有是言也。不曰坚乎,磨而不磷;不曰白乎,涅而不淄。我岂匏瓜也哉,焉能系而不食?'"公山不狃以区区费邑叛乱召孔子,孔子竟然希望前往,借机施展自己的宏大志向,欲信心满满地效法文王"起丰镐而王"。佛肸叛,使人召孔子,孔子同样打算前往。公山不狃、佛肸的举动明显不符合周道,违背周礼,以至于子路出来反对,孔子也最终未成行。

混乱时代,复杂社会,致使弟子们对于孔子之道的理解参差不齐。有的对孔子之道深信不疑,如颜回认为"道既已大修而不用,是有国者之丑也,不容何病? 不容然后见君子"(《史记·孔子世家》)。但面对"仰之弥高,钻之弥坚,瞻之在前,忽焉在后"的孔子之道,颜回也是"既竭吾才,如有所立卓尔。虽欲从之。末由也已"(《论语·子罕》)。其他弟子更是时有对孔子"道"的困惑,如子路有"学岂益也哉""何学之有"之惑,孔子及时指出"受学就问,孰不顺哉? 毁仁恶士,必近于刑。君子不可不学"(《孔子家语·子路初见》),告诉子路学习的重要性。即便如此,"叶公问孔子于子路,子路不对"(《论语·述而》),对孔子之道一时难以理解的子路,竟然不知道如何应答。对于子贡"女为多学而识之者与"之问,孔子纠正以"非也,予一以贯之"(《论语·卫灵公》),告诉子贡重要的是坚持自己所求的"道"。当困惑未能及时得解时,弟子便会对孔子之道产生怀疑,甚至退缩。如子贡对"夫子之言性与天道,不可得而闻也"(《论语·公冶长》),子贡弄不明白孔子关于"性与天道"方面的学问,认为孔子"夫子之道至大也,故天下莫能容夫子。夫子盖少贬焉"(《史记·孔子世家》),劝孔子稍微降低道德标准,以便于统治者接受,不至于沦落绝境。孔子批评子贡,认为他不去修治道术,反而降格以求能容,是志向不远大的表现。冉求更是"非不说子之道,力不足也"(《论语·雍也》),"如其礼乐,以俟君子"(《论语·先进》),对孔子之道产生畏难情绪,在学习过程中感到非常吃力。"礼乐"作为"道"的核心内容①,冉求却认为自己的能力不够,要等待"君子"来实现。但孔子认为,冉求并非能力不足,而是思想态度问题,以"我未见力不足者。盖有之矣,我未之见也"(《论语·里仁》)对冉求严厉批评。比冉求更进一层,就是樊迟的"学稼""为圃",也是针对孔子之道感到迷茫,进而规劝孔子退隐。《论语正义》亦曰:"当春秋时,世卿持禄,废选举之务,贤者多不在位,无所得禄。故樊迟请夫子学稼学圃,盖讽子以隐也。"②樊迟以"学稼""为圃"为隐喻劝孔子先满足自身物质需求后,再颐养精神,放弃匡复乱世、寻求"天下有道"的执念。这不仅仅是对"孔子之道"的质疑,更是对其的否定,越过了孔子的人生底线,故孔子以"小人哉"严厉驳斥他。《论语·卫灵公》曰:"君子固穷,小人穷斯滥矣。"此章论述了面对窘迫局面时君子和小人之间的差异,面对困难,君子依然能够乐在修身,坚持节操;而小人一遇窘迫就无所不为了。孔子并不鄙视从事具体农业劳动的人,这两章"小人"可互解。所以,这里的"小人"是孔子指责樊迟认识浅薄,格局小、境界低,面对困难缺乏从"道"的责任心,与孔子对樊迟"务民之义""先难而后获"(《论语·雍也》)的教诲相悖,而非

---

① 邢昺:《论语注疏》,阮元校刻《十三经注疏》,北京:中华书局,1980 年影印版,第 2524 页。

② 刘宝楠:《论语正义》,北京:中华书局,1990 年版,第 524 页。

批判从事农业等体力劳作的普通平民。

三、独特的交流形式

《论语·雍也》载孔子曰:"能近取譬,可谓仁之方也已。""能近取譬"被孔子看成实践"仁道"的方法。《说文解字》曰:"譬,谕也。"即打比方,用比喻使对方明白。孔子教导弟子时,常常"能近取譬""因材施教",针对基础不同、个性不一的学生,孔子及时施以教导。同样,孔门弟子也经常以"能近取譬"的形式与孔子进行思想交流。诚如康有为所言:"圣人之道甚多,要权其时地、轻重、大小各有当也,学者宜尽心焉。"①樊迟以"学稼""为圃"为隐喻向孔子表达自己的想法,并非首次,也非唯一。首先,孔子时常"能近取譬"地来表达自己的思想。如《论语·为政》载孔子曰:"人而无信,不知其可也。大车无輗,小车无軏,其何以行之哉?"孔子以车上的"輗""軏"为喻,说明"信"的重要性;《论语·雍也》载孔子曰:"觚不觚,觚哉! 觚哉。"孔子以酒器为喻,说明"为政不得其道则不成"②;《论语·述而》载孔子曰:"甚矣吾衰也! 久矣吾不复梦见周公!"《史记·孔子世家》载孔子曰:"泰山坏乎! 梁柱摧乎! 哲人萎乎。"孔子以"周公"为譬,以"泰山"为喻,感叹周道不行,自己无力匡扶;《论语·子罕》曰:"岁寒,然后知松柏之后凋也。"孔子以"岁寒比喻乱世,松柏比喻君子"③;《论语·雍也》载:"犁牛之子骍且角,虽欲勿用,山川其舍诸?"孔子以耕牛所产的小牛作比喻,说明"才德不系于世类"④,以此对仲弓进行勉励;《论语·子罕》曰:"苗而不秀者有矣夫!

① 康有为:《论语注》,姜义华、张荣华编校《康有为全集》(第 6 集),北京:中国人民大学出版社,2007 年版,第 407 页。

② 程树德:《论语集释》,北京:中华书局,2013 年版,第 477 页。

③ 李炳南:《论语讲要》,武汉:长江文艺出版社,2011 年版,第 163 页。

④ 钱穆:《论语新解》,北京:生活·读书·新知三联书店,2002 年版,第 145 页。

秀而不实者有矣夫!"孔子以"植物谷子"为喻,教育弟子"君子贵自勉也"①。再如,孔子谓《韶》"尽美矣,又尽善也",谓《武》"尽美矣,未尽善也"(《论语·为政》),以对古乐的评价来表达自己的政治观点,"禅让"是尽美尽善,而动用武力,即便是正义之战,却也"未尽善";当孔子闻"季氏将伐颛臾",孔子以"虎兕出于柙,龟玉毁于椟中"(《论语·季氏》)为喻,要求冉有"陈力就列,不能者止";当孔子到达武城,听到子游"弦歌之声",孔子以"割鸡焉用牛刀"(《论语·阳货》)为喻,说明子游很强的政治才能。其次,在与弟子的对话中,孔子"以近取譬"也颇为常见。如当子路以"南山有竹,不揉自直,斩而用之,达于犀革"质疑学习的作用时,孔子以"括而羽之,镞而砺之,其入之不亦深乎"(《孔子家语·子路初见》)教育子路重视学习的重要性。当子路问孔子"子行三军,则谁与"时,孔子曰:"暴虎冯河,死而无悔者,吾不与也;必也临事而惧,好谋而成者也。"(《论语·述而》)孔子以"赤手空拳和老虎搏斗"和"不用船只去渡河"为喻,劝诫子路切勿鲁莽无谋。当冉有问:"夫子为卫君乎?"子贡曰:"诺,吾将问之。"(《论语·述而》)孔子以"古之贤人"伯夷、叔齐为譬,让子贡明白自己"不为卫君"。当子贡问孔子"赐也何如?"孔子以"瑚琏之器"来比喻子贡,表明子贡在某些方面还没有达到孔子期望。②当子张问"善人之道",孔子以"不践迹,亦不入于室"(《论语·先进》)为譬,教育子张要有主见。当"佛肸召,子欲往",面对子路的质问,孔子以"吾岂匏瓜也哉?焉能系而不食"(《论语·阳货》)为喻,表明自己不会为环境所染,并非欲助乱臣。再次,受孔子的影响,弟子们也时常"以近取譬"。如当孔子问子游"得人焉耳乎",子游以"行不由径,非公事,未尝至于偃之室也"(《论语·雍也》)为譬,形容澹台灭明正直忠良,不可

① 朱熹:《论语集注》,北京:商务印书馆,2015 年版,第 174 页。
② 钱宁重编:《新论语》,北京:生活·读书·新知三联书店,2012 年版,第 130—131 页。

多得；当孔子不欲从政时，子贡用"有美玉于斯，韫椟而藏诸？求善贾而沽诸"（《论语·子罕》）进行询问，以"美玉"为喻，询问孔子对从政的态度；当叔孙武叔语大夫于朝曰："子贡贤于仲尼。"子贡曰："譬之宫墙，赐之墙也及肩，窥见室家之好。夫子之墙数仞，不得其门而入，不见宗庙之美，百官之富。得其门者或寡矣。夫子之云，不亦宜乎！"（《论语·子张》）子贡以"宫墙"赞扬孔子才智高深；当叔孙武叔毁仲尼，子贡曰："丘陵也，犹可逾也；仲尼，日月也，无得而逾焉。"（《论语·子张》）子贡以"丘陵""日月"为喻，说明孔子是"不可毁"的。

总之，"樊迟请学稼"章位于《论语·子路》篇，该篇主旨围绕政事展开，讲的是为政者如何修养自身，以及达到推己及人、治理国家的目的。"学稼""为圃"之问，实质上是樊迟以此为隐喻，"言为政之事"，劝说孔子在政治环境不好、礼乐不行的时代，放弃所求之"道"，抛下执念，从事稼、圃，修养身心。"樊迟请学稼"是樊迟对孔子之"道不行"的迷茫、反思与孔子人生进退的建议，且层层相扣，步步推进。而孔子的教育宗旨是希望弟子学习为政治国之道、修己安人之术，出仕承担社会责任。所以，孔子在了解樊迟的意图后，立足为政治国的高度，以"小人哉"批评樊迟目光狭窄，教导樊迟格局要更大。"焉用稼"是孔子勉励弟子要研究修己安人的大学问，要致力于治国平天下的大事业。[①] 孔子坚持"君子不可小知，而可大受也"（《论语·卫灵公》），实质上是孔子对自己所求之"大道"不愿做丝毫改变，不愿放下社会责任和历史使命追求社会秩序的安定太平。

可以说，"能近取譬"章、"文质彬彬"章与"樊迟请学稼"章反映的都是孔子"外王"的尝试。孔子通过因材施教，培养济世安邦的君子，在面对挫折与困难时，孔子坚信"大道可为"。所以说，我们读《论语》要突破历代集解注疏畛域，进入深层意蕴，才可窥见孔子思想全貌。

---

① 李炳南：《论语讲要》，武汉：长江文艺出版社，2011年版，第213页。

第八章 "孔子遗说"整理与孔门的分裂
——《论语》"因不失其亲"章释论

　　《论语·学而》"因不失其亲"章,是有若阐述儒家伦理价值之言,其中"因不失其亲,亦可宗也"二句是《论语》较难理解的章句之一,历来众说纷纭。通过探索《史记·仲尼弟子列传》《礼记》《孟子》等文献所记有若之事,结合孔子去世后孔门无"宗主"的现状,我们发现此二句的"因"当为"继承""沿袭","亲"为"要义""核心"之意。此章的背景是孔子去世后,因有若对孔子思想学习得最好,学问最接近孔子,故被弟子们推选为孔门领袖,但是遭到曾子一派的反对,有若对此情况进行反击,借以维护自己的地位。

　　《论语·学而》篇共16章,其中记孔子言论8章,论述有若3章、曾参2章、子夏1章,还有子贡与子禽、子贡与孔子对话2章。《论语·学而》篇主要讲学习的问题,列为开篇首章,大有深意。刘宝楠曰:"夫子一生进德修业之大,咸括于此章。"①刘宗周曰:"孔子一生精神,开万古门庭,阃奥实尽于此。"②《朱子语类》引宋人吴寿昌曰:"今读论语,且熟读学而一篇。若明得一篇,其余自然易晓。"③"学"在《论语》首章指"学说或学说成就"之意④,即孔子所期望之"道"。结合新近出土的材料,

---

① 刘宝楠:《论语正义》,北京:中华书局,1990年版,第5页。
② 刘宗周:《论语学案》,上海:上海古籍出版社,1987年版,第506页。
③ 黎靖德:《朱子语类》,北京:中华书局,2020年版,第479页。
④ 李启谦:《关于"学而时习之"章的解释及其所反映的孔子精神》,《孔子研究》,1996年04期。

可以发现《论语》每一章都存在一个语言背景,且围绕着一定的思想主旨,即孔子对实现"天下有道"的至高追求。弟子们深受孔子思想的影响,也都"志于道"。《论语·学而》载有子曰:"信近于义,言可复也。恭近于礼,远耻辱也。因不失其亲,亦可宗也。"这是有若阐述儒家伦理价值之言,位于首篇之中,这一看似简单的经文背后实际上蕴含着弟子对孔子及孔子之道的怀念与追寻。本章在古今文献的基础上,就"因不失其亲"章的相关问题作进一步探索。

第一节　学术回顾

在前人注疏的基础上,我们对本章的注解分为三个层次进行梳理,就目力所及,将具有代表性的注释撮要述之。

一、信近于义,言可复也

此二句描述的是"信"与"义"的关系,向来争论不多,无甚异解。朱熹认为:"信,约信也。义者,事之宜也。复,践言也。"①钱穆认为:"复,反复,即践守所言义。"②此二句讲的是言语之信当以义为标准,须视义而行。如皇侃《论语义疏》曰:"夫信不必合宜,合宜不必信。若为信近于合宜,此信之言乃可复验也。若为信不合宜,此虽是不欺,而其言不足复验也。"③邢昺《论语注疏》曰:"人言不欺为信,于事合宜为义。若为义事,不必守信,而信亦有非义者也。言虽非义,以其言可反复不欺,

---

① 朱熹:《论语集注》,北京:商务印书馆,2015 年版,第 87 页。
② 钱穆:《论语新解》,北京:生活·读书·新知三联书店,2002 年版,第 18 页。
③ 皇侃撰、高尚榘校点:《论语义疏》,北京:中华书局,2013 年,第 18 页。

故曰近义。"①康有为《论语注》曰:"言约信而合其宜,言乃可返践矣。"②
《戴氏注论语小疏》曰:"信必反身践其言,故近于义。义谓宜在我
者。"③钱穆《论语新解》曰:"与人有约而求能信,当求所约之近于义,俾
可践守。"④对于不合宜之信,皇侃《论语义疏》,邢昺《论语注疏》,韩愈、
李翱《论语笔解》,康有为《论语注》都举尾生事例,即尾生与女子约会于
桥下,女子未来,大水忽至,而尾生为了守信,竟抱桥柱,不肯离去,最终
被大水淹死。像尾生这样的守信,即是不近于义。

二、恭近于礼,远耻辱也

此二句描述"恭"与"礼"的关系,与上文"恭近于礼,远耻辱也"二句
为并列关系,亦无歧义。"恭,致敬也。礼,节文也"⑤,此二句讲的是恭
敬合于礼的要求,就不会遭受耻辱。如皇侃《论语义疏》曰:"恭是逊从,
礼是体别,若逊从不当于礼,则为耻辱。若逊从近礼,则远于耻辱。逊
从不合礼者何? 犹如逊在牀下及不应拜而拜之属也。"⑥邢昺《论语注
疏》曰:"恭惟卑巽,礼贵会时,若逊在牀下,是恭不合礼,则非礼也。恭
虽非礼,以期能远耻辱,故曰近礼。"⑦康有为《论语注》曰:"致恭而中其
节,然后耻辱可远。太恭,则屈节辱身。"⑧钱穆《论语新解》曰:"恭敬亦
须合理,否则易近于耻辱。"⑨李泽厚《论语今读》曰:"讲恭敬符合礼制,

---

① 邢昺:《论语注疏》,阮元校刻《十三经注疏》,北京:中华书局,1980 年影印版,
第 2458 页。
② 康有为:《论语注》,北京:中华书局,1984 年版,第 13 页。
③ 戴望:《戴氏注论语小疏》,上海:华东师范大学出版社,2014 年版,第 46 页。
④ 钱穆:《论语新解》,北京:生活·读书·新知三联书店,2002 年版,第 18 页。
⑤ 朱熹:《论语集注》,北京:商务印书馆,2015 年版,第 87 页。
⑥ 皇侃撰、高尚榘校点:《论语义疏》,北京:中华书局,2013 年,第 18 页。
⑦ 邢昺:《论语注疏》,阮元校刻《十三经注疏》,北京:中华书局,1980 年影印版,
第 2458 页。
⑧ 康有为:《论语注》,北京:中华书局,1984 年版,第 13 页。
⑨ 钱穆:《论语新解》,北京:生活·读书·新知三联书店,2002 年版,第 18 页。

才能免遭耻辱。"①孙善钦《论语本解》曰:"恭敬如果合乎礼,就能远远避开耻辱了。"②黄怀信集众家之说,指出:"恭,指对人恭敬之貌。言若其对人恭敬之貌接近于礼,则必定远离耻辱。"③

三、因不失其亲,亦可宗也

此句"异解甚多"④。首先,在文本考异上,"亦可宗也"皇本作"亦可宗敬也",所载孔注亦有"敬"字。⑤ 刘宝楠不赞成"宗敬"之说,提出"此言宗敬者,引申之义"⑥。黄怀信认为"有'敬'字与二上句句法参差,皇本'敬'字当衍"⑦。学者多持此观点。"因",一说为"姻","因"即"姻"之省文,如《戴氏注论语小疏》曰:"因,古文姻字。男曰□,女曰婚。"⑧程树德《论语集释》引桂馥《群经义证》曰:"周礼六行,其四曰姻。注:'姻亲于外亲。'是姻得为亲。""据此,则'因'即'姻'的省文。"⑨其次,在词句的解释上,对"因"的理解主要有三种意见。一是"因"是"亲",如何晏《论语集解》曰:"因,亲也。"⑩皇侃《论语义疏》曰:"因,犹亲也。"⑪邢昺《论语注疏》曰:"因,亲也。"黄怀信赞同此观点,认为"婚姻之义,于注本得兼之,皇、邢疏依注为训,未为失旨。"⑫二是"因"是

① 李泽厚:《论语今读》,北京:生活·读书·新知三联书店,2004 年版,第 41—42 页。
② 孙善钦:《论语本解》,北京:生活·读书·新知三联书店,2009 年,第 8 页。
③ 黄怀信:《论语汇校集释》,上海:上海古籍出版社,2008 年版,第 80 页。
④ 李泽厚:《论语今读》,北京:生活·读书·新知三联书店,2004 年版,第 42 页。
⑤ 程树德:《论语集释》,北京:中华书局,2013 年版,第 58 页。
⑥ 刘宝楠:《论语正义》,北京:中华书局,1990 年版,第 31 页。
⑦ 黄怀信:《论语汇校集释》,上海:上海古籍出版社,2008 年版,第 81 页。
⑧ 戴望:《戴氏注论语小疏》,上海:华东师范大学出版社,2014 年版,第 46 页。
⑨ 程树德:《论语集释》,北京:中华书局,2013 年版,第 58 页。
⑩ 何晏集解、孙滌生整理:《论语集解》,北京:北京时代华文书局,2015 年版,第 6 页。
⑪ 皇侃撰、高尚榘点校:《论语义疏》,北京:中华书局,2013 年版,第 18 页。
⑫ 黄怀信:《论语汇校集释》,上海:上海古籍出版社,2008 年版,第 82 页。

"依靠",如朱熹认为:"因,犹依也。"①康有为《论语注》曰:"因,依也。"②
钱穆《论语新解》曰:"因,犹依。"③杨伯峻《论语译注》曰:"因,依靠,凭
借。"④三是新创异说,南怀瑾另辟异说,认为"因就是动机"⑤,新则新
也,然乏史料佐证。对"宗"的含义,《说文解字》解释"宗"为"尊祖庙
也",即尊祖祭祀的庙堂。学者们趋于一致,如朱熹、康有为、钱穆、杨伯
峻、黄怀信等都赞成"宗"为"主",刘宝楠进一步解释为"宗有尊训"⑥。
再次,在此二句的主旨理解上,各有把握。一是理解为"不失其亲,则此
人可以宗敬",如何晏《论语集解》引孔安国曰:"言所亲不失其亲,亦可
宗敬。"⑦皇侃《论语义疏》曰:"人能所亲得其亲者,则此德可宗敬也。
亲不失其亲,若近而言之,则指于九族宜相和睦也。若广而言之,则是
泛爱众而亲仁,乃义之与比,是亲不失其亲也。然云'亦可宗'者,'亦'
犹重也。能亲所亲,则是重为可宗也。"⑧邢昺《论语注疏》曰:"所亲不
失其亲,言义之与比也。既能亲仁比义,不有所失,则有知人之鉴,故可
宗敬也。"⑨刘宝楠《论语正义》引《大戴礼记·曾子立事》"观其所爱亲,
可知其人矣",曰:"谓观其所亲爱之是非,则知其人之贤与不肖。若所
亲不失其亲,则此人之贤可知,故亦可宗敬也。"⑩二是理解为"依靠自
己的亲人,可以成为宗主",如朱熹《论语集注》曰:"所依者不失其可亲

① 朱熹:《论语集注》,北京:商务印书馆,2015 年版,第 87 页。

② 康有为:《论语注》,北京:中华书局,1984 年版,第 13 页。

③ 钱穆:《论语新解》,北京:生活·读书·新知三联书店,2002 年版,第 18 页。

④ 杨伯峻:《论语译注》,北京:中华书局,2006 年版,第 9 页。

⑤ 南怀瑾:《论语别裁》,上海:复旦大学出版社,2017 年版,第 45 页。

⑥ 刘宝楠:《论语正义》,北京:中华书局,1990 年版,第 31 页。

⑦ 何晏集解、孙濌生整理:《论语集解》,北京:北京时代华文书局,2015 年版,第 6 页。

⑧ 皇侃撰、高尚榘点校:《论语义疏》,北京:中华书局,2013 年版,第 18—19 页。

⑨ 邢昺:《论语注疏》,阮元校刻《十三经注疏》,北京:中华书局,1980 年影印版,
第 2458 页。

⑩ 刘宝楠:《论语正义》,北京:中华书局,1990 年版,第 31 页。

之人,则亦可以宗而主之矣。"①康有为《论语注》曰:"所依者不失其可亲之人,乃可奉为宗主。"②钱穆《论语新解》曰:"所依不失为可亲之人,则缓急可待,亦可亲为宗主。"③三是近人的理解,仍不失古意。如李泽厚《论语今读》曰:"所依靠的不脱离自己的亲族,这就可以效法。"④杨伯峻《论语译注》曰:"依靠关系深的人,也就可靠了。"⑤

已有的注疏虽已不胜枚举,但对此章有若此语所出之缘由仍无法圆满解答,相关的学术研究成果也涉及甚少。学界对前四句"信近于义,言可复也。恭近于礼,远耻辱也"在词句训解与文义疏通上虽各有长短,然折中去取之后,主旨差异不大,但是对"因不失其亲,亦可宗也"二句的理解,内容模糊,由于语境的缺失和限制,学界对此章主旨把握不够,长久以来陈陈相因,只能被加以泛化的释读。此章中有若言语的深意并未得到全面呈现。有鉴于此,拙文结合章旨,推演此章产生的背景,进一步解读此章深意。

第二节　章旨探索

"因不失其亲"章位于《论语·学而》篇,"学而篇皆是先言自修,而后亲师友"⑥,有若阐述儒家伦理价值之言,涉及信、义、恭、礼等儒学要义诸多方面,而"儒"之本义,就是以"仁""义""忠""信""孝""悌"等思想

---

① 朱熹:《论语集注》,北京:商务印书馆,2015 年版,第 87 页。
② 康有为:《论语注》,北京:中华书局,1984 年版,第 13 页。
③ 钱穆:《论语新解》,北京:生活·读书·新知三联书店,2002 年版,第 18 页。
④ 李泽厚:《论语今读》,北京:生活·读书·新知三联书店,2004 年版,第 42 页。
⑤ 杨伯峻:《论语译注》,北京:中华书局,2006 年版,第 9 页。
⑥ 黎靖德:《朱子语类》,北京:中华书局,2020 年版,第 479 页。

教人,讲究礼乐,崇尚礼仪。① "信与恭皆美德,然当近义合礼"②,与儒之本义相合。关于本章的章旨,朱熹曰:"言人之言行交际,皆当慎之于始而虑其所终,不然,则因仍苟且之间,将有不胜其自失之悔者矣。"③钱穆言:"本章言与人交际,当慎始,而后可以善终。"④此章讲的是为人处事应该谨慎。故要解开此问题,首要的是抽绎此章的背景,弄清楚孔子去世后在孔门弟子集体编撰《论语》过程中,有若学术思想的特点及弟子们对有若身份、地位的认可度等,或可接近有若语的语境及内在逻辑。

一、"孔子遗说"的整理与《论语》的编撰

孔子思想博大精深,表现出"十有五而志于学,三十而立,四十而不惑,五十而知天命,六十而耳顺,七十而从心所欲,不逾矩"(《论语·为政》)的发展历程。加之"孔子以《诗》《书》《礼》《乐》教,弟子盖三千焉,身通六艺者七十有二人"(《史记·孔子世家》)。《隋书·经籍志》曰:"孔子既叙六经,讲于洙泗之上,门徒三千,达者七十。其与夫子应答,及私相讲肄,言合于道,或书之于绅,或事之无厌。"⑤孔子与弟子组成一个教与学的群体,在教学和社会交往过程中,弟子门人有做笔记的习惯,每位亲传弟子手中都会有"接闻于夫子之语"的记录。如面对孔子"言忠信,行笃敬,虽蛮貊之邦行矣;言不忠信,行不笃敬,虽州里行乎哉?立,则见其参于前也;在舆,则见其倚于衡也。夫然后行"的教诲时,子张便"书诸绅"。(《论语·卫灵公》)朱熹解释说:"绅,大带之垂

---

① 黄怀信:《"儒"本义及儒学特质》,张秋升、王洪军主编《中国儒学史研究》,济南:齐鲁书社,2004年版,第20页。

② 钱穆:《论语新解》,北京:生活·读书·新知三联书店,2002年版,第19页。

③ 朱熹:《论语集注》,北京:商务印书馆,2015年版,第87—88页。

④ 钱穆:《论语新解》,北京:生活·读书·新知三联书店,2002年版,第19页。

⑤ 魏徵等:《隋书·经籍志》(第四册),北京:中华书局,1973年版,第939页。

者。书之,欲其不忘也。"①也就是说,由于毫无准备,子张又担心将老师的话忘记,临时起意写在自己的腰带上,以示不忘。"子张既闻孔子斯言,遂退而记之"(《孔子家语·入官》);对孔子"不忮不求,何用不臧"的教诲,"子路终身诵之"(《论语·子罕》);"子夏蹴然而起,负墙而立",对孔子的教诲"敢不志之"(《孔子家语·论礼》);"冉有跪然免席",对孔子的教诲"退而记之"(《孔子家语·五刑》)。叔仲会和孔璇"执笔记事于夫子,二人迭侍左右"(《孔子家语·七十二弟子解》)。当孔子觉得讲的内容非常重要时,也会主动要求弟子记下来,如对"苛政猛于虎",要求子贡的"小子识之";讲"公父文伯之母纺绩"的事例,要求"弟子志之"(《孔子家语·正论解》)。对有孺子歌曰:"沧浪之水清兮,可以濯我缨,沧浪之水浊兮,可以濯我足。"孔子要求"小子听之"(《孟子·离娄上》)。故在孔子离世之后,留下了很多"孔子遗说",它们多以"子曰""孔子云"等形式保存下来。钱穆先生提出:"当时诸弟子于孔子一言一行,无不谨书而备录之可知。"②正是因为孔门弟子通常有记录和整理笔记的习惯,形成了浩繁而复杂的"孔子遗说"。

孔子去世后,孔门弟子将老师葬于鲁城北泗水南岸。《史记·孔子世家》载:"孔子葬鲁城北泗上,弟子皆服三年。三年心丧毕,相诀而去,则哭,各复尽哀;或复留。"按照丧父之礼,弟子为老师守丧三年,然后才"相诀而去,则哭,各复尽哀;或复留"。可以想象,在孔子去世后,孔门作为一个集体失去了核心和领袖,也失去了精神依托。弟子们出于对孔子的尊重与对孔门的依恋,怕孔门出现分化,必然想要维系这个集体的存在。为使孔子"循循然善诱人"之言语时刻响于耳边,弟子们在为老师守丧的三年间,除按时举行祭祀孔子的仪式外,还将各自手中所记录的"孔子言语"汇集在一起,开始整理"孔子遗说"。陆德明《经典释

---

① 朱熹:《论语集注》,北京:商务印书馆,2015 年版,第 242 页。
② 钱穆:《论语新解》,北京:生活·读书·新知三联书店,2002 年版,第 1 页。

文·叙录》曰："夫子既终,微言已绝。恐离居已后,各生异见,而圣言永灭,故相与论撰,因辑时贤及古明王之语,合成一法,谓之《论语》。"①我们可以发现,孔门后学编撰《论语》有着明显的目的,即"保存孔子遗言,以纪念孔子,并传之后世"。

二、有若思想特征与"宗主"地位的建立

孔子一生教授弟子有三千多人,入门早晚不同,来源十分复杂。如钱穆将孔门弟子按先进与后进分为前辈与后辈两期。他说:"孔门弟子盖有前辈后辈之分。前辈问学孔子去鲁之先,后辈则从游于孔子返鲁之后。如子路、冉有、宰我、子贡、颜渊、闵子骞、冉伯牛、仲弓、原宪、子羔、公西华,则孔门前辈也。游、夏、子张、曾子、有若、樊迟、漆雕开、澹台灭明,则孔门后辈也。"②而弟子对孔子思想的领悟也各异,如:"德行:颜渊、闵子骞、冉伯牛、仲弓。言语:宰我、子贡。政事:冉有、季路。文学:子游、子夏。"(《论语·先进》)由于孔子"有教无类""因材施教"的教育特征,虽然同受教于孔子,但时间不同,对孔子学术所悟也各不相同,自然出现同源异流的现象,弟子各有"接闻于夫子之语",而"取舍相反不同",却"皆自谓真孔",因而弟子们时常争论不休。为统一孔门思想,延续孔子学问,在弟子中间产生孔门的主事人已成为当务之急。

通读《论语》及相关文献,我们可以发现,"'学习'是孔子重要的人生体验,'学习之道'是孔子用实践凝结的智慧,是具备了文字、思考、体验和实践的人生道德,是包含思想与行为的人生境界"③。孔子好学,达到了"发愤忘食,乐以忘忧,不知老之将至云尔"(《论语·述而》)与"日知其所亡,月无忘其所能"(《论语·子张》)的极高境界。所以,"为

---

① 陆德明:《经典释文》,上海:上海古籍出版社,2013年版,第59页。
② 钱穆:《先秦诸子系年》,北京:商务印书馆,2002年版,第94页。
③ 王瑞来:《〈论语〉开篇发覆》,《现代哲学》,2008年05期。

学"是孔子人生的核心价值之一①。有若延续了孔子的好学习惯,《荀子·解蔽》曰:"有子恶卧而焠掌,可谓能自忍矣。"《刘子》用"有子恶卧,自焠其掌"②的故事来说明有若好学无倦。《孔子家语》说有若"为人强识,好古道也"③。故在为学上,"有子平日必有言行过人,而获同门之推信"④。

《论语·学而》篇第二章即记述了有若的话,这与有若在孔门中的地位有直接的关系。有若的言论虽不多,却极具纲领性,都是对孔子思想的重要发挥。首先,对孔子"仁"思想的继承。孔子仁学的实质内涵,就是"爱人"——关爱他人⑤。有若用一种由下贯上的思维和表达方式,对孔子的仁孝观作了高度概括性的凝练与整合,指出:"其为人也孝弟,而好犯上者,鲜矣;不好犯上而好作乱者,未之有也。君子务本,本立而道生。孝弟也者,其为仁之本与!"(《论语·学而》)即"在思想上有子派以'孝悌'伦理为核心"⑥。有若对孔子"孝悌"的伦理思想有着非常全面的理解,并善于融会贯通,是孔子思想的更为集中和清晰的再现。其次,对孔子礼乐思想的发挥。有若阐发孔子的礼乐思想,他说:"礼之用,和为贵。先王之道,斯为美;小大由之。有所不行,知和而和,不以礼节之,亦不可行也。"(《论语·学而》)刘宝楠认为:"有子此章之旨,所以发明夫子中庸之义也。"⑦钱穆认为:"此最孔门言礼之精义。"⑧

① 孙桂平:《孔子的学术思想综述》,《河海大学学报(哲学社会科学版)》,2006 年02 期。

② 林琳译注:《刘子》,北京:中华书局,2022 年版,第 19 页。

③ 李启谦、王式伦编:《孔子弟子资料汇编》,济南:山东友谊书社,1991 年版,第794 页。

④ 钱穆:《孔子传》,北京:生活·读书·新知三联书店,2002 年版,第 88—89 页。

⑤ 黄怀信:《〈论语〉中的"仁"与孔子仁学的内涵》,《齐鲁学刊》,2007 年 01 期。

⑥ 林安梧:《儒家道德哲学的两个向度:以〈论语〉中"曾子"与"有子"为对比的展开》,《学术研究》,2000 年 06 期。

⑦ 刘宝楠:《论语正义》,北京:中华书局,1990 年版,248 页。

⑧ 钱穆:《论语新解》,北京:生活·读书·新知三联书店,2002 年版,第 18 页。

再次,对孔子治国思想的领会。孔子主张对人民要"施取其厚,……敛从其薄"(《左传·哀公十一年》),"因民之所利而利之"(《论语·尧曰》),提倡"养民也惠"(《论语·公冶长》)。有若对孔子的政治取向悟得很透。故当"哀公问于有若曰:'年饥,用不足,如之何?'"有若直接回答说:"盍彻乎?"即把原来十分之二的税率减半,改征十分之一"彻"。面对鲁哀公"二,吾犹不足,如之何其彻也"的疑问,有若进一步解释:"百姓足,君孰与不足?百姓不足,君孰与足?"(《论语·颜渊》)有若这种重民疾苦、以民为本的思想和为政主张,与孔子高度一致。古今学者在探讨孔子的有关思想时,往往会援引有若的话作为重要依据。

　　正因有若对孔子思想有着深刻的理解,故有若也是万分尊崇孔子,推崇孔子思想,他曾言:"岂惟民哉?麒麟之于走兽,凤凰之于飞鸟,泰山之于丘垤,河海之于行潦,类也。圣人之于民,亦类也。出于其类,拔乎其萃,自生民以来,未有盛于孔子也。"(《孟子·公孙丑上》)可见,有若是孔门弟子中最善于用老师的眼光观察世界,最善于以老师的思维方式来思考问题,从而达至与老师思想水乳交融、高度一致的境界,即"与圣人合"的一个。这为数不多的《论语》四章中的每一章,都体现了有若对孔子思想的参悟和领会,体现了其在思想上与孔子的高度一致。故孟子说有若"智足以知圣人",杨伯峻解释为"聪明的知识足以了解圣人"[1]。

　　至此,问题已经逐步明朗。有若因好学深思而掌握了孔子学问和思想的真谛,《史记·仲尼弟子列传》说"有若状似孔子",《孟子》说"有若似圣人"[2]。《礼记·檀弓上》说"有子之言似夫子也",意即有若的学问很得孔子思想的真谛,即"有若道似孔子"[3],与孔子思想高度相似,

---

①　杨伯峻:《孟子译注》,北京:中华书局,2008 年版,第 50 页。
②　杨伯峻:《孟子译注》,北京:中华书局,2008 年版,第 94 页。
③　周东娜:《"有若似孔子"辨析》,《孔子研究》,2013 年 03 期。

因而受到弟子们的敬重与信服,所以大家才希望像侍奉孔子那样对待有若。钱穆认为,孟子谓"子夏、子张、子游,以有若似圣人,欲以所事于孔子事之,曾子不可而止",则有子固曾为孔门弟子所推服。① 檀作文则形象地称赞有若是"孔门的'代课老师'"②。正因如此,大约"鲁哀公十八年(公元前 477 年),有若被推举出来主事儒门事务"③。

三、有若遭遇的挑战与地位的跌落

在孔子离世之后,"当时儒家学派的确需要一个非凡人物来填补孔子死后留下的空缺"④。因此,有若被推选出来,居于"师"的地位,故孔门弟子们要对有若"相与共立为师,师之如夫子时也"(《史记·仲尼弟子列传》),有若也一度成为孔门主事人,主持整理"孔子遗说"等事宜。但有若的地位并非一直稳固,而是遭受到曾子一派的挑战。钱穆根据《论语》首篇只有三章录有有若的话,并且将有若和曾参并称"子",断定曾参和有若都有希望承接孔子学说,"愚按《论语》首篇,即录有子之言者三,而与曾子并称曰子,门人实欲以二子接孔子之传者"⑤。《论语·学而》篇"三省吾身"章是继孔子、有子言论后接着记载曾子言论,钱穆指出:"《论语》以有子之言一章次《学而》章之后,不即次以曾子之言者,嫌为曾子处有子后。另入巧言章,而以曾子言次之,是有、曾二子之言,皆次孔子言之后,于二子见平等义。"⑥足见有子、曾子在孔门的地位。林安梧提出:"孔子殁后,众弟子大体有两大派别,一是'有子派',另一是'曾子派',这两派争持不下,后来孔子之徒就散而为八,但仍然是以

① 钱穆:《论语新解》,北京:生活·读书·新知三联书店,2002 年版,第 6—7 页。
② 檀作文:《孔子的三个接班人》(中),《瞭望东方周刊》,2009 年 02 期。
③ 杨义:《论语还原》(上册),北京:中华书局,2015 年版,第 107 页。
④ 王钧林:《中国儒学史·先秦卷》,广州:广东教育出版社,1998 年版,第 167 页。
⑤ 钱穆:《先秦诸子系年》,北京:商务印书馆,2002 年版,第 91 页。
⑥ 钱穆:《先秦诸子系年》,北京:商务印书馆,2002 年版,第 9 页。

此两派弟子为核心编纂了《论语》。《论语》一书唯有子、曾子二人称子即可见此状。"①

　　曾子一派对有若的孔门宗主地位首先发难。《孟子·滕文公上》载："子夏、子张、子游以有若似圣人,欲以所事孔子事之,强曾子。曾子曰:'不可,江汉以濯之,秋阳以暴之,皜皜嗌乎不可尚已。'"②"所谓似圣人者,盖必有子之学识。"③"子夏等人以为'有若似圣人(孔子)',表明在他们看来,有子思想接近孔子,是孔门的传人。"④因而,以之为由来推有若主持孔门事务,弟子们欲"事之",这一做法遭到曾子一派的激烈反对。曾子针对子夏、子张、子游以"有若似圣人"为由提出的"以所事孔子事之"的动议表示明确反对。曾子陈述的反对理由是所谓"江汉以濯之,秋阳以暴之,皜皜乎不可尚已"。杨伯峻注:"'江汉以濯'三句,毛奇龄《四书索解》、焦循《正义》均以为'江汉以濯之,以江汉比夫子也;秋阳以暴之,以秋阳比夫子也;皜皜乎不可上,以天比夫子也。同一水,池沼可濯也,不能及江汉之濯也;同一火,燔燎可暴也,不能及秋阳之暴也;乃以江汉拟之犹未足也,以秋阳拟之犹未尽也,其如天之不可上矣。'"⑤曾子用"江汉""秋阳""皜皜"形容孔子,是比喻孔子的思想学说⑥,意指"谁能再比得孔子呢"⑦。其意为:我们众弟子在先生思想学说的江河里得到洗礼,在先生思想学说的阳光下得到照耀,先生的思想学说就像九天一样高远辽阔,没有什么能够与之相比。言下之意则是

---

　　① 林安梧:《儒家道德哲学的两个向度:以〈论语〉中"曾子"与"有子"为对比的展开》,《学术研究》,2000 年 06 期。

　　② 杨伯峻:《孟子译注》,北京:中华书局,2008 年版,第 94 页。

　　③ 王十朋:《王十朋全集》,上海:上海古籍出版社,1998 年版,第 804—805 页。

　　④ 姜广辉主编:《中国经学思想史》(第一卷),北京:中国社会科学出版社,2010 年版,第 584 页。

　　⑤ 杨伯峻:《孟子译注》,北京:中华书局,2008 年版,第 100 页。

　　⑥ 周东娜:《"有若似孔子"辨析》,《孔子研究》,2013 年 09 期。

　　⑦ 杨伯峻:《孟子译注》,北京:中华书局,2008 年版,第 97 页。

有若的水平和孔子相比差得太远,根本不具备接替孔子做大家老师的资格。由此可见,在谁为孔门主事人的问题上,有子和曾子之间爆发了较大的冲突。

《史记·仲尼弟子列传》的另一记载也印证了这一现象:

孔子既没,弟子思慕,有若状似孔子,弟子相与共立为师,师之如夫子时也。他日,弟子进问曰:"昔夫子当行,使弟子持雨具,已而果雨。弟子问曰:'夫子何以知之?'夫子曰:'《诗》不云乎?"月离于毕,俾滂沱矣。"昨暮月不宿毕乎?'他日,月宿毕,竟不雨。商瞿年长无子,其母为取室。孔子使之齐,瞿母请之。孔子曰:'无忧,瞿年四十后当有五丈夫子。'已而果然。问夫子何以知此?"有若默然无以应。弟子起曰:"有子避之,此非子之座也!"

有若在子夏、子张、子游的推荐下成为孔门的实际主事者,曾子在反对有子的时候,有若已经主持孔门事务了。孔门弟子因思慕孔子,对有若有很高的期待,这种期待因为有若的"默然无以应对",转化为失望。"孔子死,弟子共坐有若,问以道事,有若不能对者,何也? 体状似类,实性非也。"[1]有若也因为无法为大家释疑解惑,被认为没有资格坐老师的"位置",而被其他弟子从师位上赶了下来。《论语·子张》篇全载孔门弟子之言,其中子夏 10 章、子贡 6 章、曾子 4 章、子张 3 张、子游 3 张,唯独无有子言论。《论语》首篇《学而》载有子言论最多,孔门弟子在《子张》篇中不复载录有子的言论,而子贡、子夏、曾子之言论却贯彻始终,这一现象也就得到了合理的解释。

---

① 李启谦、王式伦编:《孔子弟子资料汇编》,济南:山东友谊书社,1991 年版,第793 页。

第三节　文义再疏证

　　理解此章的关键在"因不失其亲,亦可宗也"二句,对此二句内容的定位和理解,特别是对"因""亲"这两个关键字的理解决定了此章整体意义疏解与诠释的方向。下文对此二句再一次进行疏证,以探讨此章的意义,解开此章的原意。

　　近年来,一些文章已对"因不失其亲,亦可宗也"二句的"因""亲"进行了疏证。如黄嘉骏《"因不失其亲,亦可宗也"的句意探析——从"因""亲""宗"的字义探究出发》认为:"'因'是'亲依'之,是与'信''恭'一样的人伦规范;'亲'是'亲依'之意,是以血缘为基础的亲近关系。"①刘光洁《人伦规范与价值重建——〈论语·学而〉"因不失其亲,亦可宗也"疏解》认为:"'因'指人与人相'亲依',与'信''恭'一样都是当时社会的基本人伦规范之一;'亲'则是'因'的内在价值准则,指以血缘亲情为基础的亲疏远近。"②钩沉《论语》文本及相关文献,对"因""亲"的意蕴再作梳理。

　　前文已对"因"的解释进行了梳理,三种理解均未得其旨。"因",会意字,甲骨文作"囗",像人在席子上,"因的本意后由茵字表示。因由凭借引申为依据,另外也指因袭"。③《说文解字》曰:"因,就也。"即"就近依凭"。茵褥是供人坐卧的,故可引申出"依,就"之义,也有"因袭"的意味。于是,"因"便引申出"因袭、继承"之义。除此章外,"因"在《论

---

　　① 黄嘉骏:《"因不失其亲,亦可宗也"的句意探析——从"因""亲""宗"的字义探究出发》,《西部学刊》,2021 年 09 期。

　　② 刘光洁:《人伦规范与价值重建——〈论语·学而〉"因不失其亲,亦可宗也"疏解》,《海南大学学报(人文社会科学版)》,2019 年 01 期。

　　③ 《新华大字典》编委会:《新华大字典》,北京:商务印书馆,2014 年版,1024 页。

语》他章也有出现,如《论语·为政》载孔子曰:"殷因于夏礼,所损益,可知也;周因于殷礼,所损益,可知也。其或继周者,虽百世,可知也。"其中的"因"就为"因袭"①之义。韩愈、李翱《论语笔解》韩曰:"因训亲,非也。孔失其义。"李曰:"因之言相因也。信近义而复本,礼因恭而远嫌,皆不可失,斯酒可尊。"②即为此意,这意味着把"因"用作动词,而后两句便成宾语。此外,"不失"有"不偏失""保持、保守"之义,从整个的章句语境看,它与表示"因袭"的"因"字互见,两者可构成并列结构。

"亲"本身无甚歧义,是一种亲近的关系或状态。《论语》"亲"出现7次,多释为"亲人、亲族",如:"君子笃于亲,则民兴于仁。""一朝之忿,忘其身,以及其亲,非惑与?""君子不施其亲。""人未有自致者也,必也亲丧乎。""虽有周亲,不如仁人。"也有释为"亲自、亲身"的,如:"车中,不内顾,不疾言,不亲指""亲于其身为不善者,君子不入也"。还有释为"亲近"的,如"泛爱众,而亲仁"。历代注解也多将"因不失其亲"的"亲"注解为"亲人、亲族",近代很多学者亦无异议。《说文解字》解释"亲"为"至也",即"关系至近至密者"。鉴于有若好学及有若与孔子的师生感情,孔子思想可以说是有若的"至亲""至信"。"因不失其亲"之"亲",当是"要义、核心","不失"便是对这种"要义""核心"的保留。

那么,鉴于上述的疏证与章旨追寻,结合有若的学术思想及其在孔门的地位、孔子去世后弟子的分化与重组,我们发现此章语境如下。孔子去世后,弟子们在争论谁有资格做孔子的继承人,有若因好学,且得孔子思想真谛,故弟子们推选有若为"老师",暂时主持孔门丧礼,带领孔门弟子祭祀孔子及整理"孔子遗言"。但其地位并未稳固,遭到以曾子为首的其他弟子反对。面对曾子等弟子质疑,有若"默然无以应"。在曾子欲将其赶下位之时,有若进行了反击。他首先阐释了自己为人

---

① 钱穆:《论语新解》,北京:生活·读书·新知三联书店,2002 年版,第 48 页。
② 韩愈、李翱注:《论语笔解》,《文渊阁四库全书》(第 196 册)。

处事的言行诚信,随后提出,在继承孔子学识方面,即便有所革新,也是深得老师思想的真谛。有若以此来反驳曾子一派的挑战,说明自己可以做孔门的"宗主"。所以,此章可解释为:

　　有若说:"(我的)信义符合时宜,说的话能够兑现;(在祭祀老师的过程中)态度容貌的庄矜合于礼的要求,就不应该遭受耻辱(回应曾子一派的挑战,认为曾子一派做得过分);继承老师学说的核心,我虽有所革新但仍不违背要义,这样是完全可以成为孔门宗主的。"

第四节　学术的分歧与宗旨的坚定

　　孔子的"敏而好学"及其丰富的人生经历,让他的思想既博大精深又兼备丰富性和多歧性,这为门人后学向不同方向发展提供了更多的可能。孔子一生教学时间长久,又注重"因材施教",加之孔门弟子本身构成复杂,孔门才有"德行、言语、政事、文学"四科人才济济的蔚然气象。这就出现了弟子虽同接受了孔子教育,但其思想呈现却不相同,这为儒学之分化提供了条件。《韩非子·显学》曰:"自孔子之死也,有子张之儒,有子思之儒,有颜氏之儒,有孟氏之儒,有漆雕氏之儒,有仲良氏之儒,有孙氏之儒,有乐正氏之儒。"孔门弟子的分化,似乎是无可奈何的事情。孔子弟子"各得圣人之一体",分别走向了各自的道路,这便是孔子后学分化的最为根本的原因所在。

　　孔子重视"学""习"的重要性,认为学问的获得靠持续的"学""习"。《论语·卫灵公》:"子曰:'赐也,女以予为多学而识之者与?'对曰:'然,非与?'曰:'非也,予一以贯之。'"朱熹《论语集注》引谢氏曰:"圣人之道大矣,人不能遍观而尽识,宜以为多学而识之也。然圣人岂务博者哉?

如天之于众形,匪物物刻而雕之也。故曰:'予一以贯之。'"①正因为孔子有这样的好学精神,对弟子的影响颇为深远。孔门弟子并未因孔子的离世而放弃儒学,相反,更加注重专研孔子生前的学问,基本上都能"宗师仲尼""咸遵夫子之业"。《淮南子·要略》云:"孔子修成康之道,述周公之训,以教七十子,使服其衣冠,修其典籍,故儒者之学生焉。"《史记·孔子世家》载:"孔子以《诗》《书》《礼》《乐》教,弟子盖三千焉,身通六艺者七十有二人。如颜浊邹之徒,颇受业者甚众。"《汉书·艺文志》云:"儒家者流,盖出于司徒之官,助人君顺阴阳明教化者也。游文于六经之中,留意于仁义之际,祖述尧舜,宪章文武,宗师仲尼,以重其言,于道最为高。"孔子"祖述尧舜,宪章文武""修成康之道,述周公之训",以《诗》《书》《礼》《乐》等古代文献为载体教授弟子治世之道。《说文解字》曰:"教,上所施下所效也。"自孔子后,儒家继续以"六经"为教,秉承孔子"述而不作"的原则,形成源远流长的教化传统,继续以继承和发扬先王之道为理想,由此形成了儒家传承久远的王道政治理想。弟子们"各得圣人之一体"形成儒家"多元嬗变"的格局,在弘扬孔子学说方面各有侧重,具有不同的为学态度和思想倾向。若将孔子思想看作大树的主干,后期儒学则是以此生长出更多的枝丫,不管这些枝丫如何发展了孔子思想,基本上有一个共同点,即如孟子所言"乃所愿,则学孔子也"(《孟子·公孙丑上》)。后世儒家对孔子的思想高度地认同和尊崇,所以孔子的主体精神一直绵延传袭至今,正如有子所言:"因不失其亲,亦可宗也。"只要我们抓住事物发展的核心,不论风云变幻,事业仍可以更好发展。这是中华优秀传统文化的魅力和毅力所在,也是我们坚持文化自信的底气所在。

---

① 朱熹:《论语集注》,北京:商务印书馆,2015 年版,第 241 页。

第九章　从"一以贯之"到"天下有道"

对《论语》"一以贯之"的解释,一直是孔子思想的研究焦点之一。孔子的思想学说理念是"祖述尧舜,宪章文武",向往先王之美政,特别是"周政"。"一以贯之"的"一",就是孔子行事的一贯"纲领","一"的宗旨是达到"正",也即"规范了社会等级与秩序的社会关系"。① 为此,孔子在从政、教育、著述及精神追求上,皆贯穿"正"的思想,"正"就是孔子之道的主轴。"一以贯之"既表达了孔子"正"的价值取向,又蕴含着孔子"天下有道"的至高追求。党的二十大报告指出:"从现在起,中国共产党的中心任务就是团结带领全国各族人民全面建成社会主义现代化强国、实现第二个百年奋斗目标,以中国式现代化全面推进中华民族伟大复兴。"②中华民族的伟大复兴,是全体中国人的"中国梦"。党的十九大报告指出:"一个政党,一个政权,其前途命运取决于人心向背。"③民心是最大的政治,孔子的"一以贯之",对当下的启示便是以"民"贯之,顺应人民期待,彰显人民至上。

---

① 杨朝明:《孔子家语通解》,济南:齐鲁书社,2009 年版,第 469 页。
② 本书编写组:《党的二十大报告学习辅导百问》,北京:党建读物出版社,2022 年版,第 16 页。
③《中国共产党第十九次全国代表大会文件汇编》,北京:人民出版社,2017 年版,第 49 页。

第一节 学术回顾

"一以贯之"在《论语》中出现两次,一次在《论语·里仁》:"子曰:'参乎! 吾道一以贯之。'曾子曰:'唯。'子出,门人问曰:'何谓也?'曾子曰:'夫子之道,忠恕而已矣。'"另一次在《论语·卫灵公》:"子曰:'赐也,女以予为多学而识之者与?'对曰:'然,非与?'曰:'非也,予一以贯之。'"清儒刘宝楠说:"'一贯'之义,自汉以来不得其解。"①

显然,"一以贯之"的具体所指关系着对于孔子整个学说思想体系的理解和认识。对此,历代学者苦苦求索孔子"一以贯之"之道。许慎在《说文解字》中云:"贯,钱贝之贯。从毌、贝。"《广雅·释言》:"贯,穿也。"《尔雅·释诂》释"贯"为"事也"。曾子以"忠恕"释"一贯"。宋儒注重道统,大都尊曾子的理解。如程子曰:"以己及物,仁也;推己及物,恕也,违道不远是也。忠恕一以贯之。"②邢昺《论语注疏》解释为:"用一理以统天下万事之理。"③朱熹用"会万殊于一贯"释"一贯"④,还言"一以贯之""犹言以一心应万事"⑤。清代乾嘉学派的多数学者都将"一以贯之"释为"一以行之"⑥。近年,有的学者解释"吾道"即"修身治国之道","一以贯之"就是以"仁"贯之。⑦ 有的学者认为,"吾道一以贯之"

---

① 刘宝楠:《论语正义》,北京:中华书局,1990 年版,第 152 页。

② 朱熹:《论语集注》,北京:商务印书馆,2015 年版,第 116 页。

③ 邢昺:《论语义疏》,阮元校刻《十三经注疏》,北京:中华书局,1980 年影印版,第 2571 页。

④ 黎靖德:《朱子语类》,北京:中华书局,2020 年版,第 732 页。

⑤ 黎靖德:《朱子语类》,北京:中华书局,2020 年版,第 721 页。

⑥ 黄怀信:《论语汇校集释》,上海:上海古籍出版社,2008 年版,第 341—342 页。

⑦ 郭祥贵、杨和为:《〈论语〉"吾道一以贯之"解》,《史志学刊》,2013 年 05 期。

的含义应是："我'仁'的学说贯通着'中庸'的基本原则。"①还有学者认为，"一以贯之"应当作"成德以贯之"来理解②，不一而足。以上各家理解虽各有道理，但亦未能尽达夫子本意。

孔子虽没有明确对"一以贯之"进行专门论述，但是我们仍然可以从对孔子产生重要影响的老子学说中得到启示。老子强调"一"的崇高地位，"圣人抱一为天下式"（《道德经》第22章）。老子还论述了"一"与其他事物的联系："天得一以清，地得一以宁，神得一以灵，谷得一以盈，万物得一以生，侯王得一而以为正。"③尹振环认为简帛佚籍中的"一"为："'一也，乃德也'，仁、义、礼、智、圣，一以贯之。"④可见在老子那里，崇高的"一"和"正"密切相关。这种思想，与孔子的"吾道一以贯之"确有相通之处。

黄怀信将"一以贯之"解释为："'一'指一个核心或纲领。'贯'，贯穿。即'用一个东西贯穿它们。'"⑤康有为认为孔子"告曾子之一贯，就其道言；告子贡之一贯，就其学言"⑥。然而，"圣人开示万法，大小精粗无所不备，或并行而不悖，或相反而相成，然其用虽万殊，本实一贯"⑦。康先生理解的"一以贯之"当是孔子行事、教学的一贯追求。受此启发，笔者不揣浅陋，认为康有为所说的孔子"一贯追求"，应是"天下有道"。纵观孔子的一生，唯一的目标就是恢复先王之"道"，并为此奔走呐喊。在孔子看来"人能弘道，非道弘人"（《论语·卫灵公》），要实现"天下有道"，首先要使天下"礼、乐、政、名、教"等先王之"道"按"正"的标准行于

①　沈茂骏：《"吾道一以贯之"新释》，《广东社会科学》，1991年06期。

②　高书文：《仁德的成就——"孔子之道一以贯之"命题的阐释》，《理论月刊》，2012年06期。

③　尹振环：《帛书老子再疏义》，北京：商务印书馆，2007年版，第32页。

④　尹振环：《帛书老子再疏义》，北京：商务印书馆，2007年版，第33页。

⑤　黄怀信：《论语新校释》，西安：三秦出版社，2006年版，第84页、375页。

⑥　康有为：《论语注》，北京：中华书局，1984年版，第229页。

⑦　康有为：《论语注》，北京：中华书局，1984年版，第51页。

当世,重振"周道疲敝"。所以,"正"就成为孔子之"道"最核心的内容。"一以贯之"的"一",就是贯穿"礼、乐、政、名、教"等先王之"道",让其按"正"的标准行于当世,"正"成为孔子"一以贯之"之道的主轴。"一以贯之"就是"以正贯之",是孔子积极入世,努力求"正",以实现"天下有道"的尝试。本章就此进行论述,祈请方家指教。

第二节 "正"的意境

孔子作为一个伟大的思想家,目标是实现"天下有道"。孔子"一以贯之"的"道",就是先王之道。[①] 孔子心目中的先王之道,就是尧、舜、禹、汤、文、武、周公之道,而文、武、周公之道尤为孔子推崇。孔子学说思想包含"礼""乐""政""行"等众多重要范畴,而"正"是评价其是否符合"先王之道"的标准。《论语》"正"字出现了很多次,都作"匡正"或者"端正"[②]之义。邢昺《论语注疏》进一步解释"正"为"谓问事是非"[③]。所以,"正"在孔子"道"的体系中,占有重要的位置。

首先,"正"的思想涉及面极为广泛,更符合"一以贯之"的范围。在《论语》《礼记》及《孔子家语》中,"正"多次出现。如对日常行为的论述有:

子曰:"君子食无求饱,居无求安,敏于事而慎于言,就有道而正焉,可谓好学也已。"(《论语·学而》)

割不正,不食。(《论语·乡党》)

---

① 黄俊杰:《德川时代日本儒者对孔子"吾道一以贯之"的诠释——东亚比较思想史的视野》,《文史哲》,2003 年 01 期。

② 杨伯峻:《论语译注》,北京:中华书局,2006 年版,第 10 页。

③ 邢昺:《论语注疏》,阮元校刻《十三经注疏》,北京:中华书局,1980 年影印版,第 2458 页。

席不正,不坐。(《论语·乡党》)

君赐食,必正席先尝之。(《论语·乡党》)

升车,必正立,执绥。车中,不内顾,不疾言,不亲指。(《论语·乡党》)

子谓伯鱼曰:"女为《周南》《召南》矣乎? 人而不为《周南》《召南》,其犹正墙面而立也与!"(《论语·阳货》)

子张问于孔子曰:"……君子正其衣冠,尊其瞻视,俨然人望而畏之,斯不亦威而不猛乎?"(《论语·尧曰》)

对正身的论述有:

子曰:"其身正,不令而行;其身不正,虽令不从。"(《论语·子路》)

子曰:"苟正其身矣,于从政乎何有? 不能正其身,如正人何?"(《论语·子路》)

使耳目鼻口心知百体,皆由顺正,以行其义。(《礼记·乐记》)

对正礼的论述有:

孔子曰:"……圣人以礼示之,则天下国家可得礼正矣。"(《孔子家语·礼运》)

对正乐的论述有:

子曰:"吾自卫反鲁,然后乐正,《雅》《颂》各得其所。"(《论语·子罕》)

正声感人,而顺气应之。(《礼记·乐记》)

先王之制礼乐也,非以极口腹耳目之欲也,将以教民平好恶,而反人道之正也。(《礼记·乐记》)

对正名的论述有:

子路曰:"卫君待子而为政,子将奚先?"子曰:"必也正名乎?"子路曰:"有是哉,子之迂也! 奚其正?"子曰:"野哉,由也! 君子于其所不知,盖阙如也。名不正,则言不顺;言不顺,则事不成;事不成,则礼乐不兴;礼乐不兴,则刑罚不中;刑罚不中,则民无所措手足。故君子名之必

可言也,言之必可行也。君子于其言,无所苟而已矣。"(《论语·子路》)

对正政的关注有:

季康子问政于孔子。孔子对曰:"政者,正也。子帅以正,孰敢不正?"(《论语·颜渊》)

"政不正则君位危,君位危则大臣倍、小臣窃,刑肃而俗弊则法无常,法无常则礼无别,礼无别则士不仕、民不归,是谓疵国。"(《孔子家语·礼运》)

对正心的其他论述:

古之欲明明德于天下者……欲修其身者,先正其心;欲正其心者,先诚其意。(《礼记·大学》)

对"正"的其他论述:

子曰:"晋文公谲而不正,齐桓公正而不谲。"(《论语·宪问》)

子曰:"无为而治者其舜也与! 夫何为哉? 恭己正南面而已矣。"(《论语·卫灵公》)

仁以爱之,义以正之,如此民治行矣。(《礼记·乐记》)

"陈其牺牲,备其鼎俎……以正君臣,以笃父子,以睦兄弟,以齐上下,夫妇有所。"(《孔子家语·问礼》)

"礼行于五祀,而正法则焉。"(《孔子家语·礼运》)

"四体既正,肤革充盈……君臣相正,国之肥也。"(《孔子家语·礼运》)

此外,《史记·孔子世家》记载齐景公与晏婴适鲁,问孔子曰:"昔秦穆公国小处辟,其霸何也?"孔子对曰:"秦,国虽小,其志大;处虽辟,行中正。"

以上有关"正"的论述虽不及"仁""礼""乐"等概念出现的频率高,但涉及更多方面,覆盖身、政、名、礼、乐等规范问题。孔子的"正"不仅规范着修身的价值取向、审美情趣、意志培养,同时规范着治国平天下的行为准则、价值标准和社会理想,甚至影响到思维方式。与主要指向内省的道德原则"仁""义"和主要指向行为准则的"中",以及调节人与人之间各种社会关系的"礼"相比,"正"的内涵不仅覆盖面更广泛,而且更具有"道"本质规范的性质。孔子期望以实现"正",来追求身、政、名、礼、乐等先王之"道"的至善境界,因此"正"与孔子之道更为接近。

其次,"正"的思想蕴含"道"的根本,更符合"一"的宗旨。面对礼崩乐坏的社会现实,孔子首先想到的是实现天下"正","正"即是孔子所期望的身、政、名、礼、乐皆"正"的至善状态,"正"实现以后,天下自会有"道"。"正"字由两部分组成,"一"和"止"。《说文解字》对"一"解释是:"惟初太始,道立于一,造分天地,化成万物。"对"止"的解释为:"象艸木出有址,故以止为足。"对"正"解释是:"是也。从止,一以止。"徐锴曰:"守一以止也。""正"即指纠正,使恰当。字形采用"止"作字根,指示符号"一"表示阻止错误。由此,"正"有按照"一"的方向即可达到目的的含义,成为"一"的宗旨,也就是"一以贯之"的宗旨。

再次,"正"的思想目标明确,更具有"吾道"色彩。孔子的思想学说特征是"祖述尧舜,宪章文武",我们读《论语》《礼记》及《孔子家语》,可以观察到孔子在褒贬人物、判定国家治乱等时,提出了许多德目作为是非标准,包括仁、礼、智、勇等。而这些标准皆以"正"为标尺,目的是使天下不再"朝纲失坠,天下大乱"。孔子的"仁""中""礼""乐"等思想,都有很早的起源。如孔子"仁"的思想,与《逸周书·宝典》中谈论的"仁"有一定的联系[1];孔子"中"的思想,在《清华简·保训》可以找到源头[2]。此外,孔子敬服周公,崇尚周代礼乐制度。"子曰:'周监于二代,郁郁乎文哉! 吾从周。'"(《论语·八佾》)可见,孔子行"仁"、守"礼"、尚"中"等思想,都是前代圣王思想的继承和传述,而不是其所独有。"述而不作"的学术特征,决定了孔子的学术思想是以"先王之道"作为评论是非的

---

① 杨朝明:《〈逸周书·宝典〉篇与儒家思想》,《现代哲学》,2005 年 04 期。
② 黄怀信:《清华简〈保训〉补释》,《考古与文物》,2003 年第 2 期。

标准,以使这些先王美德在"礼崩乐坏"的乱世中得以重新确立,最终实现天下归"正"的理想。

正是因为"正"在孔子思想体系中覆盖广泛、本质规范、目标明确、独具特色,所以,最能体现孔子"一以贯之"的"道"。

第三节　从"政"求"正"的实践

为了实现自己的理想,孔子采取多种方式投身政治实践,目标亦指向"正"。

入仕求正,是其方式之一。孔子希图参与政治,实现拨乱反正的目标。《论语·子路》载:"子曰:'苟用我者,期月而已可也,三年有成。'"说明孔子对自己的政治才能相当自信。在鲁国的从政经历,也证实了孔子卓越的政治才能。《史记·孔子世家》记载:"孔子为中都宰,一年,四方皆则之。"后来,由中都宰升为司空,又由司空为大司寇。"孔子年五十六,由大司寇行摄相事……与闻国政三月,粥羔豚者弗饰贾;男女行者别于涂,涂不拾遗;四方之客至乎邑者,不求有司,皆予之以归。"孔子的政治才能,受到诸侯国的敬重。齐景公"欲以尼谿之田封孔子";卫灵公给孔子"粟六万";楚昭王曾欲"以书社地七百里封孔子"(《史记·孔子世家》)。当时社会动荡不安,各诸侯国当政者争霸图存,以强凌弱,以众暴寡,战乱频仍,生灵惨遭涂炭。孔子虽理想远大,但生不逢时,思想主张难以真正得到统治者的赏识,结果是"夫子之道至大"而"天下莫能容夫子"。

论"政"求"正",是其方式之二。孔子发表政见,规劝为政者归"正"。齐景公向孔子问政,孔子说:"君君,臣臣,父父,子子。""为人君,止于仁;为人臣,止于敬;为人子,止于孝;为人父,止于慈。"(《礼记·大学》)孔子呼吁为政者"正名"。子路问为政"子将奚先"?孔子同样强调

"正名",并且告诫为政者如果"名不正",最终会导致"民无所措手足"（《论语·子路》）的局面。反之,在遇到不"正"之事时,孔子则坚决予以抵制。例如,《史记·孔子世家》记载:"卫灵公问兵陈,孔子曰:'俎豆之事则尝闻之,军旅之事未之学也。'"拒绝不正之战。又如《韩诗外传·卷五》记载:"孔子侍坐于季孙,季孙之宰通曰:'人假马,其与之乎?'孔子曰:'吾闻君取于臣谓之取,不曰假。'季孙悟,告宰通曰:'自今以往,君有取谓之取,无曰假。'故孔子正假马之言,而君臣之义定矣。"孔子拒绝不正之言。再如,"卫孔文子将攻太叔,问策于仲尼。仲尼辞不知,退而命载而行,曰:'鸟能择木,木岂能择鸟乎!'"（《史记·孔子世家》）再次拒绝不正之战。

复乐求正,是其方式之三。孔子抵制"淫"乐,维护"正音"。春秋时期,"古乐"受到"郑卫之声"的直接冲击,上层贵族社会所重视的"正音"逐渐向世俗化的"新声"转变。孔子对如此"礼崩乐坏"的局面痛心疾首,将"郑卫之声"作为雅乐的对立面提出来,将其定性为"淫",提出"放郑声,远佞人"（《论语·卫灵公》）的主张。孔子要求从各个方面对"乐"进行约束,使之符合周礼制度。孔子对于"复乐求正",不仅仅是停留在理论层面,更是身体力行地进行了一系列的工作。如颜渊问为邦时,孔子就要求"乐则《韶》《舞》",提出"放郑声",认为"郑声淫"（《论语·卫灵公》）。所以,《论语·子罕》载,孔子"自卫反鲁,然后乐正,《雅》《颂》各得其所"。

复礼求正,是其方式之四。孔子反对违制,维护"周礼"。当季氏"八佾舞于庭",孔子发出了"是可忍也,孰不可忍"（《论语·八佾》）的愤慨。对"三家者以《雍》彻"及"季氏旅于泰山"之类的僭礼违制行为,也是深深叹息。即使是自己的弟子,只要有不合礼的言行,孔子也进行批评教育。如子贡欲去告朔之饩羊,孔子坚决反对曰:"赐也!尔爱其羊,我爱其礼。"（《论语·八佾》）孔子认为,礼是万不可违背,更是不可废弃的。《论语·八佾》篇记载管仲"有三归,官事不摄","邦君树塞门,管氏亦树塞门。邦君为两君之好,有反坫,管氏亦有反坫"的违礼行为,孔子批评其不知礼,认为"管仲之器小哉"!

孔子以自己的学说主张仕鲁,适齐,赴楚,居卫,以至周游列国,希望纠正天下不合礼、不合乐、名不正等现象,以实现"天下有道",但最终还是没有施展的机会。经过周游列国,孔子明白了"天下无道"不是一国之无道,也不是一君之无道。《礼记·礼运》载孔子曰:"我观周道,幽、厉伤之,吾舍鲁何适矣?"即便如此,孔子也没有放弃"正"天下的政治目标。显然,"正"是孔子进行政治活动"一以贯之"以实现"天下有道"目标的主轴。

第四节　育"士"求"正"的活动

西周前期,王承担社会道义,即是"王道"。幽、厉以后,王道式微。至春秋时期出现"春秋五霸","霸"承担社会道义,即"霸道"。而孔子生活的春秋时代,诸侯僭越,孟子说是"春秋无义战"(《孟子·尽心下》)。《史记·太史公自序》载:"弑君三十六,亡国五十二,诸侯奔走不得保其社稷者不可胜数。""王""霸"也不复存在。而孔子仍然尊崇"三王",更提出尊崇"周政",积极留意三代典章制度,适周"观先王之遗制,考礼乐之所极"(《孔子家语·观周》),问礼于老子,感慨:"吾乃今知周公之圣,与周之所以王也。"(《孔子家语·观周》)孔子"从周"(《论语·八佾》)抉择的背后,更反映出孔子思想与"文武之政"一脉贯通。孔子明白要重建社会的价值体系,实现天下"正",必须有优秀的载体承担"道"的使命。士就是肩负这种使命的理想角色。故孔子转而投入教学,培养了一批新士投入社会,意欲让这些新"士"发挥扭转乾坤的作用。显然,教育成为孔子求"正"的又一重要社会活动。所以,孔子教学育"士"还是为了实现天下"正"的理想。

孔子坚持"士志于道"。许慎《说文解字》云:"士,事也。数始于一,终于十。从一从十。孔子曰:'推十合一为士。'"从众多事物中推演归纳出一个根本道理的人,就是高明的士。"士"也可以分解成"一"和"十",代表的意思是"士始于一而终于十"。段玉裁《说文解字注》:"学者由博返约。故云推十合一。博学,审问,慎思,明辨,笃行,惟以求其至是也。若一以贯之。则圣人之极致矣。"说明"士"有一以贯之、至始至终的意思。孔子"退而修《诗》《书》《礼》《乐》,弟子弥众,至自远方,莫不授业焉"(《史记·孔子世家》)。孔子培养学生做"士",让"士"担负更大的社会责任,是实现自己思想学说的另一途径,其目的还是希望实现天下"正"。因此,虽然有着"无所遇""道难行"的从政遭遇,但孔子并没有放弃对"正"的追求。《论语》中"士"字共出现 18 次,以下内容体现了"士"的精神,即子贡问曰:"何如斯可谓之士矣?"子曰:"行己有耻,使于四方,不辱君命,可谓士矣。"(《论语·子路》)子路问曰:"何如斯可谓之士矣?"子曰:"切切偲偲,怡怡如也,可谓士矣。"(《论语·子路》)子曰:"士而怀居,不足以为士矣。"(《论语·宪问》)子曰:"志士仁人,无求生以害仁,有杀身以成仁。"(《论语·卫灵公》)子曰:"士志于道,而耻恶衣恶食者,未足与议也。"(《论语·里仁》)孔子所讲的"士志于道",也就是凡求道、问道、讲道、明道、传道、用道、行道等,都是"士"追求"天下有道"的实践。

孔子坚持士须从政。孔子从不消极面对现实,而是坚持认为自己的政治思想符合社会之用,可以使"天下有道"。为实现"天下有道"的理想,孔子重视培养弟子从政。在《论语》中常见这样的记载:"子张学干禄"(《论语·为政》),"子张问政"(《论语·颜渊》),"子张问于孔子曰:'何如斯可以从政矣'"(《论语·尧曰》),"子路问政"(《论语·子路》),"子路问事君"(《论语·宪问》),"子贡问政"(《论语·颜渊》),"子夏为莒父宰,问政"(《论语·子路》),"仲弓为季氏宰,问政"(《论语·子路》),"颜渊问为邦"(《论语·卫灵公》),等等。在孔子的影响下,这些弟子都表现出了对政治的关心和从政的愿望。

孔子坚持士担当"正"。为了培养能承担"正"天下的士,孔子要求弟子遵礼守"正"。例如当"季氏富于周公,而求也为之聚敛而附益之"时,孔子要求弟子"鸣鼓而攻之"(《论语·先进》)。孔子还要求弟子担当起让社会重新归于"正"的重任。如樊迟请学稼,孔子即批评其为"小人哉"(《论语·子路》)。孔子培养弟子,并非造就"多学而识"(《论语·卫灵公》)的知识传承者,而是希图培育能拯救乱世,重新建立正确的价值体系,使天下"正"的栋梁之材。孔子的这种为天下"正"的责任使命,影响了一代又一代中国人,许多志士在国家危难之际,大声疾呼,抛头颅洒热血,终使天下归于"正"。

由上可见,尽管孔子的教育实践丰富多彩,首倡"有教无类"和"因材施教",培养"志道""弘道"的君子,成为当时学术下移、私人讲学的先驱和代表,而"正"依然是孔子教学"一以贯之"的主轴。

第五节　"一以贯之"的执着

"正"作为实现"道"的内在要求,既是孔子行为的实践,也是孔子态度的抉择,更是孔子精神上"一以贯之"的追求。孔子一生多患难,《论语·子罕》载孔子自言:"吾少也贱,故多能鄙事。"《史记·孔子世家》记其政治实践:"已而去鲁,斥乎齐,逐乎宋、卫,困于陈、蔡之间,于是反鲁。"结果落得"无所遇""道难行"的结局。即使现实如此,孔子也从未放弃自己的学说主张,他希望通过培养人才入仕进而来拯救社会,纠正社会"失范",力求恢复社会的和谐与安宁,从而实现"天下有道"。这些都表现了孔子"知其不可行而行之"的坚韧精神。

虽困而"吾道"不改。周游列国时被困于陈、蔡之间,孔子一行"绝粮七日,外无所通,藜羹不充,从者皆病"(《孔子家语·在厄》)。面对困境,子路对孔子的思想感到疑惑,子贡认为孔子应该将学术"少贬",而孔子仍然"慷慨讲诵,弦歌不衰",告子贡"予一以贯之"(《论语·卫灵公》),保持乐观态度,坚信"正"道可行,并怀有"苟有用我者,期月而已可也,三年有成"(《论语·子路》)的自信。《史记·孔子世家》记载:"郑人或谓子贡曰:'东门有人,其颡似尧,其项类皋陶,其肩类子产,然自要以下不及禹三寸,累累若丧家之狗。'子贡以实告孔子。孔子欣然笑曰:'形状,末也。而谓似丧家之狗,然哉!然哉!'"可见,无论遇到怎样的挫折与打击,孔子始终乐观而坚定;无论身处怎样的困境,孔子始终"一以贯之"地坚持"正"的方向。

虽挫而"吾道"不变。就连一向守礼的鲁国,也开始开始违礼背道,《左传·襄公三年》:"公如晋,始朝也。"生存的危机,让鲁君对晋君行稽首之礼。对"自大夫以下皆僭离于正道"的父母之邦鲁国及接受齐国"女子好者八十人""文马三十驷"(《史记·孔子世家》)的鲁国君臣,孔子失望不已,在万分不舍的情况下,"迟迟吾行"(《孟子·万章下》),不得已离开鲁国;在卫国,看到卫灵公与南子"招摇过市",孔子深以为耻,同样选择了离开;对于杀贤伤义的赵简子,孔子止步岸边,不与会晤;对于重兵问策的孔文子,孔子辞以"不知"。"无道"的现实让他深深地感慨"道之将废也与,命也"(《论语·宪问》)。但孔子并没有因此而改变他的救世之心,也从未放弃一直坚持的救世之道。周游列国归鲁后,鲁国虽不再用孔子,在鲁哀公问政时,孔子仍从"天下有道"的角度回答:"政之急者,莫大乎使民富且寿也……省力役,薄赋敛,则民富矣;敦礼教,远罪疾,则民寿矣。"(《孔子家语·贤君》)孔子明确展现出自己的治国之道。

虽危而"吾道"不移。在鲁国,孔子是"受屈于季氏,见辱于阳虎"(《列子·杨朱》);在齐国,晏婴以"盛容饰,繁登降之礼,趋详之节,累世不能殚其学,当年不能究其礼。君欲用之以移齐俗,非所以先细民也"(《史记·孔子世家》)来排斥孔子,以致景公"不问其礼",有齐大夫想加害孔子,迫使孔子离境,齐景公最终以"弗能用"待孔子;孔子自陈过蒲,恰巧遇到蒲人作乱,蒲人担心孔子走漏风声,把孔子师徒扣留起来,孔子弟子公良孺拼死搏斗,才得以走脱,回到卫国;在卫国,"居顷之,或谮孔子于卫灵公。灵公使公孙余假一出一入"(《史记·孔子世家》);在宋国,"司马桓魋欲杀孔子,拔其树",孔子说:"天生德于予,桓魋其如予何?"(《论语·述而》)在匡地被追杀,孔子表示:"文王既没,文不在兹乎?天之将丧斯文也,后死者不得与于斯文也;天之未丧斯文也,匡人其如予何?"(《论语·子罕》)即使不被各国君主所接纳,即便遭遇生命危险,孔子也不改变自己"一以贯之"的"道"。

虽扰而"吾道"不易。复杂的人生,也曾给予孔子以诱惑和干扰。孔子对于自己的政治遭遇,曾经透露出郁闷。《史记·孔子世家》记载孔子曰:"天下无道久矣,莫能宗予!"《论语》中也有不少相关的论述,如:"子曰:'道不行,乘桴浮于海。'"(《论语·公冶长》)"子曰:'不患人之不己知,患不知人也。'"(《论语·学而》)"子曰:'不患无位,患所以立。不患莫己知,求为可知也。'"(《论语·里仁》)"子曰:'不患人之不己知,患其不能也。'"(《论语·宪问》)"谁能出不由户?何莫由斯道也?"(《论语·雍也》)不过这些郁闷并没有改变孔子对"正"的追求,反而促使他进一步思考,并坚定了"朝闻道,夕死可矣"(《论语·述而》)的执着追求和"笃信好学,守死善道"(《论语·泰伯》)的坚定信念。

孔子回顾一生曾说:"吾十有五而志于学,三十而立,四十而不惑,五十而知天命,六十而耳顺,七十而从心所欲,不逾矩。"(《论语·为政》)反映了孔子为寻求并坚守"吾道"而不屈不挠的精神,即便到晚年,依然坚持"不逾矩"。当"吾道不行"时,孔子担负春秋史官"赞治"大任,撰《春秋》以制诸侯"不得为非",故孔子正名之业在作《春秋》。"《春秋》文成数万,其指数千,万物聚散。"(《史记·太史公自序》)"约其文辞而指博。故吴楚之君自称王,而《春秋》贬之曰'子';践土之会实召周天子,而《春秋》讳之曰'天王狩于河阳':推此类以绳当世……《春秋》之义行,则天下乱臣贼子惧焉。"(《史记·孔子世家》)

直到晚年,孔子还不忘自己的"一以贯之"的"道",担心"病没世而名不称",无以"自见于后世",发出"太山坏乎! 梁柱摧乎! 哲人萎乎"的叹息。孔子这种百折不挠、锲而不舍、宁知其不可为而为之的精神,以及他那种不改变信念、不降低目标、绝不与乱世苟同的坚守,司马迁十分赞赏,《史记·孔子世家》记:"太史公曰:《诗》有之:'高山仰止,景行行止。'虽不能至,然心乡往之。余读孔氏书,想见其为人。适鲁,观仲尼庙堂车服礼器,诸生以时习礼其家,余祇回留之不能去云。天下君王至于贤人众矣,当时则荣,没则已焉。孔子布衣,传十余世,学者宗之。自天子王侯,中国言六艺者折中于夫子,可谓至圣矣!"显然,"正"始终是孔子精神上"一以贯之"的主轴。

孔子的学说虽然有一个不断发展的过程,但也的确有一个始终不变的中心,这就是孔子对现实社会秩序的关切。[1] 也就是说,孔子怀揣自己的学术思想奔走各国,寻找能将其付诸实践的国家,并"一以贯之",以期使天下归"正",实现"天下有道"。值得注意的是,孔子"一以贯之"的态度,不仅表现为执着,而且表现为一种洒脱。

孔子没有拘泥于入仕从政。如前所述,"无道"的现实屡次让孔子的仕途碰壁,没有达到"学而时习之,不亦说乎"的意境,如果一味执拗,可能无果而终。孔子一方面执着地坚持,另一方面另辟蹊径,以育"士"求"正"。因此,孔子虽然仕途不畅但在教育上取得了巨大成就。文献记载孔子弟子三千,贤人七十二。通过教育这批弟子,孔子所追求的"道"也"弥尊矣"。进而,孔子的"正"的追求,从教育领域扩大到政治领域。所以,孔子可以欣慰地享受"有朋自远方来,不亦乐乎"的意境。

孔子没有局限于育士教学。复杂社会,致使弟子们对于孔子之道的理解与应用参差不齐。曾子理解为"忠恕而已矣"(《论语·里仁》),《中庸》也说"忠恕违道不远"。程颐谓:"忠恕违道不远,非'一以贯之'

---

[1] 杨朝明:《论语诠解》,济南:友谊出版社,2013 年版,第 17 页。

之忠恕也。"①说明"忠恕"并非"道"的全部。子贡认为是"多学而识之者"(《论语·卫灵公》),孔子明确指出这是误解。冉求是"非不说子之道,力不足也"(《论语·雍也》)。毋庸讳言,对孔子之道的理解,几千弟子不会完全一致。对此孔子也有清醒的认识,否则就不会提出因材施教的原则。面对这一现实,孔子再次改弦易辙。刘歆说:"昔唐虞既衰,而三代迭兴,圣帝明王,累起相袭,其道甚著。周室既微而礼乐不正,道之难全也如此。是故孔子忧道之不行,历国应聘。自卫反鲁,然后乐正,雅颂乃得其所;修《易》,序《书》,制作《春秋》,以纪帝王之道。"②这样,"道"虽不行于当世,但可闻名于后世,流芳千古,孔子在著书立说中又可以享受"人不知而不愠,不亦君子乎"的意境。

这样,孔子"一以贯之"追求"天下有道"的形式在转换,转换包含着坚持,转换促进了坚持。没有转换,就没有"正"道的扩展。

可见,孔子所追求的"道"皆可落实在"正"上,"正"既是衡量"天下有道"实现的内在标尺,也是"道"的最初展开和最终的完满呈现。"一以贯之"无论是在《论语·里仁》还是在《论语·卫灵公》中出现,都是孔子求"正"达"道"的一贯精神。也就是通过不断实现社会各方面的"正",进而逐步实现"天下有道"。"一以贯之"既表达了孔子"正"的价值取向,又蕴含着孔子"天下有道"的至高追求。同时,"一以贯之"的实现路径则是多种多样且不断变化的,既有执着的坚持,也有洒脱的转化。

第六节　"一以贯之"的启示

孔子的"一以贯之"精神影响深远。孔子以后,儒学在历史上曾受

---

① 程颢、程颐:《二程集》(第一册),北京:中华书局,1981 年版,第 274 页。

② 班固撰、颜师古注:《汉书》,北京:中华书局,1962 年版,第 1968 页。

到过多次挑战和质疑,钱穆就曾总结说:"孔子殁,非儒反孔者四起,百家竞鸣,皆欲与孔子为代兴,杨、墨、庄、老其著也。"①孟子时代,儒学受到杨、墨的巨大挑战,孟子无奈地发出"无有乎尔,则亦无有乎尔"(《孟子·尽心下》)的感叹,意思是儒学没有继承人。秦代"焚书坑儒",给予儒学以沉重打击。魏晋之际政治混乱、社会动荡,居于正统地位的儒家思想再次遭到当时士人们的质疑。隋唐时期,佛教盛行,儒学屈居"道""佛"之后。晚清以来,向西方寻求真理成为时代主题,儒学又受到西方文化的重大冲击。然而尽管如此,后世儒者依然坚持孔子"一以贯之"的精神。

近代以来,孔子"一以贯之"的"道"被社会所漠视,致使今天的我们不得不面临一些社会难题,比如物欲膨胀、个人主义、社会诚信消减、人与自然关系日趋紧张等。社会上一些不合"礼"、不合"义"、不合"中"的现象,不利于优秀传统文化的传承。究其原因,就是忽视了"道"的追求,导致价值取向不"正"。

人的价值取向关系着社会的发展。借助于孔子一以贯之的"道",我们的优秀传统文化得以传承,道德得以提升,社会"正"能量得以不断弘扬。只有在"正"的引导下,人类社会方可健康发展,最终实现消弭战争、永久和平的理想愿景。

总之,要改善当前社会的不"正"现象,重在践行孔子"一以贯之"求"正"的精神。如孔子言:"天下有道,丘不与易也。"当我们的一言一行、待人接物都依"正"而行时,社会自可和谐有序。

---

① 钱穆:《孔子与论语》,北京:九州出版社,2011年版,第409页。

结　语

　　《论语》是孔门子弟追忆孔子而辑录的,其后经过历代学者修订和完善。由于孔子人生经历曲折,加之弟子后学对孔子学术的传承存在复杂性,对于孔子与《论语》的思想体系及其深层文化底蕴,历代学者都曾苦苦追求与探索。两千多年来,中国社会受《论语》的影响深刻而久远。从汉代武帝开始,"独尊儒术"成为历朝历代统治者相沿不改的政治文化传统,不断有学者为《论语》作注、疏解以及进行义理诠释,以揭示其中蕴含的圣人之微言大义,目的则是为社会政治生活确立指导思想,充分实现儒家学说的治世效能,为各时代的社会治理和文化建设提供孔子智慧咨鉴。琳琅满目的《论语》注疏本、阐释本,构成了完备的中国"《论语》学"体系。诠释经典成为后世思想家构建理论、创新儒学的主要载体和路径。

　　巨著宝典影响时代,哲思与伟人也都是时代的产品。对孔子与《论语》的理解,学者们钟情于一种"现代性"的情结,折射出时代的精气神。对孔子和《论语》的理解对社会建构的作用也是值得反思和研究的。其中,现代新儒家提倡的"内圣开出新外王"的理论追求,对重建儒学范式极具借鉴意义,这也成为《论语》和儒学研究的学术热点。故而,准确解读《论语》章句,在中华优秀传统文化"两创"的视阈下探寻孔子和《论语》的文化价值,从中探寻应对当代社会存在的诸如生态危机、拜金主义、道德滑坡等问题的方法,是"当下儒学"发展的基本方向,也是学术研究的价值所在。

　　中华优秀传统文化是中华民族的"根"和"魂"。我们要进一步挖掘中华传统经典的经世致用功能,为人民群众提供精神指引。要对孔子及早期儒学进行整体性把握,就需要对《论语》中有歧义的章句予以源流梳理,对历代注疏各自的价值取向细细斟酌,在准确把握其内涵的基础上作出更合理、更准确的解释,但是遗憾的是,《论语》有些章句的深意至今并未得到全面呈现。论事明理然后知人,知其人读其书,然后知长短得失,《论语》的研习也是如此。

　　《论语》表现的是在"王纲解纽"的时代,孔子自觉展现出的社会使命,这是其一条主线。拙著选择学术界歧义较多或内涵不明的章句,在中华优秀传统文化"两创"视阈下,重新加以考察,进行辩证分析,在对《论语》进行新诠的基础之上,推演儒家精神的实质,进一步深入认识孔子和儒学的内涵。对《论语》的这些章句的再认识,则以"内圣"与"外王"分别为研究切入点进行讨论。

　　第一部分以对《论语》进行新诠为出发点对"内圣"再讨论。《论语》首章即"学而",具有重要的思想地位,刘宝楠曰:"夫子一生进德修业之大,咸括于此章。"①"学而"章要求执政者学习、实践"内圣外王"之道,并且强调由"内圣"至"外王"的指向过程。具体而言,孔子的"内圣"可以分为三个层次。首先是好礼好乐。孔子好学,童年"常陈俎豆设礼容",成年后,孔子将"礼乐"作为"道"的基本组成,希望通过修习礼乐成为君子。其次是矢志不渝,坚守周道。居乡党期间,孔子生活中容色言动、衣食住行均符合礼仪。他坚持做到"寝不尸",即使睡前躺下了,也心忧乱世,思考实现恢复周道秩序的路径,而不能像"尸"那样一味受人尊享,"居其位"而"不闻其事""不谋其政"。最后是"就有道而正"。礼崩乐坏的"无道"社会,让孔子更加渴望"有道"。孔子整个人生以追求"文武之道"展开,从政、学习、教学无不以"文武之道"为价值评判标准。孔子希望君子承担"天下有道"的重任,让"周道"按照"正"的状态运行。

---

　　① 刘宝楠:《论语正义》,北京:中华书局,1990 年版,第 5 页。

第二部分通过孔门"外王"对孔门再认识。"外王"分为四个层次：一是高超的教育方式——"能近取譬"。重建社会的价值体系是实现天下"有道"的基础，故孔子通过培养弟子来承担"道"的使命。为让弟子更好地接受"周道"，在孔门中，师生、生生经常会出现"能近取譬"式的交流，以事或物为喻来表达思想。二是培养"文质彬彬"的君子。孔子教育弟子内外兼修以"成人"，担当社会责任，其背后蕴藏着孔子及早期儒家"仁内义外"的思维模式。三是面对困境"吾道"不移。为了实现周道，孔子采取多种方式投身政治实践，结果是"夫子之道至大"而"天下莫能容夫子"。因此，弟子们对孔子之道的理解程度并不一样，樊迟就曾以"学稼""为圃"为隐喻，规劝孔子明于时势，放弃所求之"道"，不做无谓抗争。四是孔子离世后，儒家的精神为孔门学人保留了下来，但"各得圣人一体"，儒学在"尊孔子"的基础上走向新的发展。

拙著在《论语》部分章句新诠释的基础上，对孔子"内圣"再认识，对"外王"再探讨，重新认识孔子及儒家学术思想。孔子"内圣外王"的品格与精神影响了历代中国人。孔子一生从"一以贯之"到"天下有道"的奋斗，始终不变的中心就是孔子对现实社会秩序的关切，孔子对所求之"大道"不愿做丝毫改变，不愿放弃社会责任和历史使命。对一贯之"道"有执着的追求，承担社会责任与历史使命，追求社会秩序的安定有序是孔子及儒学精神的最高凝练。孔子所追求的理想皆落实在"时代"上，时代所需既是孔子"内圣"的内在标尺，也是展开"外王"的最终目标。

参考文献

一、著作

[1] 司马迁.史记[M].北京:中华书局,1963.

[2] 班固.汉书[M].杭州:浙江古籍出版社,2002.

[3] 韩婴.韩诗外传集释[M].许维遹,校释.北京:中华书局,1980.

[4] 何晏.论语集解[M].孙滌生,整理.北京:北京时代华文书局,2015.

[5] 皇侃.论语义疏[M].高尚榘,校点.北京:中华书局,2013.

[6] 陆德明.经典释文[M].北京:中华书局,1983.

[7] 杜佑.通典[M].长沙:岳麓书社,1995.

[8] 刘知几.史通笺注[M].张振佩,笺注.北京:中华书局,2022.

[9] 蔡沉.书集传[M].北京:中华书局,2010.

[10] 黎靖德.朱子语类[M].北京:中华书局,1986.

[11] 朱熹.论语集注[M].台北:台湾商务印书馆,1986.

[12] 朱熹.四书章句集注[M].北京:中华书局,1983.

[13] 程颢,程颐.二程集[M].北京:中华书局,2004.

[14] 程颢,程颐.二程集[M].北京:中华书局,1985.

[15] 刘宗周.论语学案[M].上海:上海古籍出版社,1987.

[16] 阮元.十三经注疏[M].上海:上海古籍出版社,1993.

[17] 皮锡瑞.经学历史[M].北京:中华书局,1959.

[18] 方东树.汉学商兑[M].北京:生活·读书·新知三联书店,1988.

[19] 戴震.孟子字义疏证[M].北京:中华书局,1961.

[20] 王夫之.读四书大全说[M].北京:中华书局,1975.

[21] 刘宝楠.论语正义[M].北京:中华书局,1990.

[22] 焦循.孟子正义[M].北京:中华书局,1987.

[23] 戴望.戴氏注论语小疏[M].上海:华东师范大学出版社,2014.

[24] 刘鄂培.孟子大传[M].北京:清华大学出版社,1998.

[25] 李学勤.走出疑古时代[M].长春:长春出版社,2007.

[26] 李学勤.十三经注疏[M].北京:中华书局,1980.

[27] 傅亚庶.孔丛子校释[M].北京:中华书局,2011.

[28] 孙希旦.礼记集解[M].北京:中华书局,1989.

[29] 王先谦.荀子集解[M].北京:中华书局,1988.

[30] 陈士柯.孔子家语疏证[M].上海:上海书店,1987.

[31] 黎翔凤.管子校注[M].北京:中华书局,2004.

[32] 陈大齐.论语辑释[M].北京:华夏出版社,2010.

[33] 傅佩荣.论语之美[M].北京:北京联合公司出版社,2020.

[34] 黄怀信.《论语》与孔子之道再认识[M].上海:上海古籍出版社,2021.

[35] 黄怀信.论语汇校集释[M].上海:上海古籍出版社,2008.

[36] 黄怀信.论语新校释[M].西安:三秦出版社,2006.

[37] 黄怀信.尚书译注[M].济南,齐鲁书社,2009.

[38] 黄怀信.大学 中庸讲义[M].北京:清华大学出版社,2013.

[39] 黄怀信.周易本经汇校新解[M].北京:清华大学出版社,2014.

[40] 黄怀信.尚书古文疏证[M].上海:上海古籍出版社,2010.

[41] 黄怀信.老子汇校新解[M].南京:凤凰出版社,2016.

[42] 黄怀信.尚书注训[M].济南:齐鲁书社,2009.

[43] 杨朝明,宋立林.孔子家语通解[M].山东:齐鲁出版社,2009.

[44] 杨朝明.论语诠释[M].山东:山东友谊出版社,2013.

[45] 康有为.论语注[M].北京:中华书局,1984.

［46］康有为.孟子微 中庸注 礼运注［M］.北京：中华书局，1987.

［47］康有为.春秋董氏学［M］.北京：中华书局，1990.

［48］康有为.新学伪经考［M］.北京：中华书局，2012.

［49］杨伯峻.论语译注［M］.北京：中华书局，2006.

［50］杨伯峻.孟子译注［M］.北京：中华书局，2008.

［51］杨伯峻.左氏春秋专注［M］.北京：中华书局，1981.

［52］程树德.论语集释［M］.北京：中华书局，1998 年

［53］李泽厚.论语今读［M］.北京：生活・读书・新知三联书店，2008.

［54］杨树达.春秋大义述［M］.上海：上海古籍出版社，2007.

［55］杨树达.论语疏证［M］.上海：上海古籍出版社，2013.

［56］孙善钦.论语本解［M］.北京：生活・读书・新知三联书店，2009.

［57］高尚榘.论语歧解辑录［M］.北京：中华书局，2011.

［58］李炳南.论语讲要［M］.武汉：长江文艺出版社，2011.

［59］林義光.诗经通解［M］.上海：中西书局，2012.

［60］尹振环.帛书老子再疏义［M］.北京：商务印书馆，2007.

［61］张双棣.吕氏春秋译注［M］.长春：吉林文史出版社，1987.

［62］南怀瑾.论语别裁［M］.上海：复旦大学出版社，2017.

［63］刘强.论语新识［M］.长沙：岳麓书社，2016.

［64］黄克剑.论语疏解［M］.北京：中国人民大学出版社，2010.

［65］钱穆.孔子与论语［M］.台北：联经出版事业公司，1974.

［66］钱穆.论语新解［M］.北京：生活・读书・新知三联书店，2002.

［67］钱穆.中国近三百年学术史［M］.北京：商务印书馆，1997.

［68］杨天宇.礼记译注［M］.北京：上海古籍出版社，2004.

［69］康有为.孔子改制考［M］.北京：中华书局，2012.

［70］周桂钿.中国儒学讲稿［M］.北京：中华书局，2008.

［71］梁启超.论中国学术思想变化之大势［M］.上海：上海古籍出版社，2006.

[72] 梁启超.清代学术概论[M].上海:上海古籍出版社,2005.

[73] 梁启超.儒家哲学[M].上海:上海人民出版社,2009.

[74] 梁启超.国学要籍研读法四种[M].北京:北京图书馆出版社,2008.

[75] 梁启超.先秦政治思想史[M].北京:中华书局,2015.

[76] 李道平.周易集解纂疏[M].北京:中华书局,2004.

[77] 南怀瑾.孔子和他的弟子们[M].北京:东方出版社,2016.

[78] 林语堂.孔子的智慧[M].长沙:湖南文艺出版社,2016.

[79] 鲍鹏山.风流去[M].北京:中国青年出版社,2009.

[80] 梁漱溟.东西文化及其哲学[M].济南:山东人民出版社,1989.

[81] 蔡仁厚.孔门弟子志行考述[M].台北:台湾商务印书馆,1969.

[82] 王茂.清代哲学[M].合肥:安徽人民出版社,1992.

[83] 廖名春.孟子的智慧[M].延吉:延边大学出版社,1992.

[84] 沈文倬.宗周礼乐文明考论[M].杭州:杭州大学出版社,1999.

[85] 姜林祥.中国儒学史[M].广州:广东教育出版社,1998.

[86] 张岂之.中国思想史[M].西安:西北大学出版社,1989.

[87] 胡绳武.戊戌变法运动史论解[M].武汉:湖北人民出版社,1983.

[88] 李西建.长安学术[M].北京:商务印书馆,2012.

[89] 修海林.古乐的沉浮:中国古代音乐文化的历史考察[M].济南: 山东文艺出版社,1989.

[90] 徐复观.中国艺术精神[M].沈阳:春风文艺出版社,1987.

[91] 孙隆基.中国文化的深层结构[M].桂林:广西师范大学出版社, 2004.

[92] 皮锡瑞.经学通论[M].北京:中华书局,1982.

[93] 李泽厚.中国古代思想史论[M].北京:人民出版社,1986.

[94] 李泽厚.中国思想史论[M].合肥:安徽文艺出版社,1999.

[95] 王钧林.中国儒学史(先秦卷)[M].广州:广东教育出版社,1998.

[96] 朱华忠.清代论语学[M].成都:四川出版集团巴蜀书社,2008.

［97］姜广辉.中国经学思想史(第一卷)［M］.北京:中国社会科学出版社,2010.

［98］唐明贵.论语学史［M］.北京:中国社会科学出版社,2009.

［99］萧公权.中国政治思想史［M］.沈阳:辽宁教育出版社,1998.

［100］萧公权.康有为思想研究［M］.北京:中国人民大学出版社.2014.

［101］孔德立.早期儒家人道思想的形成与演变——以子思为中心［M］.成都:巴蜀书社,2010.

［102］柳诒徵.国史要义［M］.北京:商务印书馆,2020.

［103］郭沂.先秦文献探源［M］.北京:中华书局,2022.

［104］郭沂.孔子集语校注［M］.北京:中华书局,2017.

［105］隋思喜.内圣外王 修己安人［M］.郑州:中州古籍出版社,2014.

［106］张德苏.从"礼崩乐坏"到"克己复礼"——周室衰乱与孔子救世的人性思索［M］.济南:齐鲁书社,2008.

［107］李翔海.内圣外王:儒家的境界［M］.南京:江苏人民出版社,2017.

［108］宋立林.儒家八派新探［M］.北京:线装书局,2023.

［109］宋立林.孔门后学与儒学的早期诠释研究［M］.北京:人民出版社,2021.

［110］周应之.论语述要［M］.上海:华东师范大学出版社,2019.

［111］林存光.中国古典和谐政治理念与治国方略研究［M］.北京:中国社会科学出版社,2003.

［112］匡亚明.孔子评传［M］.南京:南京大学出版社,1990.

［113］马宗霍.中国经学史［M］.北京:商务印书馆,1936.

［114］牟钟鉴.君子人格六讲［M］.北京:中华书局,2020.

［115］李健胜.《论语》与现代中国——阐释及建构［M］.北京:人民出版社,2012.

［116］李宗侗.中国史学史［M］.北京:中华书局,2010.

[117] 杜维运.中国史学史(第1册)[M].北京:商务印书馆,2010.

[118] 唐明贵.论语学术史[M].北京:中国社会科学出版社,2009.

[119] 汤志钧.康有为与戊戌变法[M].北京:中华书局,1984.

二、期刊

[1] 韩彩英.语境的制约功能及其表现形式[J].语言文字应用,2000(04):37-42.

[2] 释学山.浅谈孔子的"学习之道"[J].南方论刊,2013(02):50-52.

[3] 黄怀信.清华简《耆夜》句解[J].文物,2012(01):77-79,93.

[4] 王瑞来.《论语》开篇发覆[J].现代哲学,2008(05):104-110.

[5] 林元彪.《论语》孔子"学"之内涵[J].孔子研究,2015(3):75-81.

[6] 卢梦雨.《论语·学而》篇首章新释[J].河南社会科学,2015(12):110-112.

[7] 刘伟.《学而》篇意蕴探微[J].孔子研究,2017(06):50-57.

[8] 陈桂生."学而优则仕"辨析[J].河北师范大学学报(教育科学版),2008(09):8-11.

[9] 罗安宪."学而优则仕"辨[J].中国哲学史,2005(03):31-38.

[10] 王滋源.何谓孔子之道[J].齐鲁学刊,1986(04):54-56.

[11] 黄俊杰.德川时代日本儒者对孔子"吾道一以贯之"的诠释——东亚比较思想史的视野[J].文史哲,2003(01):61-70.

[12] 单承彬."贫而乐,富而好礼"校正[J].孔子研究,2001(05):117-120.

[13] 王秀臣.从"诗乐"到"乐诗":礼与诗、乐关系的角色演变[J].江西师范大学学报(哲学社会科学版),2006(01):11-16.

[14] 余群,陶水平.先秦诗乐之"成"释义——兼论孔子"成于乐"的文化蕴含和创新意义[J].学术交流,2014(07):166-170.

[15] 姜国钧.孔子的大学之道[J].大学教育科学,2013(03):97-102.

［16］干祖望.孔子与医学［J］.孔子研究,1986(04):39－41.

［17］刘振华.《仪礼》所载"尸祭"仪式的戏剧性考论［J］.古籍整理研究
　　　学刊,2017(05):64－69.

［18］陆岩军.《论语》"色斯举矣"章新解［J］.孔子研究,2014(02):45－
　　　47.

［19］杨朝明.《论语·乡党》末章的意蕴［J］.燕山大学学报(哲学社会
　　　科学版),2014(01):1－3.

［20］李启谦.关于"学而时习之"章的解释及其所反映的孔子精神［J］.
　　　孔子研究,1996(04):34－38.

［21］颜秉罡.孔子"道"的形上学意义及精神价值［J］.贵州社会科学,
　　　2010(02):12－18.

［22］孙桂平.孔子的学习思想综述［J］.河海大学学报(哲学社会科学
　　　版),2006(02):77－80,94.

［23］杨朝明.成人之"道"与为证之"德"［J］.理论学刊,2013(11):95－
　　　101,128.

［24］刘振东.中国思想史上第一次提出的社会原则和社会理想——论
　　　孔子之"道"的性质、意义和影响［J］.孔子研究,1995(04):95－
　　　101,128.

［25］郭祥贵,杨和为.《论语》"吾道一以贯之"解［J］.史志学刊,2013
　　　(05):92－94,101.

［26］沈茂骏."吾道一以贯之"新释［J］.广东社会科学,1991(06):45－
　　　49.

［27］高书文.仁德的成就——"孔子之道一以贯之"命题的阐释［J］.理
　　　论月刊,2012(06):57－60.

［28］黄怀信.《论语》中的"仁"与孔子仁学的内涵［J］.齐鲁学刊,2007
　　　(01):5－8.

［29］林安梧.儒家道德哲学的两个向度:以《论语》中"曾子"与"有子"

为对比的展开[J].学术研究,2000(6):63-68.

[30] 陈来.论儒家教育思想的基本理念[J].北京大学学报(哲学社会科学版),2005(05):198-205.

[31] 黄嘉骏."因不失其亲,亦可宗也"的句意探析——从"因""亲""宗"的字义探究出发[J].西部学刊,2021(09):147-149.

[32] 刘光洁.人伦规范与价值重建——《论语·学而》"因不失其亲,亦可宗也"疏解[J].海南大学学报(人文社会科学版),2019(01):134-139.

[33] 项阳.周公制礼作乐与礼乐、俗乐类分[J].中国音乐学,2013(01):54-63.

[34] 范卫红.从"士君子之道"看孔子思想的体系[J].社会科学辑刊,1991(03):95-100.

[35] 黎红雷.孔子"君子学"的三种境界——《论语》首章集译[J].孔子研究,2014(03):4-10.

[36] 任桂园.说尸——兼论"夏耕之尸"与"鳌灵之尸"[J].三峡学刊,1996(04):13-20.

[37] 周东娜."有若似孔子"辨析[J].孔子研究,2013(03):75-84.

[39] 吴柱.孔子的时宜之道与鸟兽的人格象征:《论语》"山梁雌雉"章新释论[J].中国文化研究所学报(香港中文大学),2020(71):1-20.

[40] 程红艳.百年现代化进程中"教育中国化"的曲折探索[J].深圳社会科学,2023(01):135-144.

[41] 郝志伦.论毛泽东著作中的比喻辞格——兼论毛泽东"以人为本"的语言观[J].毛泽东思想研究,2004(04):127-130.

三、其他

[1] 文史哲编辑部."疑古"与"走出疑古"[C].北京:商务印书馆,2010.

[2] 黄怀信,李景明.儒家文献研究[C].济南:齐鲁书社,2004.

［3］杨朝明,修建军.孔子与孔门弟子研究［C］.济南:齐鲁书社,2004.

［4］北师大学近代史组.中国近代史资料选编(上册)［C］.北京:中华书局,1977.

［5］梁枢,张其成.国学博士论坛征文集［C］,北京:中国书籍出版社,2014.

［6］黄德宽,徐在国.安徽大学藏战国竹简(二)［C］.上海:中西书局,2022.

［7］中华孔子学会编辑委员会.传统文化的综合与创新［C］.北京:教育科学出版社,1990.

［8］刘光胜.出土文献与传统文化研究［C］.青岛:青岛出版社,2021.

［9］胡其光,方环海.尔雅译注［Z］.上海:上海古籍出版社,2004.

［10］庞朴.中国儒学(1—4)［Z］.上海:东方出版中心,1997.

［11］容庚.金文编［Z］.北京:中华书局,1985.

［12］徐中舒.甲骨文字典［Z］.成都:四川辞书出版社,1998.

［13］高亨.文字形义学概论(释例)［Z］.济南:山东人民出版社,1963.

［14］康殷.文字源流浅说［Z］.北京:荣宝斋,1979.

后　记

　　2017年6月,我通过了博士论文答辩,12月取得博士学位。三年博士生活结束,回首走过的学术之路,让我对曲园这一方学术乐土充满了深厚的情感。先生的谆谆教诲,与同学的讨论、辩论,自己"如切如磋""如琢如磨"的自修,让我在这里能够"就有道而正",其中的沉重或欢喜依然清晰地镌刻在我的脑海。

　　因为对母校与孔子研究的留念与不舍,我于2019年又申请了中国史流动站的博士后,再次进入曲园从事《论语》的相关研究。其间,几经波折,最终幸遇合作导师李兆祥教授。李老师不仅学术上不断为我解惑释疑,更指导我协调行政工作与学术研究。进站不久,因无法经常于曲阜和淮安之间往返,遇到困惑,只能是线上或者电话请教,李老师平易近人的性格、不厌其烦的教学态度、严谨的学术思维都使其散发着高尚的人格魅力。每次,都心里暖暖、收获满满,正因如此,我方可完成今日的答卷。

　　博士授业恩师黄怀信教授给我们讲《论语》首篇"吾道一以贯之"章,让我发表自己的看法,怀着忐忑的心情,我提出了"一以贯之"当时是"以正贯之"的看法。黄先生给予了"虽不赞成此观点,仍可自成一说"的评价,当时的我深受鼓舞,完成了读博期间的第一篇阶段性文章《从"一以贯之"到"天下有道"》,于2016年12月被《甘肃社会科学》刊用。其后,对《论语》的兴趣日深日浓。我连续参加了孔子研究院组织的经典读书会,聆听《论语通讲》《孟子通讲》,在给江苏护理职业学院的学生讲解传统文化课时,又多次着重讲解了《论语》。听与讲的过程,让我有机会反复细读《论语》，进一步加深了对《论语》等相关文献的理解，发现在《论语》章句中的研究中还存有"盲点"，针对这些"盲点"，我试着提出自己的见解，按照中华优秀传统文化"两创"的方针，以孔子"内圣外王"的主线加以整合，希望深化学界对孔子及儒学内涵的认识，研究成果作为我博士后的出站报告。

因为是在职攻读，又担任单位部门负责人，需要参与很多行政工作和完成教学任务。因而时常感到时间紧蹙。我所在的单位是医学类高校，儒学类专业书籍相对缺乏，只能在网上搜索相关资料，不断购买，加以整理、归类，形成了初步的文献基础。在撰写过程中，我也曾经将中期的文章《〈论语〉"寝不尸"诠释》《就道与避世之争：〈论语〉"樊迟请学稼"章释论》发给我的硕士导师、江苏师范大学姜新教授，请求指导。姜新教授看完后提出了很多修改意见，也颇感满意，认为这两篇文章是"资料既有详细的动态资料，又有丰富的原始史料，且引用自然合理"。

正是在三位导师的辛勤付出和鼓励下，我才有信心、有勇气，完成此文。其间，也得到了同门师兄弟的帮助和单位同事的支持。如此种种，让我背负着殷切期望、真诚嘱托，继续努力前行。博士后生涯即将结束，其间所经历的点点滴滴，我定会细细珍藏。正是因为有了这个经历，我的人生才如此充实。

因时间与精力的限制，再加上学术水平有限，此文虽经修改，但内容庞杂，或有疏漏之处，心中甚为忐忑，将在今后研究中不断进行完善。学海无涯，唯有不惧前行，不忘初衷，勇探新知，方可不负母校培养。

周宝银

2022 年 8 月 27 日书于江苏护理职业学院图书馆大楼